新工业革命背景下的
中国产业升级

Industrial Upgrading in the Era of
NEW INDUSTRIAL REVOLUTION

赵昌文 许召元 等◎著

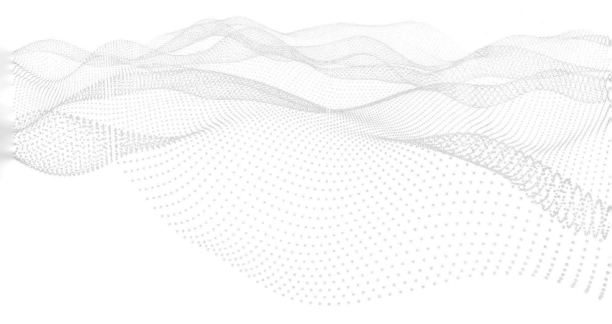

图书在版编目(CIP)数据

新工业革命背景下的中国产业升级/赵昌文等著.—北京:北京大学出版社, 2020.4

(新工业革命丛书)

ISBN 978-7-301-30706-9

Ⅰ.①新… Ⅱ.①赵… Ⅲ.①产业结构升级—研究—中国 Ⅳ.①F269.24

中国版本图书馆 CIP 数据核字(2019)第 181246 号

书　　　名	新工业革命背景下的中国产业升级 XINGONGYE GEMING BEIJING XIA DE ZHONGGUO CHANYE SHENGJI
著作责任者	赵昌文　许召元　等著
责 任 编 辑	任雪鋆　王 晶
标 准 书 号	ISBN 978-7-301-30706-9
出 版 发 行	北京大学出版社
地　　　址	北京市海淀区成府路 205 号　100871
网　　　址	http://www.pup.cn
微信公众号	北京大学经管书苑（pupembook）
电 子 信 箱	em@pup.cn　　QQ：552063295
电　　　话	邮购部 010-62752015　发行部 010-62750672 编辑部 010-62752926
印 刷 者	北京中科印刷有限公司
经 销 者	新华书店
	720 毫米×1020 毫米　16 开本　15.75 印张　233 千字 2020 年 4 月第 1 版　2020 年 6 月第 2 次印刷
定　　　价	65.00 元

未经许可，不得以任何方式复制或抄袭本书之部分或全部内容。
版权所有，侵权必究
举报电话：010-62752024　电子信箱：fd@pup.pku.edu.cn
图书如有印装质量问题，请与出版部联系，电话：010-62756370

本书编写组

顾问：
  隆国强 国务院发展研究中心副主任、研究员
  刘世锦 国务院发展研究中心原副主任、研究员
  林毅夫 世界银行原高级副行长、首席经济学家，北京大学新结构
       经济学研究院院长、教授
  Jeffery Sachs 哥伦比亚大学经济学教授
  Peter Nolan 剑桥大学中国发展学教授

编写组成员：
  赵昌文 国务院发展研究中心产业经济研究部部长、研究员
  肖庆文 国务院发展研究中心办公厅副主任、研究员
  钱平凡 国务院发展研究中心产业经济研究部调研员、研究员
  许召元 国务院发展研究中心产业经济研究部研究室主任、研究员
  朱鸿鸣 国务院发展研究中心金融研究所研究室副主任、副研究员
  陈斌开 中央财经大学经济学院院长、教授
  申广军 中央财经大学经济学院讲师
  寇宗来 复旦大学经济学院副院长、教授、博导
  刘学悦 复旦大学中国社会主义市场经济研究中心博士研究生
  刘 瑾 杜克大学经济系硕士研究生
  陈光华 北京科技大学经济与管理学院讲师
  钱鹏展 英国伦敦大学玛丽女王学院博士研究生

目 录

前　言　抓住新工业革命机遇　推进社会主义现代化强国建设
　　　　　　…………………………………………………… 赵昌文　1
　　一、深度参与甚至引领新工业革命是建设社会主义现代化强国的
　　　　必由之路 …………………………………………………………… 1
　　二、中国已具备深度参与新工业革命的经济和产业基础 …………… 4
　　三、中国推进新工业革命也面临一系列重大挑战 …………………… 8
　　四、培育和创造适应新工业革命的制度环境 ……………………… 10

第一章　新工业革命给中国产业升级带来的机遇与挑战
　　　　　　……………………………………………… 许召元　赵昌文　13
　　一、产业升级的核心是制造业的升级 ……………………………… 15
　　二、中国当前正处于跨越中等收入陷阱的重要阶段 ……………… 18
　　三、新工业革命为中国产业升级提供重要机会窗口 ……………… 25
　　四、中国制造业升级发展也面临诸多挑战 ………………………… 38
　　五、促进产业转型升级的政策建议 ………………………………… 42

第二章　产业政策与产能过剩——基于中国工业行业的经验研究
　　　　　　……………………………………… 寇宗来　刘学悦　刘瑾　45
　　一、引言 ……………………………………………………………… 47
　　二、文献综述 ………………………………………………………… 50
　　三、产业政策的量化 ………………………………………………… 52

四、产能利用率估算 …………………………………………… 59
五、研究假说和实证结果 ……………………………………… 65
六、结论性评论 ………………………………………………… 73

第三章 僵尸企业退出与产业升级 ……………… 陈斌开 申广军 79
一、僵尸企业有多少：典型事实 ……………………………… 82
二、为什么存在僵尸企业：理论分析 ………………………… 88
三、政策性负担与僵尸企业：实证检验 ……………………… 94
四、僵尸企业与产业转型升级 ………………………………… 108
五、市场机制和行政手段能够处置僵尸企业吗？ …………… 114
六、供给侧结构性改革与产业转型升级 ……………………… 118

第四章 产业结构升级与价值链升级 …………………… 肖庆文 125
一、产业结构升级：谁能决定优先发展什么产业？ ………… 127
二、价值链升级：高端还是低端由谁来决定？ ……………… 132

第五章 产品空间与质量升级 …………………………… 肖庆文 139
一、从产品空间角度观察产业升级 …………………………… 141
二、用产品空间进行产业扫描，观察"腾笼换鸟" …………… 150
三、着力提升标准和制度质量，疏解质量"转换成本"，
    促进质量升级 ……………………………………………… 158

第六章 平台经济：发展精要及政策含义
 …………………………………… 钱平凡 陈光华 钱鹏展 165
一、平台研究国际进展与侧重点 ……………………………… 167
二、产业平台化发展的趋势及路径 …………………………… 175
三、平台生态系统发展精要与政策含义 ……………………… 187

第七章 分享经济：助推经济发展新的老模式
　　·· 钱平凡　钱鹏展　207
　　一、分享经济是基于平台的朋辈协作经济体系 ············· 209
　　二、分享经济是古老的朋辈协作经济模式的智能化复兴 ····· 213
　　三、分享经济通过多种新模式助推经济发展 ··············· 215
　　四、分享经济需要探索基于社区货币的创新发展模式 ······· 218
　　五、政策建议 ··· 221

第八章 中国产业发展中的金融作用机制：经验与不足
　　·· 赵昌文　朱鸿鸣　227
　　一、引　言 ··· 229
　　二、中国金融发展模式：金融约束与"在线修复" ········· 230
　　三、抵押物价值与制造业发展 ··························· 236
　　四、股权融资市场进口与互联网行业发展 ················· 240
　　五、中国产业发展中的金融作用机制：存在的问题及治理建议 ··· 241

前　言

抓住新工业革命机遇　推进社会主义现代化强国建设

党的十九大做出了实现中华民族伟大复兴中国梦的"两步走"战略设计，确立了到2035年基本实现社会主义现代化，到21世纪中叶建成富强民主文明和谐美丽的社会主义现代化强国的战略目标，并强调实现"两个一百年"奋斗目标、实现中华民族伟大复兴的中国梦，必须坚持解放和发展社会生产力。站在社会主义现代化强国建设的历史长河中，解放和发展社会生产力，就是要深度参与甚至引领新一轮工业革命，在新工业革命中创造和释放生产力。从历史经验、客观基础、信念及制度上来看，中国有必要、有底气，也有能力抓住新工业革命的机遇，为社会主义现代化强国建设打下坚实基础。

一、深度参与甚至引领新工业革命是建设社会主义现代化强国的必由之路

按照关键投入品、主导技术及产业、对生产生活方式的影响等标准，在世界经济史上至少已经发生了三次工业革命，分别是18世纪70年代左右开始的第一次工业革命，19世纪70年代开始的第二次工业革命和20世

纪 40—50 年代开始的第三次工业革命。目前，比较一致的认识是，新一轮科技革命和产业变革正在孕育兴起，但对其却有不同的表述和关注点。美国麻省理工学院的埃里克·布莱恩约弗森（Erik Brynjolfsson）教授等提出了"第二次机器革命"的概念，强调超越"自然物质+生产大机器"发展方式的局限，以信息和智能的开发代替对大自然的攫取；美国经济学家杰里米·里夫金（Jeremy Rifkin）提出了"第三次工业革命"的概念，强调互联网技术与可再生能源的结合，将变革能源的生产、转换、存储和使用方式，使全球迎来第三次工业革命，并对人类社会生活产生重大影响；达沃斯论坛的创始人克劳斯·施瓦布（Klaus Schwab）提出了"第四次工业革命"的概念，强调新一轮工业革命不限于智能互联的机器和系统，而是横跨物理、数字和生物几大领域的创新和互动，这是新一轮工业革命与前几次工业革命的本质区别，其发展速度、广度、深度及系统性影响也超越了前几次工业革命；经济合作与发展组织（OECD）发布了《下一轮生产革命：对政府和商业的影响》（*The Next Production Revolution: Implications for Governments and Business*），关注以新技术、新材料、新工艺等为代表的新兴技术融合应用对生产方式带来的影响与变革；德国的"工业 4.0"概念强调，全球工业化正在进入继机械化、电气化和信息技术之后的第四个阶段，核心理念是深度应用 ICT（信息通信技术），推动实体物理世界和虚拟网络世界的融合，从总体上掌控从消费需求到生产制造的所有过程，实现互联的工业体系和高效的生产管理。如果再加上美国的"工业互联网"概念等，类似的概念就更多了。

上述概念的共同点在于"三个认同"：一是认同"一主多翼"，即以新一代信息技术为核心，新能源、新材料、生物技术等为代表的新兴技术簇群的突破发展和协同应用是新工业革命最核心的力量；二是认同"四化"，即制造业数字化、网络化、智能化和服务化是新工业革命最鲜明的特征；三是认同"生产+生活"，即新技术、新业态将对人类社会的生产方式和生活方式产生一系列广泛而深远的影响，这是新工业革命最现实的体现。

而上述概念的不同点在于：对工业革命阶段的认识和理解不同，有的认为是第三次工业革命，有的认为是第四次工业革命；对新一轮工业革命的核心内容的认识和理解不同，有的认为是以新能源和智慧能源为核心，有的认为是以新一代信息技术为引领，以制造业数字化为主线。

这里，我们采用的是《二十国集团领导人杭州峰会公报》中提出的"新工业革命"概念，并且在更广泛的意义上使用这一提法。该"新工业革命"概念认为，前几次工业革命分别以蒸汽机、电力、计算机和互联网的发明和应用为标志；正在兴起的这场新工业革命，以人、机器和资源间实现智能互联为特征，由新一代信息技术与先进制造技术融合发展并推动，正在日益模糊物理世界和数字世界、产业和服务之间的界限，为利用现代科技实现更加高效和环境友好型的经济增长提供无限机遇。

历史上的三次工业革命，释放了巨大的生产力，对人类社会的生产生活方式产生了革命性影响。马克思和恩格斯曾谈到，"资产阶级在它的不到一百年的阶级统治中所创造的生产力，比过去一切世代创造的全部生产力还要多、还要大"。这描述的就是第一次工业革命所释放的巨大能量。

同时，工业革命还对全球政治经济格局产生了深远影响。近代以来的大国崛起史，就是一部工业革命引领史。第一次工业革命之前，英国经济总量落后于法国，1700年，英国经济总量仅为法国经济总量的54.8%。第一次工业革命催生并壮大了纺织、冶金、交通运输（铁路）等行业，推动了英国从手工生产向机器大生产的过渡，改变了英国经济总量长期落后于法国的局面。到1820年，英国经济总量已超过法国，人均GDP（国内生产总值）更是达到法国的1.5倍；这一领先随后持续了一个半世纪左右。第二次工业革命催生或壮大了钢铁、汽车、电气、石油化工等产业，使美国和德国超过英国。美国经济总量在1872年超越英国，人均GDP在1901年首次超过英国。1870年，德国经济总量为英国的72.0%；1908年，德国经济总量首次超过英国。第三次工业革命催生或壮大了计算机、航空航天、信息技术等产业，使美国成功应对了苏联、日本和欧洲等经济体的经济竞争，维持了全球最大经济体的地位，但一大批后发国家也得以迅速发展起来。由此可见，每一次工业革命都为后发国家的赶超发展提供了历史性机遇。

历史经验告诉我们，中国要建成社会主义现代化强国，实现中华民族伟大复兴的中国梦，也需要深度参与甚至引领一次新的工业革命。中国是一个人口数量超过13亿的大国，经济总量已经位居世界第二，但人均GDP（购买力平价，1990年GK国际元）①仅为美国的1/3左右。作为一个发展中国家，要缩小这一差距，就需要发挥后发优势，充分利用现有市场空间。但是，随着相对差距的缩小和中国进入工业化后期，后发优势的释放节奏已明显放缓，这正是近年来中国经济增速下滑的重要原因。此外，由于逆全球化、贸易及投资保护主义升温，大国经济摩擦增多，使得可利用的全球市场空间和技术转移空间受到限制。在这一背景下，更需要深度参与新一轮工业革命，释放出新工业革命蕴含的巨大生产力，创造新的巨大市场空间，并以此实现中国经济的持续健康发展。

二、中国已具备深度参与新工业革命的经济和产业基础

新工业革命已经初见端倪，中国经济也进入了新时代，社会生产力水平总体上显著提高。与过去二百多年来屡屡错过工业革命不同，中国当前已基本具备了深度参与甚至引领新工业革命的基础。

1. 中国已基本达到引领新工业革命的产业技术门槛

根据前三次工业革命的经验，工业革命的策源地或引领国不一定是当时经济和产业发展水平最高的国家，但也一定不是经济和产业基础薄弱的国家，引领新工业革命是需要达到一定产业技术门槛的。在第二次工业革命之初，英国是最领先的国家，但第二次工业革命的引领国不是英国，而是发展水平不如英国的德国和美国。不过，当时德国和美国的产业技术已经达到较高水平。追赶指数，即人均GDP（按购买力平价衡量）与领先国家人均GDP之比，是衡量经济和产业发展水平的较好指标。根据麦迪森（Maddison）数据库的数据，1870年德国和美国的追赶指数（德国、美国人均GDP与英国人均GDP之比）分别达到57.6%和76.6%。若将1870年

---

① 购买力平价（purchasing power parity，PPP）是一种根据各国不同的价格水平计算出来的货币之间的等值系数，购买力平价计算单位为国际元。常用的购买力平价计算方法主要有EKS法、GK法和CPD法三种，这里指按GK法测算的1990年不变价各国人均GDP。

德国和美国的追赶指数作为工业革命引领国须达到的产业技术门槛的经验值，那么中国已基本具备引领新工业革命的基础。2015 年，中国前五大创新区域（深圳、北京、上海、广州、杭州）人口总和与德国总人口基本相当，追赶指数（人均 GDP 与美国人均 GDP 之比）达到 72.9%，与第二次工业革命之初美国追赶指数接近。中国人均 GDP 前七大省份追赶指数（人均 GDP 与美国人均 GDP 之比）为 54.5%（见表 0.1），与第二次工业革命之初德国追赶指数接近。2016 年，中国在新工业革命可能孕育的部分领域，如数字经济领域，已经具备一定优势（见图 0.1）。

表 0.1 中国与美国、德国、日本人均 GDP 的比较（2015 年）

	人口（千人）	GDP（1990GK 国际元，百万）	人均 GDP（1990GK 国际元）	追赶指数（%）
美国	322 018	10 658 669	33 100	100
中国	1 369 493	14 473 391	10 568	31.9
中国（前五大创新区域）	66 257	1 600 040	24 129	72.9
中国（人均 GDP 前七大省份）	25 998	4 693 679	18 054	54.5
中国（人均 GDP 前八大省份）	368 470	6 232 723	16 926	51.1
日本	126 920	2 902 536	22 869	69.1
德国	80 854	1 805 627	22 332	67.5

注：第四行、第五行人均 GDP 数据根据其现价人均 GDP 水平占中国全国平均水平之比匡算。

数据来源：Maddison 数据库，作者计算。

中国制造业规模持续多年位居世界第一。2000 年，中国制造业增加值为 4 050 亿美元，与德国相当，是日本的 40%，美国的 25%；2006 年，该值接近 9 000 亿美元，几乎追上日本；2010 年，该值达到 1.9 万亿美元，赶上美国；2017 年，该值达到 3.6 万亿美元，是美国的 1.63 倍（见图 0.2）。

图 0.1　2016 年各国数字经济规模比较

数据来源：中国信息通信研究院，2017：《G20 国家数字经济发展研究报告（2017年）》。

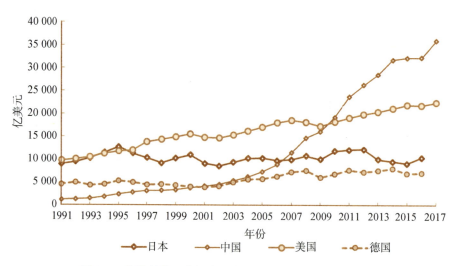

图 0.2　中国制造业增加值及其与美国、德国和日本的比较

数据来源：作者计算。

值得说明的是，工业革命可以由不同国家共同引领，比如第二次工业革命。中国引领新工业革命并不排除其他国家共同引领的可能。

2. 中国具有有利于新工业革命潜力释放的广阔市场空间

中国是全球第二大经济体，具有庞大的经济体量和市场规模，可以为新工业革命提供两方面的驱动力。一是需求引领。《共产党宣言》在描述18世纪后期至19世纪上半叶的"工业生产的革命"时，谈到"市场总是在扩大，需求总是在增加。工场手工业再也不能满足这种需求了。于是，蒸汽和机器就引起了工业中的革命"。与此类似，中国庞大的国内需求也将为新工业革命提供需求条件，诱导新技术的扩散和新产业的发展。二是供给驱动。企业家及创新型企业是工业革命的关键驱动力。比如，第一次工业革命中理查德·阿克莱特（Richard Arkwright）、约书亚·韦奇伍德（Josiah Wedgwood）、马修·博尔顿（Matthew Boulton），第二次工业革命中的约翰·洛克菲勒（John Rockefeller）、安德鲁·卡内基（Andrew Carnegie）、亨利·福特（Henry Ford）、奥古斯特·蒂森（August Thyseen），第三次工业革命中的小托马斯·沃森（Thomas Watson）、安迪·葛洛夫（Andy Grove）、罗伯特·诺伊斯（Robert Noyce）、史蒂夫·乔布斯（Steve Jobs），都曾在创新和推动新兴产业发展中发挥着先锋作用。在新工业革命中，企业家及创新型企业仍将继续发挥重要作用。可以说，谁能更有效地发挥企业家和创新型企业的作用，谁就可能在新工业革命中取得领先地位。有效发挥企业家和创新型企业的作用，有赖于维持较强的企业纵向流动性。新工业革命需要跃迁式创新，需要更多地发挥新创企业的创造性破坏作用。只有维持足够的企业纵向流动性，使新创企业能够成长为大企业，从而取代或对既有大企业构成竞争，才能有效地促进创新，推动新兴产业的发展。而庞大的市场空间就是维持较高企业纵向流动性的重要保障，给予了创新型企业成长的空间。

3. 中国具有深度参与新工业革命的足够信念

在过往的三次工业革命中，可以发现追求国家富强的信念在工业革命中也发挥着重要作用。党的十九大确立了习近平新时代中国特色社会主义思想，明确坚持和发展中国特色社会主义，总任务是实现社会主义现代化和中华民族伟大复兴，在全面建成小康社会的基础上，分两步走在21世纪中叶建成富强民主文明和谐美丽的社会主义现代化强国。随着习近平新时代中国特色社会主义思想深入人心，随着越来越多的人认识到只有深度参与甚至引领新工业革命才能实现中华民族伟大复兴的中国梦，积极推进新工业革命早日建成社会主义现代化强国正成为重要的共识。

三、中国推进新工业革命也面临一系列重大挑战

1. 新工业革命在不少领域削弱了中国传统的比较优势

一是智能制造和人工智能的发展使得劳动力数量和劳动力成本的重要性降低。后发经济体传统工业化模式的核心在于发挥劳动力比较优势，劳动力数量红利是追赶型国家能否实现赶超的关键因素之一。从现有的发展趋势看，将来的企业不得不管理好两类员工：人类员工和机器人员工。技术进步使得机器人员工成本不断下降，导致机器人在生产过程中的大规模使用，而人类员工的成本下降是有限的，劳动者收入有随经济发展而不断增长的内在要求。2012年以来，中国的劳动力数量开始下降，成本快速上升，中国与已经完成工业化的发达国家相比劳动力成本优势正在不断下降。但是，生产的数字化、智能化和网络化在一定程度上缓解了中国传统制造业部门成本优势的下降速度，强化了发达国家原本在研发和设计等方面的相对竞争力，并由此对中国产业向价值链中高端的升级带来直接影响。当然，这种影响是系统性的，每一个后发经济体都不可能例外。对于印度等拥有巨大人口资源的国家，其劳动力数量的潜在价值正在逐步变小，甚至实现其"人口红利"的机会窗口也正变得越来越小。

二是智能制造和个性化定制将使得许多行业的规模经济和范围经济变得不明显。中国的产业竞争力除了要素成本之外，还有一个重要的方面是由于更大的生产规模而带来的低平均成本，这在传统的大规模流水线作业中尤为明显。但是，由于企业信息技术的快速进步及其广泛应用，特别是制造业互联网化带来的小批量个性化定制，使得传统规模经济和范围经济的重要性正在变小。至于大批量定制生产（mass customization production），更是改变了对规模经济和范围经济的理解，正如 B·约瑟夫·派恩（B. Joseph Pine）在《大规模定制：企业竞争的新前沿》（*Mass Customization*：

The New Frontier in Business Competition)一书中所认为的,产品品种的多样化和定制化急剧增加,而不相应增加成本。

三是当地化、分散化的生产方式迅速发展,中国的世界制造业中心地位可能受到威胁。数字化、智能化和网络化使得工业产品的生产可以更加接近最终消费者,产品的制造和生产成本在总成本中的比重上升而流通成本下降,传统的生产制造中心正遇到越来越大的挑战,"工业民主化"正在从企业内部的决策管理转变成为更大范围的产品生产布局调整。这对中国等制造业中心无疑是一个巨大的挑战。

2. 中国产业发展基础不牢,特别是原始创新不够

一是关键核心技术、零部件和设备仍严重依赖进口。工业和信息化部对全国30多家大型企业130多种关键基础材料的调研显示:32%的关键材料领域仍为空白,52%依赖进口;计算机和服务器通用处理器95%的高端专用芯片、70%以上智能终端处理器及绝大多数存储芯片依赖进口;高档数控机床、高档装备仪器、运载火箭、大飞机、航空发动机、汽车等关键零部件精加工生产线上逾95%的制造及检测设备依赖进口。

二是绝大多数产业领域的劳动生产率不高。2014年,中国制造业部门的平均劳动生产率只有美国、韩国等国家的1/8—1/10,不仅低于发达国家,甚至低于一些发展中国家(见图0.3)。

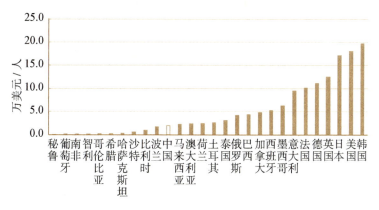

图0.3 2014年各国高技术制造业劳均产值比较

中美经贸争端造成中国经济运行环境存在极大不确定性。2018年3月

以来，中美之间发生的经贸摩擦已经给双方和全球经济带来了很大的影响。中美之间的经贸争端，表面上是贸易逆差问题，实际上是产业竞争力问题。美国面对正在快速发展的中国经济采取了一系列针对性措施，特别是"301调查报告"直指"中国制造2025"，其目的就是要打压中国战略性产业部门向价值链中高端升级。由于在总体经济实力等重要指标上中美之间仍然有明显差距，双边贸易规模和结构极不平衡，在关键技术和核心零部件领域中国对美国依存度高，无论是美国对中国产品加征关税，还是限制对中国的高技术产品出口，都会在一定时期内对中国的产业转型升级和企业发展带来直接而重大的影响。

四、培育和创造适应新工业革命的制度环境

每次工业革命之初，都有一些国家具备了产业技术基础、市场规模等潜在条件，但为什么最终只有个别国家脱颖而出成为工业革命引领国？为什么英国在第一次工业革命取得成功后，没有持续引领第二次工业革命，而美国却持续引领第二次工业革命和第三次工业革命？究其原因，秘密就在于只有少数国家才能长期保持适宜工业革命的制度环境。中国要努力成为新工业革命的引领国，就需要保持改革开放四十年以来的较强体制可改革性，突破不合时宜的思想观念和利益固化的藩篱，通过持续的改革开放，创造并始终维持有益于新工业革命发生和扩散的适宜性制度环境。

一是进一步完善产权制度，加强知识产权保护。18世纪中叶，当时的英国首相老威廉·皮特（William Pitt）曾讲过一句话，"风可进，雨可进，国王不可进"①，后来成为"财产权保护"的至理名言。英国能够引领第一次工业革命，与其建立了一套比较完善的产权保护制度是有直接关系的。产权制度是社会主义市场经济的基石，保护产权是坚持社会主义基本

---

① 英文原话为"The storm may enter, the rain may enter, but the King of England cannot enter"，此语出自英国首相老威廉·皮特1763年在国会的一次演讲，题目是"论英国个人居家安全的权利"。

经济制度的必然要求。2016年《中共中央 国务院关于完善产权保护制度依法保护产权的意见》，2017年《中共中央 国务院关于营造企业家健康成长环境弘扬优秀企业家精神更好发挥企业家作用的意见》，特别强调要加强对各类企业自主经营权和财产所有权的保护，切实维护企业家人身权、财产权、人格权和创新收益权，抓紧甄别纠正一批社会反响强烈的产权纠纷申诉案件，充分体现了党和国家保护各种所有制经济组织和公民财产权的坚定信心。着眼未来，只有继续保护各种所有制经济主体的产权及合法权益，保证其依法平等使用生产要素、公平参与市场竞争、同等受到法律保护，保障各类创新创业者的知识产权，建成高水平的营商环境，中国才能为引领新工业革命创造坚实的制度基础。

二是着力营造审慎包容的监管环境。在工业革命中，快速的生产力变革会对已有的产业或利益格局、政府管理模式带来巨大冲击。当不合时宜的思想观念与原有产业利益格局交织时，政府就很难确保政策和管理方式适应快速变化的环境，从而导致生产关系调整（特别是政府理念和监管政策的调整）明显滞后于技术进步和产业发展，从而对工业革命构成严重制约。同样以英国为例，在第二次工业革命期间，英国存在长达三十年之久的《红旗法案》就是代表落后生产力的马车集团与不合时宜的管理观念相结合的产物，严重制约了英国汽车工业的发展，成为英国错失第二次工业革命机遇的一个缩影。为此，政府需要坚持审慎包容、严管厚爱的原则，制定技术友好型的监管政策，在守住底线的同时，避免抑制创新。过去几年中国在新业态、新模式上的成功实践也证明了审慎包容的合理性。在微信、网约车、移动支付、共享单车等领域，中国能够领先世界许多国家，虽有后发优势和市场规模的原因，但始终保持审慎包容的监管态度，无疑是一个重要的原因。

三是维持企业纵向流动性。新工业革命中，维持企业纵向流动性的关键在于规制平台垄断。目前，平台企业已经成为企业的重要组织模式，这种模式既具有强大的规模经济和范围经济，也存在降低企业纵向流动性和抑制企业创新的隐患。为此，需要从促进公平竞争、防范"大而不能倒""大树底下不长草"等视角出发，不断完善对平台垄断的规制。

除此之外，还需要营造包容性的社会政策环境。新工业革命不仅改变生产生活方式，而且会对原有社会结构和就业格局带来巨大影响。当前，新工业革命的图景尚未完全展开，其对社会结构和就业的影响尚不能预知。营造包容性社会政策环境的一个基本原则是增强整个社会对于技术冲击的适应能力。为此，要建立面向新工业革命的教育体系，重视通用能力培养，树立终身学习理念，增强人们在新工业革命环境下的就业能力。要完善社会保障体系，确保在新工业革命进程中，不让任何一个人掉队。

执笔人：赵昌文

第一章

新工业革命给中国产业升级带来的机遇与挑战

新工业革命正在各国蓬勃发展，一些重要科技领域的群体性和系统性突破已广泛渗透于各行业，并实现深度应用。新工业革命对中国产业升级来说是一个千载难逢的历史机遇。

从国际经验看，顺利完成产业升级是跨越中等收入陷阱的重要条件。所有发达国家在与中国当前类似的发展阶段都实现了制造业内部的升级，突出表现在中、高技术制造业比重提升和国际竞争力持续加强，而发展中国家在类似阶段都面临制造业不能升级的问题。

新工业革命为中国许多产业的技术追赶甚至赶超提供了机遇。中国仍然具备消费升级和经济规模大、产业配套全等优势，但同时也面临成本快速上升、国内市场体制机制不健全等挑战，需要着力优化环境，促进产业升级。

产业升级，包括三次产业间的优化升级，也包括三次产业内部的升级，核心是制造业的升级。也就是制造业从低附加值向高附加值转变，是企业不断提高技术、效率，提升创造价值能力的过程。产业升级在经济增长的各个阶段都存在，但在经济转型期，这一命题尤其重要。

一、产业升级的核心是制造业的升级

（一）生产规模持续增长，制造大国地位进一步巩固

改革开放以来，中国制造业总规模呈迅速赶超趋势。1991年，中国制造业增加值为1 420亿美元，仅为德国的32.5%、日本的15.7%、美国的14.5%。随着经济快速增长，中国与发达国家的制造业规模差距迅速缩小，制造业增加值在1999年超过德国、在2006年超过日本、在2010年超过美国，成为世界上制造业规模最大的国家。到2017年，中国制造业增加值近3.6亿美元，比美国高63.3%。世界第一制造业大国的地位更加稳固。

（二）出口份额稳定提升，中国制造的国际竞争力仍然较强

改革开放后，中国出口迅速增长，2004年，中国出口总额达5 933亿美元，首次超过日本（当年为5 657亿美元），成为仅次于德国和美国的第三大出口国。2007年，中国出口总额达到12 201亿美元，进一步超过美国（当年为11 482亿美元），成为世界第二大出口国。2009年，中国首次超越德国成为世界第一大出口国，当年出口总额为12 016亿美元，占国内GDP的24.1%，占世界出口总额的9.6%。

虽然2012年以后中国制造业的增速显著下降，但出口占世界的份额仍处较高水平（见表1.1）。2012年，中国出口占世界出口总额的11.1%，到2015年达到最高值，当年中国出口总额约2.27万亿美元，占世界出口总额的13.8%，与2012年相比提高了2.7个百分点。此后，中国出口规模仍稳定增长，但占世界的份额有所降低。2018年，中国出口总额近2.49万亿美元，占世界出口总额的12.8%。

表 1.1　近年来中国进出口总额及全球占比

	2011 年	2012 年	2015 年	2018 年
中国出口总额（亿美元）	18 984	20 488	22 735	24 868
占世界的份额（%）	10.6	11.1	13.8	12.8
中国进口总额（亿美元）	17 434	18 182	16 796	21 359
占世界的份额（%）	9.4	9.7	10.0	10.8

数据来源：万得（Wind）数据库。

（三）出口产品质量有了大幅度提升，但仍有很大提升空间

出口产品质量是反映一国制造业整体质量水平的重要指标。根据国际货币基金组织（IMF）的研究成果，中国出口产品质量的排名不断提升，从 1980 年的 100 多名，上升到了 2010 年的 50 名左右，虽然与发达国家仍有很大距离，但是已经超越了巴西、墨西哥和俄罗斯等比较领先的发展中国家，接近澳大利亚这样的中等发达国家（见图 1.1）。

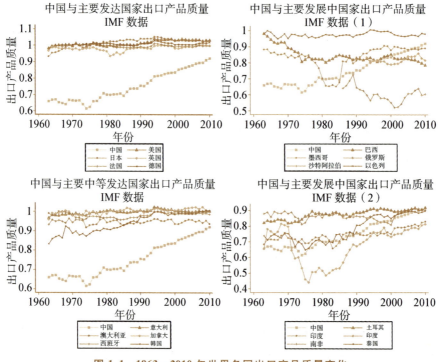

图 1.1　1963—2010 年世界各国出口产品质量变化

数据来源：IMF 数据库。

从出口产品质量与人均 GDP 的经验关系看,中国制造业产品质量还有很大的提升空间。主要发达国家出口产品质量与人均 GDP 都呈正相关,在人均 GDP 达到 20 000 美元左右时出口质量指数稳定在 1.03。而中国目前质量指数还在 0.9 左右,基于此判断,中国的产品质量仍有很大的提升空间。

(四) 制造业出现了增长速度放缓的新问题

20 世纪 90 年代以来,中国制造业占 GDP 的比重也处于较高水平。1990 年,中国制造业占 GDP 的比重约为 35%,略超过 1/3,1993 年达到 37.4% 的峰值。随后制造业占 GDP 的比重持续下降,2002 年下降至 31.4%,比 1990 年下降了约 4 个百分点。在 2003—2007 年间,随着中国进入新一轮快速增长阶段,制造业比重有小幅度提升,2007 年达到 32.9% 的水平。到 2015 年已经持续下降到 28.3% 的水平。

从增长速度看,2012 年以后制造业增速放缓的趋势明显。2012 年以前,中国制造业一直保持着较高的增速,即便是在 1997 年亚洲金融危机后经济增速较低的 1998—2001 年间,制造业增速也在 8.6% 以上,2009 年受国际金融危机冲击,也只降到了 11% 的水平。1990—2011 年,制造业年均增速高达 13.8%,但 2012 年后持续下降,到 2015 年和 2016 年,已经下降到了 6% 左右的水平,经历了从高速增长向中高速增长的转变(见图 1.2)。

图 1.2 中国制造业占 GDP 比重及制造业增长速度变化

二、中国当前正处于跨越中等收入陷阱的重要阶段

（一）中国已经进入工业化后期

所谓工业化是指一个经济体随着工业发展，人均收入和经济结构发生连续变化的过程，而不仅仅是工业部门本身的发展，目前一般把人均收入的增长和经济结构的转换作为工业化进程的主要标志（陈佳贵、黄群慧和钟宏武，2006）。其中，人均 GDP 水平小于 200 美元（1964 年不变价，下同）为前工业化时期，200—400 美元为工业化初期，400—800 美元为工业化中期，800—1 500 美元为工业化后期，超过 1 500 美元则进入后工业化时期。

2012 年前后是中国进入工业化后期的重要转折点。从人均 GDP 水平看，2012 年中国人均 GDP 达到 6 276 美元（现价），按汇率法折算的 1964 年不变价也达到 688 美元的水平，按汇率—购买力平价加权平均计算的人均 GDP 已经超过 900 美元。从产业结构看，2012 年中国第二产业比重下降到 45.0%，自 20 世纪 50 年代以来，首次低于服务业比重（45.5%），出现了历史上没有过的转折性变化。从主导产业的变化看，2012 年以来不少重化工业产品出现了产能过剩现象，产量增长接近峰值或进入平台期。多种指标分析都显示，中国进入了工业化后期。

（二）中国也正处于跨越中等收入陷阱的重要阶段

世界银行根据各国的人均 GDP 水平，将各国分为低收入国家、中等收入国家（又进一步分为下中等收入国家和上中等收入国家）和高收入国家。所谓中等收入陷阱，是指世界银行在《东亚与太平洋地区报告：危机十年后的状况》中提出的，"历史显示，许多经济体常常能够非常迅速地达到中等收入的发展阶段，但是只有很少的经济体能够跨越这个阶段，因为要实现这一跨越所必需的那些政策和制度变化在技术、政治和社会方面更复杂、更加具有挑战性"。改革开放以后，中国人均 GDP 水平增长迅速，

1978 年，中国人均 GDP 水平仅 190 美元，是美国的 1.75%，是世界平均水平的 9.82%，中国在有统计数据的 120 个国家或地区中，人均 GDP 水平仅列第 112 位。1998 年，中国人均 GDP 达到 829 美元，首次跨出低收入国家行列。2010 年，中国人均 GDP 达到 4 561 美元，跨越上中等收入国家门槛（3 976 美元）；2017 年，中国人均 GDP 已经超过 8 000 美元，约为上中等收入国家的平均水平（3 895—12 056 美元），但仍然处于中等收入阶段（见图 1.3）。

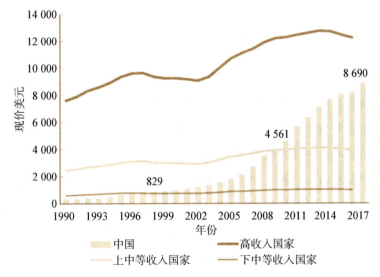

图 1.3　中国人均 GDP（现价美元）及世界银行的国家划分标准

数据来源：世界银行。

（三）实现产业升级是跨越中等收入陷阱的必要条件

不同工业化阶段的主导产业有不同的特征，进入工业化后期将带来主导产业的显著变化。具体而言，前工业化阶段，农业是经济增长的主导产业，工业中的主导产业主要是食品、饮料、烟草、建材等与人们最基本的生存需求"吃"和"住"相对应的部门；工业化初期，纺织服装等轻工业比重较高，成为经济增长的主导产业；工业化中期，主导产业从劳动密集型的纺织服装等轻工业转向以资本密集型的重工业和制造业为主的综合体系，能源、钢铁、水泥、电力等能源和原材料工业比重较大，这些产业也往往是这一阶段经济增长的主要动力；工业化后期，主导产业由资本密集型向资本和技术密集型产业转换，以汽车、装备制造等为代表的高加工度制造业及生产性服务业成为主导产业；后工业化阶段，人们对休闲、旅游、教育、文化、体育等的需求增加，推动经济增长的主导产业转向以服务业为载体的信息经济和知识经济。从整个工业化进程看，经济增长的主要动力呈现出农业→纺织、服装等轻工业→能源、原材料工业（资本密集型产业）→高加工度制造业（技术密集型产业）→服务业的变化轨迹。

1. 发达国家在跨越中等收入陷阱阶段基本顺利实现了产业转型升级

为了描述不同国家在对应于中国的经济转型期①，其产业转型升级的情况，特别是产业转型升级情况和经济发展的关系，本小节对发达国家和仍然处于中等收入阶段的国家（包括典型的跌入中等收入陷阱的国家），在这一阶段产业转型升级的情况进行了对比分析。

根据世界银行数据，2015年全球共有79个高收入经济体，考虑到样本的代表性，我们选择其中人口数量大于300万且在联合国工业发展组织（UNIDO）数据库中有详细制造业数据的发达经济体，以及21个人口规模较大的上中等收入国家进行对比分析。

（1）多数发达国家在相同发展阶段产业结构有明显优化升级

在经济转型期，大多数发达国家经历了明显的制造业内部升级过程，尤其是日本、韩国等后发追赶型国家。例如，在这一阶段，韩国高技术制造业占制造业的比重从34%提高到47%，日本从34%提高到44%。高技术制造业的总规模也有稳定增长，例如，韩国的人均高技术制造业总产出从2 500美元增长到9 084美元，日本从4 800美元增长到9 953美元（2010年不变价）。但也有少数国家制造业内部结构升级并不明显，例如，英国的高技术制造业比重长期保持在30%左右。但总体而言，高技术制造业比重下降的几乎没有（见图1.4）。

---

① 定义为人均GDP10 000—20 000 国际元的阶段。

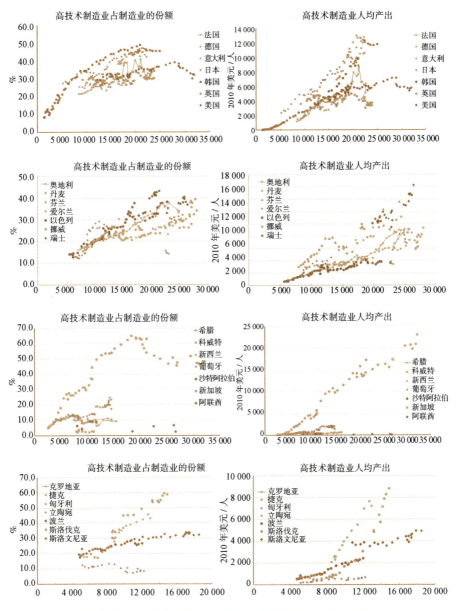

图 1.4 部分发达国家高技术制造业增长和结构变化情况

注：图中横坐标是各经济体的 1990 年不变价人均 GDP 水平，由 Maddison 研究团队按照 PPP 法核算，根据国务院发展研究中心的研究，Maddison 的 1990 年不变价人均 GDP 较好地代表了各经济体可比较的人均 GDP 发展水平。

数据来源：UNDP（联合国开发计划署），Maddison 数据库。

(2) 发达国家在相同发展阶段中、高技术制造业的竞争力几乎都持续提高

出口占本国产出的比重是反映产品国际竞争力的重要指标。从出口比重变化看，在经济转型期，几乎所有发达国家在中、高技术制造业方面都保持了竞争力的持续增长。例如，韩国高技术制造业的出口比重从人均GDP 10 000国际元时的33%左右提高到20 000国际元时的50%左右（见图1.5）。

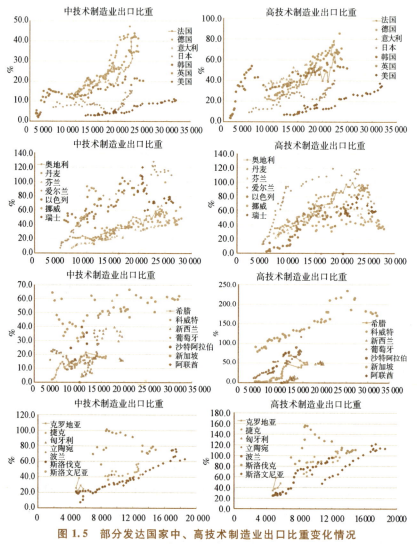

图1.5 部分发达国家中、高技术制造业出口比重变化情况

注：同图1.4。

数据来源：UNDP，Maddison数据库。

2. 跌入中等收入陷阱的国家多数没有顺利完成工业化过程,没能实现向以高附加值制造业和生产性服务业为主的工业化阶段的转型升级

要实现从中等收入向高收入的跨越,实质上就是要实现从工业化中后期向后工业化的跨越,就是要实现从资本密集型重化工业向工业化后期的高加工度制造业及生产性服务业的升级。

(1) 南美国家在中等收入陷阱阶段的一个重要现象是产业结构没有优化升级

根据世界银行的统计,包括智利、乌拉圭、阿根廷、巴西、墨西哥和哥伦比亚在内的一些拉美国家早在20世纪60—70年代就已达到中等收入水平,但是由于不能实现经济发展方式的转变,经济增长缺乏新的动力,无法有效地进行产业转型升级,导致其长期陷入"中等收入陷阱"的困境。如图1.6所示,南美不少国家在中等收入阶段,其制造业内部没有出现明显的结构升级的现象,高技术制造业总规模增长缓慢,有时甚至出现总规模下降的情况,其在制造业内部的占比也基本保持不变,甚至有所下降。只有智利是个例外,其高技术制造业的出口比重在人均GDP达到9 000国际元以后持续上升,并最终进入高收入国家行列。

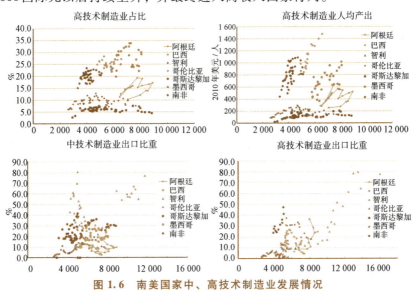

图1.6 南美国家中、高技术制造业发展情况

注:同图1.4。

数据来源:UNDP,Maddison数据库。

（2）东南亚及其他一些国家在相似发展阶段也面临制造业不能顺利升级的问题

在亚洲，长期陷入"中等收入陷阱"的典型国家是马来西亚、菲律宾、印度尼西亚等。马来西亚于1977年成为中等收入国家，经过32年的发展，2009年其人均GDP也只不过是6 897美元。从制造业的升级情况看，高技术制造业在其人均GDP达到8 000国际元以后不增反降，这些国家中、高技术制造业的出口比重也基本没有出现持续提高的趋势（见图1.7）。

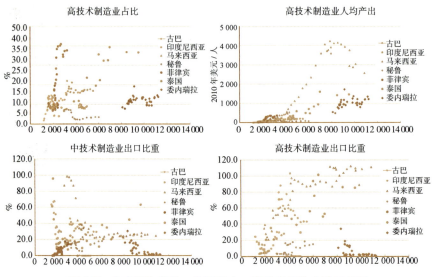

图1.7　东南亚和其他一些国家中、高技术制造业发展情况

注：同图1.4。

数据来源：UNDP，Maddison数据库。

（3）东欧和其他一些国家在类似阶段也面临制造业竞争力不能提升的问题

部分东欧国家和其他一些国家，在中等收入阶段制造业不能升级、不能提高竞争力的问题同样显著。尽管从高技术产业规模上看，这些国家的高技术制造业都有持续增长，但其在制造业中的占比没有显著提高，高技术制造业的出口比重也没有提高的趋势（见图1.8）。

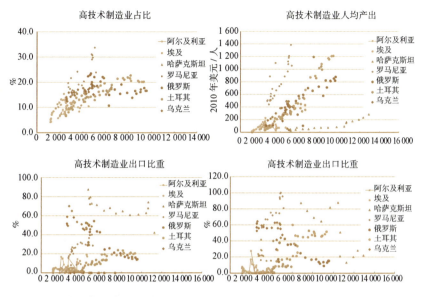

图 1.8　部分东欧国家和其他一些国家中、高技术制造业增长情况

注：同图 1.4。

数据来源：UNDP，Maddison 数据库。

总体来看，陷入"中等收入陷阱"的一个重要原因是，经济增长过于依赖外国直接投资、外国的需求市场等外部因素，而没有自己的核心技术和研发力量，没有真正将外部的技术、管理等高级生产要素内化，实现经济增长动力的正常替代和升级。在全球产业分工中，只能从事劳动密集型的低附加值产业或环节，也就未能从根本上实现产业的转型升级。对外开放和外国直接投资可以帮助这些国家发展为中等收入国家，但要摆脱"中等收入陷阱"，进入高收入国家行列，则需要它们发现与培育新的生产要素，促进产业的根本转型升级（程文和张建华，2018）。

三、新工业革命为中国产业升级提供重要机会窗口

世界经济发展的历史上，每一轮产业革命都带来了主导产业的更迭和现有产业的全面升级。毫无疑问，新一轮工业革命对当今全球产业的影响将更为深远，并将为中国的产业升级提供重要的机遇和挑战。

(一)新一轮产业革命正在蓬勃发展

当前,新一轮科技革命和产业革命越来越清晰地展现在我们面前,一些重要科技领域的群体性和系统性突破,在各行业领域的深度应用和广泛渗透,正推动全球产业发展迈入新的历史阶段。与之前历次产业革命不同的是,新一轮产业革命变革速度更加迅猛,影响更为深远。在以新一代信息技术、新能源技术、新材料技术、生物技术等为代表的重点领域,技术创新不断取得群体性突破,带动一批新产业、新业态加速发展。

1. 大数据

数据是国家基础性战略资源,近年来各国纷纷将推动大数据(big data)产业发展作为国家发展战略,并将大数据作为支柱产业加以扶持。大数据产业涵盖了以数据生产、采集、加工、分析和服务为主的相关经济活动,包括数据资源建设,大数据软硬件产品的开发、销售和租赁活动,以及相关信息技术服务,等等。目前大数据产业正处于创新突破期,研究机构 IDC 预测,全球大数据与分析市场规模将由 2015 年的 1 220 亿美元,提高到 2019 年年底的 1 870 亿美元,五年间增长超过 50%。其中与服务相关的市场最大,当中又以 IT(信息技术)服务为重,将是商业服务规模的 3 倍以上;软件次于服务,预计在 2019 年年底达到 550 亿美元的规模;大数据与分析相关的硬件市场则预计达到 280 亿美元的规模。

专栏1.1

各国政府高度重视推动大数据产业发展

美国高度重视大数据的开发和应用,2012 年 3 月推出"大数据研究与发展倡议",将大数据作为国家重要的战略资源进行管理和应用,2016 年 5 月进一步发布"联邦大数据研究与开发计划",不断加强在大数据研发和应用方面的布局。欧盟 2014 年推出数据驱动的经济战略,倡导欧洲各国抢抓大数据发展机遇。此外,英国、日本、澳大利亚等国也出台类似政策,推动大数据应用,促进大数据产业发展。

2. 人工智能

人工智能（artificial intelligence，AI）是研究开发用于模拟、延伸和扩展人的智能的系统科学，包括一系列理论、方法、技术及应用系统。人工智能是一门新的科学技术，自 20 世纪 70 年代被称为与空间技术、能源技术并列的世界三大尖端技术之一，也被认为是 21 世纪三大尖端技术（基因工程、纳米科学、人工智能）之一。人工智能涉及机器学习、语音识别、图像识别、视觉感知等多个不同的领域。近年来，随着各领域技术进步与融合的速度加快，人工智能获得了前所未有的快速发展，苹果、谷歌、微软、脸书、亚马逊等信息科技领先企业，纷纷加大了在人工智能领域的战略布局。在可预见的未来，人工智能将以"人工智能+"的方式，越来越广泛地应用于深度学习、交互认知、无人驾驶、机器人、智能家居、智能交通和智慧城市、虚拟现实、社交网络等多领域产品和服务中，并有望成为未来重要的新兴经济增长点。英国广播公司（BBC）预测，人工智能市场将继续保持高速增长，到 2020 年，全球人工智能市场规模将达到 183 亿美元。艾瑞咨询数据显示，2017 年中国人工智能市场规模约 12 亿元人民币，未来五年的增长率将达到 50%。从影响来看，人工智能是面向智能化时代的核心技术，人工智能与大数据、物联网、移动互联网云计算等技术的结合，以及在制造与服务领域的广泛渗透、融合与应用，亦将带来诸多产业的革命性变化，衍生出一系列产品创新和服务模式升级。

专栏 1.2

不同机构对新兴技术影响力的判断

麦肯锡公司预测了 2025 年将出现的 12 大颠覆性技术，主要包括移动互联网、知识工作自动化、物联网、云、先进机器人、自动汽车、下一代基因科学、储能技术、3D 打印、油气勘探及开采、先进材料、可再生能源等。麦肯锡公司认为，这些技术已经取得了良好进展，在发达国家迅速普及，并在新兴国家蓬勃发展，将成为未来 10 年最具经济影响力的技术。美国兰德公司预测，2020 年最有影响力的技术应用，分别是廉价太阳能、转基因作物、快速生物鉴定、过滤器与催化剂、靶向药物输送、绿色制造、混合动力车、普适传感器、先进诊断等。

3. 智能制造

智能制造（intelligent manufacturing，IM）是通过基层知识工程，制造软件系统/机器人视觉和机器人控制来对制造技工们的技能和专家知识进行建模，以使智能机器能够在没有人干预的情况下进行小批量生产的一项系统工程（Wright and Bourne，1988）。进入 21 世纪以来，随着人工智能技术的快速发展，智能制造技术获得了较大的进展，也得到了政府和产业界的关注、认同与大力推动。2013 年 4 月，在汉诺威工业博览会上，德国政府推出了"工业 4.0"战略计划，"工业 4.0"具有高度信息化、高度网络化和高度智能化三个基本特征，其中智能制造是"工业 4.0"的核心。与传统工业化时代的制造模式有所不同，智能制造以智能产品和装备为主体，以智能化生产为主线，以新一代信息技术、信息物理系统（cyber physical system，CPS）和工业互联网为基础，实现泛在感知条件下的信息化制造。区别于自动化制造系统和数字化制造系统，智能制造系统具备了一定自主性的感知、学习、分析决策、沟通、通信与协调能力，可以通过对原料的供应、配送的管理、机器运行的过程及市场需求之间的信息交互，实现更加精准的协同和无缝对接。通过智能制造，生产数据能够可视化，生产过程能够透明化，同一条生产线上能够生产出满足不同需求的产品，生产变得更加智能化、柔性化，从而真正实现优质、高效、灵活、低耗、清洁的生产。

专栏 1.3

德国"工业 4.0"

德国"工业 4.0"研究项目是德国政府发布的《德国 2020 高技术战略：创意、创新、增长》中所提出的十大未来项目之一。该项目由德国联邦教育局及研究部和联邦经济技术部联合资助，在德国工程院、弗劳恩霍夫协会、西门子公司等德国学术界和产业界的建议和推动下形成。德国"工业4.0"可以简要概括为"建设一个网络，研究两大主题，实现三大转变"。建设一个网络即建设信息物理系统，这一系统将集成软件、传感器和通信系统，连接虚拟与现实世界，实现人、设备与产品的实时连通、相互识别和有效交流，这是实现"工业4.0"的基础；研究两大主题，一是"智能工厂"，二是"智能生产"，也就是我们所说的"智能制造"，这两者是实现"工业4.0"的关键；实现三大转变，一是实现生产由集中向分散的转变，规模效应不再是工业生产的关键因素，二是实现产品由趋同向个性的转变，未来产品更多的是个性化生产，三是实现由客户导向向客户全程参与的转变，客户广泛、实时参与生产和价值创造的全过程。根据德国"工业4.0"的愿景，在一个智能网络化的世界里，物联网和服务网将渗透到所有领域，生产资源（包括生产设备、机器人、传送装置、仓储系统和生产设施）将形成一个循环网络并具有自主性、可自我调节和自我管理的特征。智能工厂将渗透到公司间的价值网络中，促进数字世界和现实世界的完美结合。

4. "互联网+"

随着互联网在各行各业应用的不断深化，众包、众创、众筹、个性化定制、线上到线下（O2O）等新业态和新模式层出不穷。美国学者杰里米·里夫金在《零边际成本社会》（*The Zero Marginal Cost Society*）中，描绘了这种新经济模式的发展远景。他认为，在未来时代每个人既是生产者，又是消费者，可以在物联网上更直接地生产并相互分享能源和实物，这种方式的边际成本接近于零，近乎免费，这与我们已经开始在互联网上进行的制造和分享信息产品的行为极为相似。

以互联网为代表的信息技术与相关产业的融合，衍生出许多跨界融合的新模式和新业态。信息技术，特别是互联网技术具有强大的通用性、渗透性功能，随着云计算、大数据、移动互联网等新一代信息技术的发展，推动互联网迈入"大智移云"的新阶段①，在更强大的数据挖掘技术、超强的数据存储和计算能力、无所不在的移动网络、虚拟现实、人工智能等多种信息技术融合的推动下，传统产业将加速向数字化、网络化、服务化转型，传统经济也将转型为数字驱动型经济。以电子商务为例，在大数据、云计算、虚拟现实等新技术的推动下，电子商务行业已呈现出更加移动化、平台化、虚拟化和社交化的趋势，对于很多电子商务企业，如京东、淘宝等，我们已经不能清楚地界定它们到底是商贸企业还是互联网企业，实际上它们更多是一种跨界企业。另外，互联网金融是指传统金融机构与互联网企业利用互联网技术和信息通信技术，实现资金融通、支付、投资和信息中介服务的新型金融业务模式，也是金融业与互联网跨界融合的新兴业态。

5. 增材制造

增材制造（additive manufacturing，AM）是一种直接通过 3D 数学模型对三维对象层层打印的过程，它在高附加值、复杂和定制化产品制造上具有巨大潜力。许多公司都开始将增材制造作为一种工具来缩短产品的市场投放时间，并用以提高产品质量和降低生产成本。增材制造主要应用于汽车发动机、飞机装配、电动工具和制造工具等领域。

与传统利用模具进行减材制造的机械加工方法不同，增材制造主要靠材料逐层堆积的方法，不需要任何模具就可以直接生产制造出原型产品。这极大加快了传统制造行业的产品迭代和研发速度，也极大降低了产品研发门槛和制度成本。同时，增材制造也给制造业设计创新带来了机遇，之前无法实现的复杂设计产品，可以通过新的制造方法实现，这大大加速了个性化、小批量、定制化产品的发展。增材制造与传统制造技术各自具有比较优势，增材制造受材料及单个生产成本的限制，从长期看将与传统制造技术互为补充、融合发展，共同推动制造模式的变革。然而，增材制造

---

① 2013 年 8 月，中国互联网大会上，中国工程院院士、互联网专家邬贺铨提出"大智移云"的概念，即大数据、智能化、移动互联网和云计算，"大智移云"代表了互联网进入新阶段的主要特征。

对制造业竞争格局的影响不容忽视,随着材料技术的进步,以及数字技术、智能制造技术、新材料技术等多种技术的融合发展,增材制造可能对小批量零部件生产制造的分布和竞争格局产生影响,甚至与智能机器人一道,成为发达国家高端制造业回流的有力支撑。

6. 其他的新能源、新材料,新一代信息技术、生物技术等多种技术都在迅速发展

当前,作为工业重要组成部分的能源动力、材料技术、电子技术、机械技术和制造技术等均在发生技术革命,新能源技术和新型动力设备的使用逐步改变了对传统能源的依赖,推动了电动汽车和高速铁路的发展,能源利用方式更加清洁,对能源工业、交通出行,以及人类居住的环境等都将产生重要影响。其中,新能源技术、新一代信息技术与汽车工业的融合,使得传统汽车更加绿色化和智能化,比如,特斯拉电动汽车就将传统汽车变身为绿色低碳的大型智能终端。在材料领域,具有复合型新功能的大量新材料有望在一些新的领域不断拓展应用,比如,石墨烯的导电和导热性能更高,不仅具有非常独特的化学光学性质,而且具有惊人的电子迁移率,机械性能比钢铁还高200倍,与天然石墨、碳纳米管、富勒烯等碳材料结合,能有效改善材料的力学性能和电子传输率,非常适合在新型光电感应设备和电池等领域应用。制造技术与新一代信息技术和新材料技术的支撑与融合发展,实现了以3D打印为代表的制造方式变革,在此基础上与生物技术相结合,进一步衍生出3D生物打印等融合型应用创新。生物计算机、人机交互、生物合成等领域的新发展则体现出3D生物、信息、化学、材料等多领域融合的进展。

专栏1.4

3D 生物打印

2013年5月底,《新英格兰医学杂志》(*The New England Journal of Medicine*)报道了全球首例3D打印器官人体移植手术——密歇根大学公共医疗中心将3D打印机制作的人工气管植入患者喉咙,帮助其正常呼吸。

该手术获得了美国食品与药品监督管理局（FDA）的许可，利用高分辨率成像技术、计算机辅助设计与生物可吸收材料（聚己内酯），依靠3D打印机打印出一百条细小管道，再与支架上的孔洞与气管进行固定。安置支架七天后，开始逐步撤除机械通气机，并在手术后21天完全停止呼吸机支持，一年后，患者一切正常。美国生物技术公司Organovo公司使用3D生物打印技术，打印出了可存活五天的肝脏组织。研究结果表明，他们制造出的肝脏薄片的功能，几乎与理论上的人体肝脏一样，业界预计大概再需要十年时间就可以做出可移植的人体器官。

（二）新一轮工业革命对产业发展的影响：六大趋势

新一轮科技革命已经并仍将继续对人类的生产方式和生活方式产生革命性影响。我们认为，未来一段时期，新一轮科技革命对产业发展的影响主要表现在以下六个方面。

1. 数字化

随着信息技术的发展，数字化贯穿于产品需求、研发设计、生产、营销和服务的全过程，为优化产品全生命周期管理提供了重要基础。随着数字经济时代的来临，大数据成为国家基础性战略资源，其价值在企业研发设计、协同制造、服务支持、精准营销等各环节得到强化，正在成为数字驱动型经济的新引擎。

互联网为数据的广泛连接提供基础。"互联网+"孕育众创、众包、众筹、威客、移动O2O等新经济模式①，正在重塑实体经济形态。美国学者

---

① 众创指通过创新创业服务平台聚集全社会各类创新资源，为具有创新能力的个人或企业提供创新创业服务。众包指借助互联网等手段，将传统由特定企业和机构完成的任务，向自愿参与的所有企业和个人分工。众筹指通过互联网平台向社会募集资金。威客指那些通过互联网把自己的智慧、知识、能力、经验转换成实际收益的人，在互联网上通过解决科学、技术、工作、生活、学习中的问题，从而让知识、智慧、经验、技能体现经济价值。移动O2O指线上网店和线下消费，商家通过网店将商家信息、商品信息等展现给消费者，消费者在线上筛选服务并支付，线下进行消费验证和消费体验。

杰里米·里夫金认为，这种新经济模式的边际成本接近于零。

2. 智能化

生产过程智能化成为重要趋势。区别于自动化制造系统和数字化制造系统，智能制造系统具备了一定的自主性感知、学习、分析、决策、通信与协调能力，原料的供应、配送的管理、机器运行的过程及市场需求之间，能够通过信息交互实现更加精准的协同和无缝对接，使得生产数据可视化，生产过程透明化，同一条生产线上能够生产出满足不同需求的产品，从而真正实现优质、高效、灵活、低耗、清洁的生产。

人工智能将衍生出一系列产品和服务模式创新。人工智能作为面向智能化时代的核心技术，在深度学习、交互认知、无人驾驶、机器人、智能家居、智能交通和智慧城市、社交网络等多领域的广泛渗透、融合与应用，将带来诸多产业的革命性变化。

3. 柔性化

更高效率、更高精度和更高灵活度将成为制造过程的新趋势。增材制造会越来越普遍，之前无法实现的复杂设计产品可以通过新的制造方法变为现实，大大加速了个性化、小批量、定制化产品的发展。

生产者与消费者的互动关系更为紧密，按需定制、个性化、大规模定制将获得较大发展。在互联网、大数据等技术的推动下，企业能够将客户纳入产品设计的源头，可以更加精准地把握客户需求，对市场需求做出快速反应；在产品形态、功能等方面客户能够拥有更多的话语权，客户可以根据自己的喜好，对产品外观、材料及功能选项等做出选择。

4. 平台化

随着"互联网+"的深入发展，平台经济将大行其道。一批互联网科技型企业，如谷歌、脸书、阿里巴巴、百度、腾讯、京东等，抓住平台经济发展的机遇，已经快速成长为平台型企业。也有一些制造企业依托平台整合和搭建制造与服务生态系统，演变为平台商，如美国的苹果、国际商业机器（IBM）、通用电气（GE），瑞士的ABB（Asea Brown Boveri），德国的博世（BOSCH），英国的罗尔斯罗伊斯（Rolls-Royce）等一大批制造企业借助互联网信息技术加速了服务化转型的步伐。

平台化也在一定程度上改变了企业内部的组织结构和企业之间的分工合作关系。互联网在企业管理和生产组织领域的广泛渗透应用，减少了管理层次、压缩了职能部门，基于互联网的异地协同制造成为新模式。得益于互联网、开源软件、开源硬件及平台经济的发展，只有运营总部而没有生产车间的网络企业或虚拟企业开始出现。全球最大的出租车公司优步（Uber），没有一辆出租车；全球市场占有率最高的零售商阿里巴巴，没有一件商品库存。

5. 服务化

制造业服务化正越来越普遍。传统制造业企业内部的产品设计、技术研发、质量管理、测试认证、供应链管理、市场营销、物流服务等环节正在不断分离出去，实行专业化发展，为制造业服务化提供有力支撑。企业也大量应用传感器、物联网等技术跟踪管理产品生产流程，应用信息技术开展远程在线诊断和监测等服务创新，进行智能化的产品全流程、全生命周期管理。

服务型制造正成为制造业新趋势。制造业企业通过创新优化生产组织形式、运营管理方式和商业发展模式，不断增加服务要素在投入和产出中的比重，不断延伸和提升价值链。尤其是创新设计服务、网络化协同制造服务、信息增值服务、智能服务的发展方兴未艾。

6. 分散化

数字化制造技术推动生产制造更加本地化、分散化和小型化。与以往企业更多集中在资源富余和生产成本较低的地区不同，越来越多的制造企业可能会更加强调生产靠近消费地和最终市场所在地。

全球制造业分工版图可能会相应重塑。智能工厂的普及、3D打印等数字制造的发展，将使劳动力成本在制造业产业分工中的地位和影响日渐弱化，部分制造业可能向发达国家回流，甚至有人据此断言，印度的人口红利将很难像中国过去30多年的工业化进程那样得到充分释放。

(三)国内消费升级仍然是产业发展最重要的新动力

改革开放以来,中国居民消费结构大致呈现了三个阶段的升级,每次消费升级都带来了制造业发展的重要机遇。

第一阶段是改革开放后至 21 世纪初,城乡居民的消费结构以"吃、穿、用"为主。这一时期,中国总体上处于脱贫和解决温饱阶段,经济中的支柱产业以农业和轻工业为主,如食品加工、纺织服装、耐用消费品等。在这一时期,中国布产量从 1978 年的 110 亿米增长到 1999 年的 250 亿米,年均增长 4.0%;食用油从 182 万吨增长到 734 万吨,年均增长 6.9%;家用电冰箱从 2.8 万台增长到 1 210 万台,年均增长 33.5%。对这些轻工产品的巨大需求是这一时期经济发展的主要动能。

第二阶段是从 21 世纪初到 2011 年左右,消费开始向以"住、行"为主升级,并带动了这一时期的经济增长。经过改革开放后 20 年的发展,至 2000 年前后,中国绝大多数城乡居民最基本的生活需求基本上得到了满足,进入了向"住、行"消费升级的阶段。所谓"住",既包括农村地区住房的升级换代(从最初的土坯草房向砖瓦房、楼房升级),也包括城镇住房市场的发展。特别是随着城镇住房制度改革,中国商品房需求增长迅速,城镇商品房销售面积从 1999 年的 1.46 亿平方米增长到 2011 年的 10.94 亿平方米,平均每年增长 18.3%。在"行"的方面,汽车产量从 1999 年的 183 万辆增长到 2011 年的 1 927.6 万辆,平均每年增长 21.2%。公共交通包括公路、铁路等也增长迅速。这一时期,也是城镇化加快发展的阶段,城镇化的发展进一步促进了以"住、行"为主的消费需求,而住房、汽车、交通和城镇化的发展又衍生出了对重化工产品如钢铁、有色、建材的需求。虽然在这一时期,中国外贸出口迅速增长也促进了经济发展,但总体来看,城乡居民由"吃、穿、用"向"住、行"的消费升级是经济增长的主要动能。

第三阶段是 2012 年至今,传统"吃、穿、用、住、行"的消费需求得到了基本满足,中国进入了新一轮的需求升级转换阶段。2012—2018 年,中国国内旅游人数从 26.4 亿人增加到 55.4 亿人,平均每年增长 13.1%,

远远高于 GDP 增长速度。同期国内旅游收入从 1.9 万亿元增长到 6.0 万亿元，平均每年增长 21.1%。出境旅游增长同样快速，2012—2018 年，出境游人数从 7 025 万人次增长到 1.50 亿人次，平均每年增长 13.4%。从电影票房收入看，2012—2018 年从 171 亿元增加到 610 亿元，年均增长 23.6%。这些都显示出在经济下行背景下，服务消费强劲的增长势头。

居民消费升级一方面体现在消费结构上，另一方面体现在消费品质量的提升上，也就是消费质量越来越高的产品。例如，在食品消费方面，越来越注重绿色有机、无农药残留等高质量产品的消费。在服装方面，越来越重视服装的款式、设计和面料等。近年来，中国居民境外购物快速发展。根据商务部统计，2017 年，中国居民境外购物超过 2 000 亿美元，2018 年中国消费者全球奢侈品消费达到 1 150 亿美元，占全球奢侈品消费总额的 1/3，每户消费奢侈品的家庭平均支出近 8 万美元（麦肯锡，2019）。这都说明城乡居民对于提升消费品质量有着巨大的现实需求。

另外，在互联网时代，用户需求日趋多样化、定制化，企业订单呈现出小型化、碎片化的发展趋势，引进与应用智能制造系统解决方案已经成为企业满足新时代发展需要的重要着力点。

从各国工业数据的比较看，很多行业质量升级仍然有很大的空间。例如，食品饮料业是典型的质量升级型行业，在人均食品和饮料消费量达到一定的水平后，很难有明显的数量增长，后继的发展更多要靠新品种、高质量的产品来实现，因此食品饮料业的增长可以被认为反映了质量升级的空间。2014 年，美国食品饮料业的人均总产值高达 46.9 万美元/人，是中国的近 4 倍，德国是中国的 2 倍，英国是中国的近 3 倍。也就是说，这些传统行业，进一步增长的空间仍然广阔（见图 1.9）。

消费升级对制造业发展的拉动作用还没有充分发挥出来。虽然近年来中国居民对高品质商品的消费增长迅速，但更多表现为对国外产品的需求。中国消费者对于衣、食、住、行等传统行业高端消费的需求规模已经十分庞大，并因此而出现了在世界各地的"爆买"现象，甚至催生了代购行业。这些产品大多中国自身能够生产，但质量和品质无法达到发达国家的产品规格，或者缺乏品牌效应，比如，服装饰品类的奢侈品、化妆品、电子设备、零食，甚至常见的锅碗瓢盆刀具等生活用品。商务部电子商务和信息化司的统计显示，2018年，我国电商跨境交易额从2015年的360亿元人民币增长到1 347亿元人民币，年均增长率达到19.8%。2018年进口额排名前三位的商品分别是化妆品（占比35.9%）、粮油食品（占比24.2%）和服装鞋帽（占比13.3%）。这说明，即使是传统产品，仍有很大的质量和品牌升级空间。

图1.9　各国食品饮料业人均产值的比较（2014年）

数据来源：UNIDO（联合国工业发展组织）。

（四）经济规模大、产业配套全的优势仍然存在

经济规模大是有利于创新发展的重要因素。中国制造业门类全、规模大，在许多行业占据着世界的较大份额。虽然在许多行业中国企业只是从事制造环节，高附加值的研发和运营管理等仍保留在发达国家，但制造是研发的重要基础，"干中学"效应也是创新的重要动力，强大的制造环节是中国制造业研发创新的重要优势。此外，巨大的经济规模也比小国家更能为新产品提供宝贵的需求空间，有利于新产品的生存与发展。

产业配套全也是提高制造业竞争力的重要因素。近年来，随着中国制造业成本的提升，以纺织、制鞋、电器为代表的部分传统产业向东南亚国家转移，但根据我们的调研发现，主要产品并没有受到非常大的冲击，转移的多是上下游链条短的一些行业及附加值较低的环节。在技术水平或产业配套要求较高的行业，中国仍然具有较强的竞争力。可以预见，在今后相当长的时间内，中国制造业大国的地位不会根本改变，产业配套全的竞争优势仍将继续保持。

四、中国制造业升级发展也面临诸多挑战

在新一轮产业革命蓬勃兴起和发达国家大力推进制造业振兴的背景下，全球产业格局也可能出现重大调整，中国制造业发展也面临许多挑战。

（一）消费者对国货信心不足，需求潜力不能发挥

1. 产业转型升级的一个最重要动力是消费需求的升级，也就是消费者对商品质量和品质需求的升级

近年来，中国产品数量增长对实体经济的拉动能力已经明显减弱。对外出口连续两年负增长，固定资产投资增速已下滑到8.3%左右，消费品数量的增长速度也显著放缓，住房、汽车和家电、食品的快速增长期已经过去。与此同时，居民对消费品质量提升的需求正在不断显现。一个突出的现象是境外购物快速发展，而且境外购物中有相当大的比例是粮油食品和服装鞋帽等传统产品，说明国内产品的质量仍然不能完全满足消费者的需要。

2. 市场信心不足可能导致消费需求不能顺利转化为对企业的实际需求，相关行业可能陷入低质量陷阱的"囚徒困境"

在市场环境完善的情况下，消费者有对高品质商品的消费需求，如果企业也有相应的生产能力，就会生产出高品质商品，获取更高的附加价值，从而实现由需求引领的产业升级。但在市场环境不完善，特别是消费者对市场信心不足的情况下，这种正常的升级过程并不能自发实现。在部分产业，很可能出现"低质量陷阱"的情况。也就是说，企业即使能够生产出高品质商品，但消费者不敢相信，不愿出高价购买，高品质商品难以销售出去，或者难以实现优质高价，生产优质商品反而利润更低，最终企

业只能生产低质量产品。例如,经过"三聚氰胺奶粉"事件后,中国对婴幼儿奶粉采取了最严格的标准,但仍然难以恢复消费者信心,很多游客出境都要购买国外奶粉,导致境外多地对中国游客进行奶粉限购。

3. 市场信心不足的根源在于监管不力和消费者权益保护力度小

虽然中国制造的质量稳步提升,在国际市场上的占有率不断提高,但在国内,消费者对"中国制造"的信心仍然严重不足。例如,在国务院发展研究中心开展的中国民生指数调查中,居民对食品安全的不满意度连年垫底。这主要是因为在食品领域,近年来持续发生了"瘦肉精、苏丹红、黑猪油、陈化粮、地沟油、三聚氰胺奶粉"等重大安全事故,严重打击了居民信心。从市场环境看,消费者信心不足的原因有几个方面:一是对商品的质量抽查及信息公开力度不够。例如,蔬菜、水果、食品等是否农药超标,是否有机绿色,消费者对此往往缺乏可靠的信息。二是对消费者权益维护力度小。与生产商或经销商相比,消费者在维权中处于弱势地位,这甚至导致一些跨国公司对国内消费者的歧视,在出现质量问题对产品召回时,经常不包括中国(除港澳台地区)。例如,根据对宜家官网的统计,在 2014—2015 年间,宜家有 10 次大规模产品召回,但 8 次不包括中国(除港澳台地区)。①

(二)制造业综合成本快速攀升,国际竞争力相对减弱

随着劳动力数量红利递减、生产要素成本提升、资源环境约束加强等因素的影响,中国制造业的生产成本不断提高。以纺织业企业为例,在越南、柬埔寨,棉花一吨比中国便宜 40%;电价、水价、气价比中国便宜 40% 到 50%;工人工资也比中国低很多。在泰国,增值税 7%,所得税 20% 左右,外来投资享受 8 年全免、5 年减半的税收优惠政策。受此影响,近年来一些劳动密集型企业开始向越南、柬埔寨等低成本国家转移。例如,优衣库、耐克、富士康、船井电机、歌乐、三星等世界知名企业纷纷

---

① "有问题拒召回 宜家为何对中国消费者如此歧视",新华网,2016 年 7 月 6 日。

在东南亚开设新厂。

即使与美国相比，中国的相对成本优势也已经大幅度降低。例如，美国的土地成本比中国低，能源也便宜，天然气的价格仅是中国的1/3，电费是中国的1/2，物流和服务成本也大幅降低，部分行业的中国制造成本已经和美国相当。如果再考虑到关税、准入等因素，也不难理解为什么近年来中国开始出现了向发达国家转移制造业的案例。例如，福耀玻璃开始在美国建立新厂。

（三）企业创新能力难以升级，仍然有待提高

经济发展进入一定阶段之后，会更多地面临先发国家设定的技术与贸易壁垒、知识产权保护、国际贸易规则的变化等，这就迫切需要提高产品的研发能力与核心竞争力，实现创新驱动。但创新驱动不仅仅是研发投入的问题，还需要教育培训、创新环境、创新要素、知识产权保护等一系列条件的成熟和转变，在这些方面中国都存在一定的短板，因此存在创新能力难以升级的风险。①

1. 不能及时建立有效的前沿技术创新体系，可能影响企业的创新能力升级

一般可将国家的技术创新战略分为追赶型和前沿型两类（张永伟，2011）。所谓追赶型战略通常指技术水平相对落后的国家，沿着先进国家的技术产业发展路线，通过一定的战略举措，并配以相应的政策，提高本国技术水平。前沿创新型技术产业战略，是指一国已有一些技术产业领域已经处于或开始接近全球创新前沿，已没有明确的技术目标可以模仿，技术研发主要依靠本地企业的内生技术能力。

政府主导、跟踪为主的科技计划体制不利于前沿创新。跟随式赶超一

---

① 2014年，汤森路透集团（Thomson Reuters）评选的"全球创新企业100强"中，中国（除港澳台地区）仅有华为公司上榜，而日本有39家公司、美国有35家公司、韩国有4家公司上榜。而在2015年的"全球创新企业100强"中，中国（除港澳台地区）竟无一家公司上榜，华为公司也跌出百强名单。这说明提升创新能力非一朝一夕之功。

直是中国科技战略和计划管理的指导思想，多年来，确有成功的赶超，但也养成了跟随的思维惯性和路径依赖。例如，政府每年会制定和发布要研究的领域和方向，甚至细化到每一个具体的研究项目上。这种计划体制不仅会因为政府能力限制而导致科技资源的错配，更会压制创新。因为前沿创新最本质的特点是未知性，而恰恰这种未知性与政府的计划性和审批制是严重相悖的，在这种计划性体制下，那些真正的源头性的创新、奇思怪想、自由探索和发明创造等都要让位于"奉命创新"和"按规定研究"。

中国现有的科技评价体系也不支持前沿创新。一是政府投入的那部分研究主要以学术论文或试制样品作为科技成果的评价制度，让专家评审代替了市场选择；二是目前的评价体系难以对前沿引领性创新及成果做出科学评价和鉴别；三是目前的评价体系较为急功近利，追求短期出成果，很难产生有重大原创性的创新成果。

现有科技资源管理体制也不利于前沿创新。一是中国科技经费中项目制占了70%，这些课题都是政府导向的，科技人员不能按自己的兴趣做，这样就很难产生更多的创新；二是在投入结构上，科技经费对支撑前沿创新的基础研究领域的支持明显不够，同时在投入中还存在见物不见人的问题，对研发人员的劳务支出限制非常严格；三是科研经费使用效率低下，钱花了不少，却没有产生太多成果。

2. 知识产权保护力度不足，制约企业加大研发投入的意愿

研发创新具有高投入和不确定的特点，创新成本较高，但创新的收益与知识产权保护程度有很大关系。如果保护程度高，企业则可以获得新产品带来的溢价，从而获得经济回报。但如果企业不能够获得较好保护，创新成果很容易被其他企业特别是竞争对手获得，企业便不能获得相应回报，并在竞争中由于支出了额外成本而处于不利境地。另外，中国法律对人员流动所带来的知识产权保护力度同样不足，一些企业的高层管理人员或技术人员掌握了企业的管理或技术秘密后，离开本公司，这同样会给企业带来损失。

近年来，中国加强了知识产权保护力度，但由于长期以来的惯性，以

及地方复杂的执法状况和执法力量，仍然存在保护不力的情况，这种情况，对于不易仿制的行业影响较小，但对易于模仿的行业而言，可能会继续产生由于创新者因权益得不到有效保护而不愿创新的情况。

（四）市场发挥决定性作用还面临很多障碍，优胜劣汰的竞争机制没有完全形成

通过市场机制发挥优胜劣汰的作用，是促进生产效率不断提升和产业转型升级的重要机制。目前，中国的市场化程度不高，市场机制充分发挥作用仍存在不少障碍。一是区域市场一体化程度不够高，资源和生产要素难以在不同地区间顺畅流动。一些地区仍然对其他地区产品进入本地市场设置各种各样的壁垒。二是不少行业的垄断程度仍然较高。特别是在重要的交通、能源、电信、金融等基础产业领域，导致社会资本难以进入，行业的服务质量和效率不高。三是市场中存在大量的僵尸企业。一些地方政府或银行，由于各种原因对缺乏市场竞争力的企业进行补贴或贷款输血，导致不少低效率、高污染的僵尸企业仍然可以存活，不仅占用大量的宝贵资源，还扰乱了正常竞争的市场秩序。

五、促进产业转型升级的政策建议

（一）大力优化完善市场秩序，重建消费者对国货的信心，发挥需求升级对产业升级的引领和拉动作用

构建一个信息公开、监管有力、消费者权益保护力度大的市场环境，是政府的重要公共服务。完善对商品市场的监管，既是优化市场秩序本身的要求，也对产业升级有直接的影响。

一是建议开展一系列整顿市场秩序的专项活动，加强市场质量监管力度。具体包括：调整政府支出结构，大幅度增加对商品质量抽查的投入；采取政府购买服务的方式，增加对市场商品的抽检频次；充分利用互联网等技术手段，公开抽查结果，方便消费者查询。

二是要加大对消费者权益的保护力度，创造消费者"放心买"的制度环境。严格执行《禁止价格欺诈行为的规定》，加大对商家价格欺诈的查处力度。加强工商系统和消费者权益保护协会的力量，着力降低消费者权益保护的成本。

（二）大力优化营商环境，创建企业公平竞争、优胜劣汰、奖优罚劣的外部环境

一是严格企业运行监管标准，发挥质量监督、节能环保、安全生产、规范用工等对企业的约束作用。创新监管制度，实行随机抽查企业、随机抽检产品、随机选择检测机构。以发现问题为导向，以质量提升为目标，加大对企业产品质量的监督抽查力度，特别是要及时公开抽查结果，坚决打击不环保、低质量和不安全的企业。

二是进一步加强知识产权保护，严厉打击假冒伪劣和侵权活动，保护创新企业的合法权益。针对新产品新技术传播速度快的特点，大力提高知识产权保护的时效性，避免企业赢了官司输了市场，或者久拖不决的现象。

三是坚持加强政府监管与服务。要推广部分地区在加强政府监管服务方面的成功经验，例如，将政府职能部门的考核和待遇与企业对部门服务的反馈和评价相挂钩等。深入推广在投资管理、贸易便利化、金融创新、服务业开放、事中事后监管等领域的制度创新举措，提高企业竞争能力。

（三）着力提升企业的创新能力，促进高新技术和高附加值产业发展

一是要坚决降低企业成本，提高企业效益和创新能力。降低企业成本，需要多策并举，既要进行税制改革，优化税制结构，合理明晰地界定企业和个人的税收负担，也要消减政府支出规模，降低总体社会负担。同时，需要大力推进要素市场化改革，降低能源价格，并加强金融领域改革，降低过高的融资成本。

二是要加强在教育和研发方面的改革与投资，提高人力资本质量，提高国民受教育程度和劳动力素质，提高自主创新能力，进而大幅提高劳动生产率。改革新药审批、大数据开放运用、行业准入等相关制度，建立有

利于研发创新的市场环境。

三是要加强对智能制造、"工业4.0"等最新潮流和发展方向的跟踪研究,通过示范和补助等多种措施支持示范企业发展。

(四)构建更加广泛开放的国际贸易环境,用开放促升级

面对美国等少数市场可能存在的贸易保护主义加强的风险,要进一步推进全球贸易自由化的发展,加强双边和多边自由贸易谈判,为中国企业进一步国际化拓展新的、更广泛的空间。

要进一步加强国际收支平衡管控,不仅要总量平衡,还要注意对敏感国家的区域收支平衡,要和贸易伙伴国合作共赢,争取更大的国际支持与合作。

执笔人:许召元　赵昌文

参考文献

Wright, P. K. and Bourne, D. A., 1988, *Manufacturing Intelligent*, New Jersey: Addison Wesley.

陈佳贵、黄群慧和钟宏武,2006,"中国地区工业化进程的综合评价和特征分析",《经济研究》,第6期,第5—15页。

程文和张建华,2018,"收入水平、收入差距与自主创新——兼论'中等收入陷阱'的形成与跨越",《经济研究》,第4期,第47—62页。

麦肯锡,2019,"中国奢侈品报告2019",https://www.mckinsey.com.cn/,访问时间:2019年7月。

张永伟,2011,《从追赶到前沿:技术创新与产业升级之路》,北京:中信出版社。

第二章

产业政策与产能过剩
——基于中国工业行业的经验研究

本章从国家产业政策角度出发,区分鼓励类、限制类和淘汰类产业政策,剖析中国产能过剩的成因,考察各类产业政策对产能过剩的作用效果。

本章首次将中华人民共和国国家发展和改革委员会(以下简称"国家发改委")四次出台的《产业结构调整指导目录》量化为分行业政策指数,并使用可变成本函数法估算中国33个工业行业1999—2014年的产能利用率,进而利用实证分析"选择性"产业政策对产能过剩的影响效果。

研究结果显示,一方面,产业政策对产能过剩的影响具有非对称性,鼓励类产业政策会导致产能过剩,而限制类和淘汰类产业政策则没有显著的影响;另一方面,产业政策对产能过剩的影响具有所有制异质性,鼓励类产业政策会提高国有经济占比较高行业的产能利用率,即产业政策具有"国进民退"效应,它没有将金融、土地、人力等稀缺资源配置在民营部门,而是配置在国有部门。

一、引言

改革开放以来，尤其是 20 世纪 90 年代分税制改革后，从中央到地方，各级政府都广泛地干预经济，多次主导大规模投资行为。在政府主导投资和地方政府竞争的背景下，伴随着高速增长，中国经济也出现了产能过剩问题（江飞涛等，2012）。2008 年金融危机后，为使经济复苏，政府于 2009 年实施"四万亿"大规模经济刺激计划，地方融资平台的大规模发展与基础设施建设的大规模投资，为中国经济产能过剩问题进一步恶化埋下了种子（韩国高等，2011）。之后 2012 年中央政府换届后，政府投资规模进一步扩大，加之全球经济近几年不够景气、需求不足的现状，国务院于 2013 年 10 月 6 日发布的《国务院关于化解产能严重过剩矛盾的指导意见》中指出，中国钢铁、水泥、电解铝、平板玻璃、船舶等行业出现严重的产能过剩。[①] 2014 年 3 月 8 日，在全国政协召开的"发挥市场决定性作用和更好发挥政府作用，积极化解产能过剩"提案办理协商会上，收到化解产能过剩提案 1 000 余件，已立案 47 件。[②] 于 2015 年 12 月 18 日至 21 日举办的中央经济工作会议认为，积极稳妥化解产能过剩是 2016 年中国经济的五大任务之一。[③] 当前，去产能已经成为政府推行供给侧结构性改革的重点之一，产能过剩已成为中国经济所面临的一个极其重要的问题。

在讨论产能过剩问题之前，需要明确如下两个问题：什么是产能过剩？导致产能过剩的主要原因是什么？首先，产能过剩不同于产量过剩，这一概念意指在一段时期内，企业参与生产的所有固定资产，在现有的技术条件下，所能生产的产品数量超出市场消费能力，即企业实际生产能力相对于市场需求的过剩（Chamberlin，1933）。学界一般使用产能利用率或

---

① http：//www.gov.cn/zhengce/content/2013-10/18/content_ 4854.htm，访问时间：2019 年 8 月。

② http：//www.93.gov.cn/html/93gov/xwjc/snyw/140311112275605093.html，访问时间：2019 年 8 月。

③ http：//politics.people.com.cn/n1/2015/1221/c1001-27957752.html，访问时间：2019 年 8 月。

设备利用率来度量产能过剩（Berndt and Morrison, 1981; Foss, 1963; Garofalo and Malhotra, 1997; Morrison and Berndt, 1981; 董敏杰等, 2015; 韩国高等, 2011; 沈利生, 1999; 孙巍等, 2009），但并不存在统一的、标准的判断产能过剩的标准线，一般产能利用率越低，产能就越过剩。其次，导致产能过剩的原因有很多种，主要包括需求端和供给端两方面。从需求端来看，经济周期波动会导致产能过剩（Arestis and Sawyer, 2005; Driver, 2000; Spence, 1977）：当经济上行时，面对旺盛的市场需求，企业扩大投资的动机较强；然而当经济下行时，尽管市场需求已经下降，但企业进行的大量固定资产投资由于资产专用性问题无法变现，企业一般不愿意停止生产，这就形成了持续性的过剩产能。从供给端来看，过度投资是产能过剩的直接原因（韩国高等, 2011）：其中一类文献是从信息的角度考虑，国家发布的政策作为一种市场信号，会引导企业大量涌入某一行业，产生"潮涌现象"，潮涌企业的过度投资会导致产能过剩（林毅夫, 2007; 林毅夫等, 2010）；另一类文献主要强调中国特殊体制背景下产能过剩的原因，在现有官员晋升制度和地方政府间 GDP 锦标赛情形下（周黎安, 2007），地方政府间过度竞争，这种对经济的干预导致全国范围的大量重复投资，从而形成产能过剩（韩秀云, 2012; 江飞涛等, 2012; 寇宗来和周敏, 2011; 皮建才等, 2015; 周敏和石磊, 2012）。

产能过剩可能会对经济造成多方面的负面影响。在微观方面，产能过剩的行业一般会出现产品价格大幅下跌、企业效益滑坡的现象，同时伴随着产销率下降，库存增加。在宏观方面，如果多个行业出现产能过剩，整体物价水平将明显下降，产生通缩的压力，同时由于企业绩效下降，其投资预期降低，形成经济下调压力。与此同时，企业的盈利减少甚至亏损，将造成银行不良资产增加，最终使得金融系统中的风险加大。

为解决产能过剩问题，中央政府使用过多种调控手段。宏观层面上进行了宏观调控，并推行"普惠性"的公共经济政策；微观层面上采用行业进入和融资限制等手段；同时在中观层面上实施"选择性"产业政策，产业政策不仅会影响市场上潜在进入企业和在位企业的生产行为，还会通过对生产工艺和设备的限制直接影响企业的投资和生产决策。既有文献多数认为产业政策会导致产能过剩（Blonigen, 2015; Blonigen and Wilson, 2010; Sahay, 1990; Steel, 1972; 江飞涛等, 2012; 桑瑜, 2015; 张杰, 2015），然而，此类研究主要是集中于广义的鼓励性产业政策（即"普惠性"的公共经济政策）对产能过剩的影响，广义的产业政策会一般性地影响市场竞争环境，并不是那么强调对行业或企业的选择性，而狭义的产业政策（即"选择性"的产业政策）的核心在于"选择性"，政府既可以对某些特定的产业乃至企业提供优惠的支持政策，也可以制定相关政策限制某些特定产业或企业的发展。中国在国家层面和地区层面都存在"选择性"产业政策。由于中国是一个大国，国家层面的产业政策涵盖范围较广，各个地区间的政策不易协调，同时中国是一个出口导向型国家，受全球经济发展特别是全球市场的贸易需求影响更大，因此，与内向型小规模经济体相比，更有可能产生重复投资建设和产能过剩。而各地区的要素禀赋和经济结构不同，各地区指定的产业政策差异较大，其对于产能过剩影响的效应未必同步。

基于此，本章将从国家层面的"选择性"产业政策的角度来分析其对产能过剩的作用效果。我们选取国家发改委四次出台的《产业结构调整指导目录》，此目录是中国产业政策的一般性指导目录，对地方投资和银行贷款行为都具有广泛的影响，它不仅包括鼓励类政策，还包括限制类和淘汰类政策。我们将每条产业政策都匹配对应到相关行业，并使用可变成本函数法估算中国 33 个工业行业 1999—2014 年的产能利用率，以此度量各行业产能过剩情况。研究发现，一方面，产业政策对于化解产能过剩具有非对称性，鼓励类产业政策更可能导致产能过剩，限制类和淘汰类产业政策不能有效解决产能过剩问题；另一方面，产业政策对不同类型行业产能过剩的影响具有异质性，在那些国有经济占比较高的行业，鼓励类产业政策可能会提高其产能利用率，缓解产能过剩问题。这就意味着，产业政策会产生"国进民退"效应，它并没有将金融、土地、人力等稀缺资源配置在民营部门，而是配置在国有部门。

本章的后续部分安排如下：第二部分对相关文献做了简要回顾；第三部分对产业政策进行量化，并对不同类型的产业政策进行统计性描述；第四部分通过可变成本法估算各行业产能利用率；第五部分提出研究假说，并给出了主要的实证检验结果；最后为结论性评论。

二、文献综述

与本研究相关的文献大致可分为三类，分别是产能过剩成因研究、产业政策量化研究和估算产能利用率研究。通过对三类文献的简要介绍，能够更好了解本研究的脉络和贡献。

第一类文献主要研究产能过剩的成因，对此问题文献中有许多种不同的解释。一支文献主要从需求端考虑，认为产能过剩是由经济周期性波动导致的，经济繁荣时市场需求较大，企业会加大投资进行生产，一旦经济转入萧条期，企业由于进行了大量的固定资产投资而不愿意退出市场，之前累积的和继续生产的产能会大于市场需求，便形成了过剩的产能（Arestis and Sawyer，2005）。在经济上行期，为了应对可能的需求扩张，或是采用策略性的手段阻挠新进入者，企业可能自愿地维持适度过剩的产能（Driver，2000；Spence，1977）。

另一支文献从供给端考虑，认为过度投资是产能过剩的直接原因。从信息的角度来看，国家政策的发布作为一种市场信号，使得投资者在预期到产业的兴旺前景，并对行业投资总量和其他企业的行为具有不完全信息的情况下，做出过度投资的决策，产生"潮涌现象"，这会导致产能过剩（林毅夫，2007；林毅夫等，2010）。韩国高等（2011）通过可变成本函数法估计制造业各行业产能利用率，并验证了过度投资导致产能过剩这一观点。针对中国产能过剩的研究发现，在中国现有的官员晋升制度下，地方政府之间存在 GDP 锦标赛（周黎安，2007），这种竞争环境迫使各地政府进行重复投资以降低对手的相对绩效。寇宗来和周敏（2011）在二次交通成本的 Hotelling 模型基础上，引入了相对绩效考核机制，认为主体在这种竞争加强的情况下，倾向于选择同质产品以削弱对手的优势，而这也是理解中国重复投资问题的关键。周敏和石磊（2012）认为产能过剩是一种概率性事件，企业事前决策制定的产能，相比生产完成之后的市场需求，既可能会不足，也可能会过剩，而地方政府间的"恶性竞争"会激励企业事前制定更高的产能。皮建才等（2015）发现地方政府间的政策性补贴竞争会导致全国范围内的产能过剩。在体制扭曲背景下，地方政府直接干预经济导致的大量重复投资是形成过剩产能的重要原因（韩秀云，2012；江飞涛等，2012）。

还有一支文献强调，产业政策也是造成产能过剩的重要原因之一。Steel（1972）分析了加纳的数据，发现在该国的进口替代行业中，生产商贷款和资本品的低进口税政策使得制造业产能急速扩张，最终形成过剩产能。另一部分研究也从进口关税和出口补贴的角度讨论了产能过剩问题（Blonigen，2015；Blonigen and Wilson，2010；Sahay，1990）。但国外的研究文献大多以对外贸易为切入口分析产业政策对产能利用率的影响，而探究中国产业政策与产能过剩这一问题的文献也很少，大多只是定性地阐述了产业政策会导致产能过剩这一观点。江飞涛等（2012）从理论的角度，提出地区补贴性竞争是中国形成过剩产能的主要原因；张杰（2015）通过具体案例验证了不当的产业政策会引发产能过剩的观点；桑瑜（2015）基于数据分析，提出除地方政府相对绩效考核外，以增值税为主体的税收体制和产业支持政策都是造成产能过剩的重要因素。Aghion等（2015）的观点与以上文献相反，他们使用中国工业企业微观数据，实证结果表明税收优惠和政府补贴等"普惠性"产业政策会加剧行业内竞争，缓解产能过剩问题。然而，无论是国内的文献还是国外的文献，大多使用进口关税、出口补贴、税收优惠来作为产业政策的代理变量，考察其对产能过剩的影响，他们讨论的是广义的"普惠性"产业政策，这类政策更像是公共经济政策，大多是优惠性（或鼓励性）的政策。而本研究将聚焦于狭义的"选择性"产业政策，不仅仅包括鼓励类产业政策，还包括限制类和淘汰类产业政策。

第二类文献主要涉及政策量化方面的讨论。政策量化是将分析从模糊定性过渡到精确定量的一个重要步骤。最早的开创性工作由 Libecap（1977）完成，他第一次将矿产权的活动量化为了法律变革指数。潜伟和吕科伟（2007）分析了《宋史》所载科技内容，以其词频度量宋代当权者对科技的关注程度，作为当时科技政策的指标。在针对"选择性"产业政策的量化方面，殷华方等（2006）将四次外商直接投资产业政策目录中的条目归类到不同产业代码中，对鼓励类和淘汰类项目赋予不同权重并构建出外资产业政策指数。本研究也使用政策量化的方法，将国家发改委四次出台的《产业结构调整指导目录》的每条政策匹配到相应行业，构造产业政策强度指标，来考察产业政策的作用。

第三类文献是关于估算产能利用率的经验研究。国外学者很早就深入研究了如何估算产能利用率这个问题，Cassels（1937）与 Morrison（1985）提出，最优产能产量对应着短期成本曲线的最低点。进一步，Berndt 和 Morrison（1981）、Morrison 和 Berndt（1981）提出可变成本函数法估算产能利用率。Garofalo 和 Malhotra（1997）使用此方法估算了美国各州制造业的产能利用率。非常有创意地，Foss（1963）利用最优用电量和实际用电量的差值来估算设备利用率。而国内对产能利用率的研究于 21 世纪初才开始起步，沈利生（1999）利用峰值法和用电量数据测算了国内设备利用率，韩国高等（2011）和孙巍等（2009）则使用成本函数法估算了中国制造业行业的产能利用率。董敏杰等（2015）将产能利用率分解为技术效率与设备利用率，使用 DEA（数据包络分析方法）进行测算。

相比以上三类既有文献，本研究的主要贡献在于：第一，选择国家层面的"选择性"产业政策，实证检验其对产能过剩的作用效果；第二，考虑产业政策的非对称性，不仅研究鼓励类产业政策，还研究限制类和淘汰类产业政策对产能过剩的影响；第三，分析产业政策的异质性，研究所有制成份占比与产业政策对产能过剩作用的交互效应；第四，由于国家发改委颁布的四次产业政策与国民经济行业分类并不是一一对应的，本研究通过产品和技术关键词匹配方法，首次量化国家层面的"选择性"产业政策。

三、产业政策的量化

本研究试图分析"选择性"产业政策在全国行业层面产能过剩问题中

所扮演的角色，故选取国家发改委颁布的四次《产业结构调整指导目录》作为研究对象。这四份目录分别颁布于 2000 年、2005 年、2011 年和 2013 年①，它们将国家需要重点调整的行业及生产项目分别划归到鼓励类、限制类和淘汰类②，以此指导地方政府和各行业企业加大、减少或停止在某个领域的生产和投资。

进一步地，本研究将四次《产业结构调整指导目录》中的每一条政策，根据产品类型和项目内容，匹配到不同二位码行业。具体步骤如下：首先，参照 Brandt 等（2012）公布的 1994 年与 2002 年两次制造业行业分类对照关系表的形成方法，建立一张囊括 1994 年、2002 年和 2011 年三次国民经济行业分类的对应关系表。然后，根据国家统计局公布的 2010 版《统计用产品分类目录》，形成《统计用产品分类目录》与国民经济行业分类（GB/T 4754-2011）对应表（以下简称"产品-行业表"）。最后，使用产品（或技术）关键词，通过机器匹配与人工校准，将每一条政策匹配到相应的四位码行业。③

本研究将一条政策匹配上某个四位码行业统计为一个样本，若匹配上多个四位码行业则记为多个样本。在这四次颁布的《产业结构调整指导目录》中（见图 2.1），政策数量不断上升，从 2000 年的 526 条上升到 2013 年的 1 408 条④，而且单条政策匹配上的行业数量也处于上升趋势，这说明国家层面的每条产业政策涵盖范围在扩大，每条产业政策制定不仅是考虑某个行业，而是更多考虑其关联行业。

---

① 由于 2005 年的《产业结构调整指导目录》于当年 12 月颁布，所以下文进行数据分析时都将此次产业政策当作 2006 年颁布进行计算。

② 淘汰类政策包括淘汰落后生产工艺装备和淘汰落后产品两种。

③ 如果某条政策中多个产品关键词对应同一个四位码行业，那么这个四位码行业在这条政策上只算一次；如果某条政策涵盖范围较广，有多个产品关键词对应多个不同的四位码行业，则这条政策会对应多个四位码行业。

④ 其中，2000 年只有鼓励类政策，所以 2006 年比 2000 年的增长幅度更大。由于 2013 年的《产业结构调整指导目录》是对 2011 年的微调，所以相比变化不大。

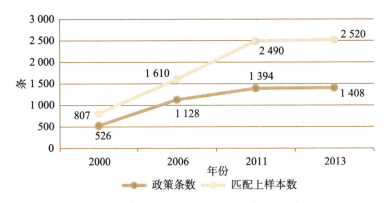

图 2.1 四次《产业结构调整指导目录》总体情况描述

从政策类别角度来看，除了 2000 年全是鼓励类政策，后面三次鼓励类政策占一半左右，淘汰类政策占 30%，限制类政策占 20% 左右（见图 2.2）。

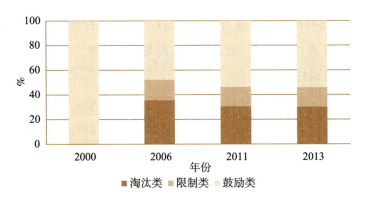

图 2.2 鼓励类、限制类和淘汰类三类政策占比

由于产能过剩存在于生产性行业中，故本研究以工业行业为研究样本，下文将对工业行业的产业政策情况进行详细描述。不难发现，工业行业[①]的产业政策数量占比相对较高，如图 2.3 所示，四次《产业结构调整指导目录》中涉及工业行业的产业政策数量占比处于 70% 至 80% 之间。

从行业层面来看，专用设备制造业，化学原料和化学制品制造业的政策总数一直处于前两位，其原因在于这两个工业行业在生产过程中的特殊性，专用设备制造业涉及各类工业行业生产工具的生产，而化学原料和化

---

① 工业行业包括采矿业，制造业，以及电力、热力、燃气及水生产和供应业。

学制品制造业涉及各类工业行业生产原料的生产。值得一提的是，计算机、通信和其他电子设备制造业的产业政策数量排名从2000年的第三位不断下降为2013年的第十一位，这与计算机硬件设备的行业周期性有关，在21世纪初它还是一个新兴产业，经过十多年的快速发展，已经成为一个成熟产业。观察图2.4容易发现，产业政策数量处于前十的工业行业变化不大，这说明近十多年来产业政策依然是针对"老"行业的相关问题。

图 2.3　工业行业与其他行业的产业政策数量对比

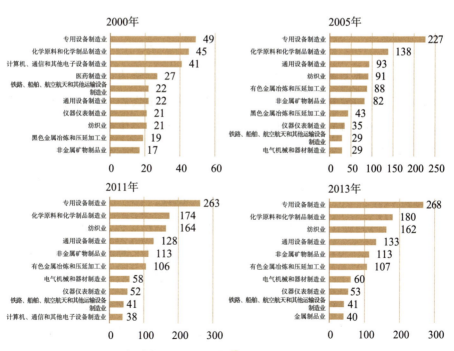

图 2.4　四次《产业结构调整指导目录》政策数量的行业分布

图 2.5 展示了四次产业政策总数排前十位二位码行业的政策类别分布,不难发现,计算机、通信和其他电子设备制造业,仪器仪表制造业的鼓励类政策占比较高;有色金属冶炼和压延加工业,黑色金属冶炼和压延加工业,纺织业,通用设备制造业的限制类及淘汰类政策占比较高。

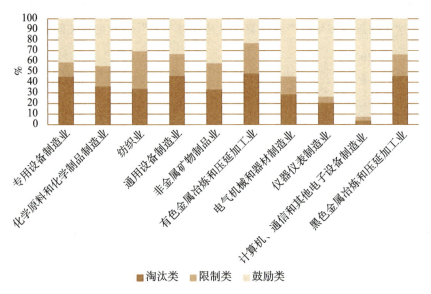

图 2.5　工业行业二位码行业政策的类别分布

考虑到产业政策内容一般是针对某种产品、设备或技术,而不同产业涵盖的产品数量差别较大,直接使用产业政策数量代表二位码行业的产业政策强度是不够合理的。因此,使用如下方式构造二位码行业层面的产业政策强度指标:

$$\text{intensity}_J = \sum_{j=1}^{k} \frac{\text{product}_j}{\text{product}_J}$$

其中,intensity_J 是二位码行业 J 的产业政策强度,k 是 J 行业的产业政策数量,product_j 是 J 行业对应的第 j 条产业政策所匹配上的四位码行业产品总数,product_J 是 J 行业的产品总数。此产业政策强度指标包括两个方面:一方面,针对二位码行业 J 的产业政策数量越多,产业政策强度越高;另一方面,针对二位码行业 J 的某条产业政策所对应四位码行业产品数量在 J 行业中占比越高,产业政策强度越高。

基于此，下文计量分析中产业政策强度指标取值方式如下：当某个产业在 2000 年、2006 年、2011 年和 2013 年的产业政策数量分别为 a、b、c、d 时，其在 2000 年之前取值为 0，在 2000—2005 年取 a，2006—2010 年取 b，2011 年与 2012 年取 c，在 2013 年及之后取 d。

表 2.1—表 2.3 列出了三类政策在不同年份产业政策强度排名前十的二位码行业，从时间序列角度来看，各个行业在不同年份的各类政策强度排名变化相对不大，这说明近十多年来产业政策依然是针对"老"行业的相关问题。但其与上文所讨论的政策数量排名有一定的区别：医药制造业，石油和天然气开采业，化学原料和化学制品制造业，汽车制造业，计算机、通信和其他电子设备制造业的鼓励类政策强度较高；黑色金属冶炼和压延加工业，有色金属冶炼和压延加工业，煤炭开采和洗选业，化学原料和化学制品制造业，纺织业的限制类和淘汰类政策强度较高。

表 2.1 鼓励类政策强度排前十的行业

顺序	2000 年		2006 年		2011 年		2013 年	
	行业名称	强度	行业名称	强度	行业名称	强度	行业名称	强度
1	医药制造	7.31	油气开采	7.16	油气开采	10.74	油气开采	10.74
2	油气开采	7.16	黑色金属	5.49	化学原料	9.52	化学原料	9.73
3	汽车制造	4.52	汽车制造	5.41	汽车制造	7.47	汽车制造	7.47
4	化学原料	3.87	化学原料	4.25	石化炼焦	5.62	石化炼焦	5.62
5	计算机	3.66	医药制造	3.98	纺织业	3.18	纺织业	3.12
6	黑色金属	3.56	石化炼焦	3.18	计算机	2.94	计算机	2.94
7	煤炭开采	3.39	计算机	2.38	煤炭开采	2.90	煤炭开采	2.90
8	黑色采选	2.89	煤炭开采	2.29	仪器仪表	2.72	仪器仪表	2.79
9	有色采选	2.47	纺织业	1.98	黑色金属	2.60	黑色金属	2.60
10	纺织业	2.26	有色金属	1.92	通用设备	2.15	通用设备	2.24

表 2.2　限制类政策强度排前十的行业

顺序	2006 年		2011 年		2013 年	
	行业名称	强度	行业名称	强度	行业名称	强度
1	化学原料	5.43	化学原料	4.89	化学原料	4.97
2	煤炭开采	3.61	煤炭开采	3.74	煤炭开采	3.74
3	纺织业	2.13	纺织业	3.28	纺织业	3.22
4	石化炼焦	1.63	有色金属	2.31	有色金属	2.51
5	医药制造	1.50	黑色金属	2.12	黑色金属	2.31
6	有色金属	1.34	油气开采	1.79	油气开采	2.12
7	黑色金属	1.09	石化炼焦	1.75	石化炼焦	1.79
8	通用设备	0.95	专用设备	1.39	专用设备	1.38
9	矿物制品	0.89	通用设备	1.23	通用设备	1.33
10	专用设备	0.72	矿物制品	1.12	矿物制品	1.12

表 2.3　淘汰类政策强度排前十的行业

顺序	2006 年		2011 年		2013 年	
	行业名称	强度	行业名称	强度	行业名称	强度
1	化学原料	8.27	化学原料	8.72	化学原料	8.72
2	石化炼焦	5.53	黑色金属	4.91	黑色金属	4.91
3	专用设备	5.26	专用设备	3.91	专用设备	3.91
4	煤炭开采	5.13	石化炼焦	3.74	石化炼焦	3.74
5	黑色金属	4.91	纺织业	3.56	纺织业	3.56
6	通用设备	3.05	煤炭开采	3.55	煤炭开采	3.55
7	纺织业	2.50	通用设备	3.16	通用设备	3.16
8	有色金属	1.81	有色金属	1.97	有色金属	2.05
9	仪器仪表	1.31	医药制造	1.82	医药制造	1.82
10	矿物制品	1.04	汽车制造	1.69	汽车制造	1.69

四、产能利用率估算

度量产能过剩所使用的主要指标是产能利用率（或设备利用率）。在与产能利用率相关的官方数据中，主要有如下三类数据：一类是国家统计局对 12 000 家工业企业进行的问卷调查，收集了企业生产经营状况和设备利用程度的信息，但这份微观数据并未向外公布，只是将其合成为工业景气指数进行发布；另一类是国际组织公布的数据，例如 OECD 公布的中国制造业产能利用率季度数据，国际货币基金组织（IMF）的国别报告也公布了中国部分年份的平均产能利用率；还有一类是中国人民银行的"5 000 家主要工业企业调查"数据，这是一份不区分行业的"设备能力利用水平"季度数据。总体来说，这三类官方数据都只是在国家层面上统计产能利用率，并没有提供细分行业指标，不能直接用于行业层面的研究，因此本研究使用行业层面相关数据估算各行业产能利用率。具体而言，我们将采用可变成本函数法，使用二位码行业层面相关数据，估算 33 个工业行业的产能利用率。[①]

（一）可变成本函数法

可变成本函数法最早由 Berndt 和 Morrison（1981）及 Morrison 和 Berndt（1981）提出，其核心逻辑在于：企业在长期可以自由调整所有生产要素，能够在约束条件下实现最优产出，即产能产出（capacity output）；而在短期内，无法调整所有生产要素，实际产出会有别于产能产出，产能利用率等于实际产出与产能产出的比值。

---

① 本研究使用的行业层面数据都统一使用国民经济行业分类（GB/T 4754-2011）的分类方式，由于开采辅助活动（11）和金属制品、机械和设备修理业（43）被划分到第三产业，因此剔除这两个行业。而电力（44）、热力（45）、燃气及水生产和供应业（46）为公用事业，具有非营利性特征，也将其剔除。废弃资源综合利用业（41）和其他制造业（42）只有 2003 年及之后的数据，其他采矿业（12）在三次国民经济行业分类间调整较大，因此也剔除这三个行业。

下面先通过一个简单的理论模型来刻画产能利用率的求解过程，假设生产函数的形式为

$$Y = f(V, K)$$

其中，Y 表示实际产出，V 是可变投入品向量，主要包括劳动力、能源和中间品等，固定资本 K 是唯一的准固定投入品（投入量在短期固定，但长期可变），生产函数 f 具有长期规模收益不变特性。

企业在短期面临的最优化问题是最大化可变利润（收益减去可变成本），其对偶问题为可变成本最小化，由短期可变成本最小化可求得实际产出 Y。而产能产出 Y^* 是企业长期利润最大化决策的结果，其对偶问题是总成本最小化，假设总成本函数为

$$TC = VC + FC = G(Y, P_V, K) + P_K K$$

其中，可变成本函数 $VC = G(Y, P_V, K)$，P_V 是可变投入品价格向量，P_K 是固定资本的价格。

由总平均成本最小化可以得到产能产出：

$$Y^* = Y^*(P_V, K, P_K)$$

根据定义，产能利用率等于实际产出和产能产出的比率：$CU = Y/Y^*$。

从实证分析的角度来看，本研究采用 Morrison（1985）的估计方法，假设可变成本函数为

$$VC = G(K, \Delta K, P_V, t, Y)$$

企业的成本最小化问题需要考虑以下因素：短期投入的固定资本 K（P_K 为固定资本的价格），新增投资 ΔK，可变投入品价格 P_V（考虑数据可得性，本研究将劳动力 L、能源利用量 E 和原材料 M 作为可变投入品，P_L、P_E、P_M 分别表示这三种要素的价格），技术进步（用时间趋势 t 刻画），以及外生给定的实际产出 Y。

进一步，将可变成本标准化，定义 $\widetilde{VC} = G/P_L$，$\widetilde{P}_E = P_E/P_L$，$\widetilde{P}_M = P_M/P_L$，$\widetilde{P}_K = P_K/P_L$，标准化的可变成本可以表示为

$$VC := \widetilde{G} = G/P_L = L + \widetilde{P}_E E + \widetilde{P}_M M$$

$$= Y \times (\alpha_0 + \alpha_t t + \alpha_E \widetilde{P}_E + \alpha_M \widetilde{P}_M + 0.5\gamma_{EE}\widetilde{P}_E^2 + 0.5\gamma_{MM}\widetilde{P}_M^2 + \gamma_{EM}\widetilde{P}_E\widetilde{P}_M +$$

$$\gamma_{Et}\widetilde{P}_E t + \gamma_{Mt}\widetilde{P}_M t) + \alpha_K K + 0.5\gamma_{KK}\frac{K^2}{Y} + 0.5\gamma_{\dot{K}\dot{K}}\frac{\Delta K^2}{Y} + \gamma_{EK}\widetilde{P}_E K + \gamma_{MK}\widetilde{P}_M K + \alpha_{iK} tK$$

(1)

使用式（1）进行回归分析可以估计得到各个参数（各个 α 和 γ）。

标准化的总成本为 $\widetilde{TC} = \widetilde{VC} + \widetilde{P}_K K$，总成本最小化的一阶条件为

$$d\widetilde{TC}/dy = d\widetilde{G}(k, \Delta K, \widetilde{P}_V, t, Y)/dY + \widetilde{P}_K \times (dK/dY)$$

$$= \partial \widetilde{G}/\partial Y + (\partial \widetilde{G}/\partial K) \times (dK/dY) + \widetilde{P}_K \times (dK/dY)$$

$$= 0 \qquad (2)$$

令 $\partial \widetilde{G}/\partial K = \widetilde{G}_K$，由式（2）可得：

$$\widetilde{G}_K = -\widetilde{P}_K \qquad (3)$$

由式（1）和式（3）可求得产能产出：

$$Y^* = -\frac{\gamma_{KK}K}{\alpha_K + \gamma_{EK}\widetilde{P}_E + \gamma_{MK}\widetilde{P}_M + \alpha_{tK} t + \widetilde{P}_K} \qquad (4)$$

因此，产能利用率为

$$CU = -Y \times \frac{\alpha_K + \gamma_{EK}\widetilde{P}_E + \gamma_{MK}\widetilde{P}_M + \alpha_{tK} t + \widetilde{P}_K}{\gamma_{KK}K} \qquad (5)$$

（二）数据和指标说明

本研究使用 1998—2014 年间 33 个工业行业的相关数据来估算各行业在 1999—2014 年的产能利用率，主要数据来源是国家统计局，《中国工业经济统计年鉴（1999—2015）》，以及《中国能源统计年鉴（1999—2015）》。[①]

[①] 由于估算产能利用率时需要计算新增投资 ΔK，所以要使用 1998 年的相关数据。《中国工业经济统计年鉴》及《中国能源统计年鉴》中的统计数据都来源于年鉴名称的上一年。

1. 实际产出（Y）的相关指标计算

本研究使用各行业的工业增加值衡量实际总产出 Y_{it}，Y_{it} 表示行业 i 在第 t 年的总产出（下文涉及类似下标 it 的变量同理）。①

2. 固定资本（K）的相关指标计算

参照吴延兵（2006）的做法，我们选取各行业固定资产净值作为固定资本存量 K_{it} 的指标。② 同时使用各年份固定资产原价的差值作为当年投资 I_{it} 的近似，通过永续盘存法，根据张军和章元（2003）估算资本存量的公式 $K_{it} = K_{i(t-1)}(1-\delta_{it}) + I_{it}$，利用下述式（6）计算各行业在各年份的折旧率 δ_{it}：

$$\delta_{it} = 1 - \frac{K_{it} - I_{it}}{K_{i(t-1)}} \tag{6}$$

根据 Romer（1996）的定义，各行业的资本价格 $P_{K_{it}}$ 由式（7）计算得到：

$$P_{K_{it}} = \left(r_t + \delta_{it} - \frac{\dot{q}_t}{q_t}\right) \times q_t \tag{7}$$

其中，r_t 是 1—3 年期贷款利率减去通货膨胀率后的实际利率，q_t 为固定资本的实际购进价格，用 Perkins 和 Rawski（2008）的投资价格指数替代。③ 式（7）表明，持有固定资本需要付出三部分成本：其一，放弃持有现金获取的利息 $r_t q_t$；其二，资本折旧 $\delta_{it} q_t$；其三，资本品市场价格的波动 $\dot{q}_t$。

3. 可变成本（VC）的相关指标计算

由式（1）可知，标准化的可变成本为

$$\widetilde{VC}_{it} = L_{it} + \widetilde{P}_{E_{it}} E_{it} + \widetilde{P}_{M_{it}} M_{it} \tag{8}$$

---

① 在 2012 年之前，由于部分行业在某些年份未公布其工业增加值，我们通过假设工业总产值增长率与工业增加值增长率相等来填补其缺失值；2012—2014 年各行业均未公布其工业增加值与工业总产值，通过假设工业销售产值增长率与工业增加值增长率相等来填补其缺失值。

② 固定资产净值=固定资产原价-已计提折旧额。

③ 该文的投资价格指数的基期是 1998 年（等于 100），但数据只给到 2006 年，本研究结合固定资产投资价格指数外插得到 2007—2014 年的指数，并进一步将 1998 年的价格指数标准化为 1。

其中，劳动力 L_{it} 用各行业年平均从业人员数衡量，将各行业人均工资换算成以基期（1998 年）价格为 1 的实际劳动力价格指数，作为 $P_{L_{it}}$ 的度量。选取各行业能源消费量（百万吨标准煤）作为 E_{it} 的指标，在需要用到以百万元人民币为单位的真实能源价格时，本研究利用原煤、原油、电力、天然气四类能源在各年份的供能量占比、单位价格，以及其与百万吨标准煤之间的热量换算关系，估算出每百万吨标准煤在各年的真实价格，并将此真实价格换算成以基期（1998 年）价格为 1 的实际能源价格指数，作为 $P_{E_{it}}$ 的度量。原材料投入成本根据国家统计局的计算方法近似得到①，原材料价格指数 P_M 采用原材料购进价格指数替代。②

（三）产能利用率估算结果

考虑到行业间的异质性问题，本研究按照国家统计局对轻重工业的划分标准，将这 33 个工业行业分为重工业（21 个行业）和轻工业（12 个行业）两组③，使用 1999—2014 年各行业的面板数据，分别对这两类行业的

---

① 原材料投入成本＝工业中间投入－能源消耗量×能源真实价格＝工业总产出－工业增加值＋应交所得税－能源消耗量×能源真实价格。

② 《中国统计年鉴》给出了综合原材料购进价格指数和八类原材料购进价格指数，本研究将 33 个工业行业划归到这八个类别。燃料、动力类购进价格指数：煤炭开采和洗选业，石油和天然气开采业，黑色金属矿采选业，有色金属矿采选业，非金属矿采选业；黑色金属材料类购进价格指数：黑色金属冶炼及压延加工业；有色金属材料类购进价格指数：有色金属冶炼及压延加工业；化工原料类购进价格指数：石油加工、炼焦和核燃料加工业，化学原料及化学制品制造业，医药制造业，化学纤维制造业，橡胶和塑料制品业；木材及纸浆类购进价格指数：木材加工及木、竹、藤、棕、草制品业，家具制造业，造纸及纸制品业，印刷业和记录媒介的复制业，文教、工美、体育和娱乐用品制造业；建筑材料及非金属矿类购进价格指数：非金属矿物制品业，金属制品业，通用设备制造业，专用设备制造业，汽车制造业，铁路、船舶、航空航天和其他运输设备制造业，电气机械及器材制造业，计算机、通信和其他电子设备制造业，仪器仪表制造业；农副食品类购进价格指数：农副食品加工业，食品制造业，酒、饮料和精制茶制造业，烟草制造业；纺织原料类购进价格指数：纺织业，纺织服装、服饰业，皮革、毛皮、羽毛及其制品和制鞋业。

③ 轻工业行业包括：农副食品加工业，食品制造业，酒、饮料和精制茶制造业，烟草制品业，纺织业，纺织服装、服饰业，皮革、毛皮、羽毛及其制品和制鞋业，木材加工和木、竹、藤、棕、草制品业，家具制造业，造纸和纸制品业，印刷和记录媒介复制业，文教、工美、体育和娱乐用品制造业。其余行业为重工业行业。

可变成本函数进行估计。不同于韩国高等（2011）的估计方法，由于本研究使用了包括真实能源价格在内的真实要素价格，故采用普通最小二乘法进行相关估计。①

图2.6展示了各行业产能利用率估算的结果。可以看到，化学原料及化学制品制造业，化学纤维制造业，石油加工、炼焦和核燃料加工业，造纸和纸制品业，非金属矿物制品业，黑色金属冶炼及压延加工业这六个行业的产能利用率长期低于79%②，属于严重产能过剩（见图2.6左上）。其中除造纸和纸制品业是轻工业之外，其余产能过剩行业都是重工业。采矿业和轻工业各行业（除造纸和纸制品业之外）的产能利用率相对较高（见图2.6右上和左下），但有一个例外是，石油和天然气开采业在2011年之后的产能利用率持续下降，处于产能过剩的边缘。相比采矿业和轻工业，重工业的产能利用率普遍较低，以有色金属冶炼和压延加工业为例，其在2003年之前处于产能过剩状态，之后几年产能利用率先上升后下降，但自2011年开始又有产能过剩趋势（见图2.6右下）。

从图2.6中同样能够看出，大多数行业的产能利用率变化与中国宏观经济周期步调一致。从2002年开始，亚洲金融危机的阴影逐渐散去，中国经济开始复苏，大部分行业的产能利用率从此时开始有了一波明显提升。2008年的次贷危机引发全球金融危机，以出口为导向的中国经济受到波及而面临衰退压力，大部分行业的产能利用率出现了急剧下降。比如石油加工、炼焦和核燃料加工业，2008年的产能利用率高达101.5%，却在2009年锐减至57.9%。增长减缓和产能过剩之间，存在较为显著的正反馈机制。政府也试图通过制定产业政策来缓解产能过剩问题，以重振中国经济。然而，可以观察到一个较为明显的事实是，国家发改委于2000年和2011年两次发布产业政策后，各行业产能利用率不升反降，产能过剩问题反而进一步恶化。那么，产业政策是否会导致产能过剩？下文将对此进行

---

① 标准误是聚类到二位码行业层面的稳健标准误。
② 本研究参考江源（2006）的判断标准，选取79%作为产能过剩判断的标准线，这也是国际上常用的标准线。

更为翔实的实证检验。

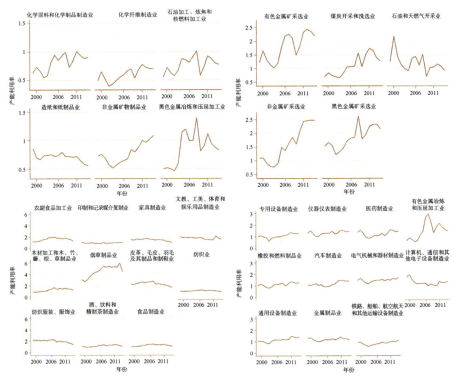

图 2.6　1999—2014 年各行业的产能利用率

五、研究假说和实证结果

（一）研究假说

经过 20 世纪 90 年代的"抓大放小"等一系列国企改革措施之后，许多国有企业都退出了竞争性领域，国有经济较为集中的行业的行政性进入壁垒较高，由于国有企业存在投资软预算约束问题，相比市场需求，国有经济占比较高行业投资过度的可能性较大。据此，我们提出：

假说 1：国有经济占比较高行业的产能更过剩。

产业政策既包括选优（pick winner）的鼓励类政策，也包括选差（pick loser）的限制类和淘汰类政策，其对行业产能利用率的影响可能是非对称的。一方面，在鼓励类政策下，企业会为了享受补贴或优惠的银行贷款而进入某个行业，结果导致每个企业都"吃不饱"，进而降低产能利用率。实际上，这时候产业政策不是减轻了，而是恶化了由于信息不对称而造成的协调失败问题。另一方面，尽管国家要限制或禁止某些产品，但是与之相关的固定资产投资已经变成了沉没成本，而且更有可能与地方政府的利益密切相关，所以，自上而下的"限制性"或"禁止性"产业政策就无法得到地方政府或官员的有力配合。因此，我们有：

假说 2：不同类型产业政策对产能过剩的作用效果具有非对称性，鼓励类政策更可能导致产能过剩。

由于国有企业是政府财政收入的重要来源之一，而且鉴于其产权的特殊性，国有企业从政府部门获得资源的可能性更大。尤其是鼓励类产业政策，更可能将金融、土地、人力等稀缺资源配置到国有部门。由此，我们得到：

假说 3：产业政策对不同类型行业产能过剩的影响具有异质性，在那些国有经济占比较高的行业，鼓励类产业政策可能会提高其产能利用率，缓解产能过剩问题。

（二）计量模型选择

本研究使用 1999—2014 年全国 33 个工业二位码行业的相关行业层面数据，通过面板模型考察产业政策对产能过剩形成的影响，主要采用固定效应（FE）模型。我们采取如下计量模型：

$$CU_{it} = \beta_0 + \beta_1 soe_{it} + \beta_2 intensity_{it} + \beta_3 soe_{it} \times intensity_{it} + Z_{it}\gamma + \varepsilon_{it}$$

其中，CU_{it} 为行业 i 在第 t 年的产能利用率。主要解释变量有三个：soe_{it} 是行业 i 在 t 年的国有资本占实收资本的比例，衡量该行业的国有经济成分占比；$intensity_{it}$ 表示行业 i 在第 t 年的产业政策强度[①]；$soe_{it} \times intensity_{it}$ 为交

---

① 产业政策强度指标取值方式如下：当某个产业在 2000 年、2006 年、2011 年和 2013 年的产业政策数量分别为 a、b、c、d 时，其在 2000 年之前取值为 0，在 2000—2005 年取 a，2006—2010 年取 b，2011 年与 2012 年取 c，在 2013 年及之后取 d。

互项。Z_{it} 是一组控制变量，主要包括：政策长度（发布政策当年取 1，之后逐步递增）①，用于控制产业政策对产能过剩影响的时间效应；行业的资本密集度 $\ln(K/L)$；行业内企业数量；当年 GDP 增长率，用于控制总需求变动对产能利用率的影响；2006 年、2011 年和 2013 年的政策虚拟变量，用于控制四次产业政策异质性；时间趋势项。同时本研究也会控制行业固定效应。ε_{it} 为随机扰动项。

（三）基准回归结果

在基准回归里，先不加入产业政策强度及与产业政策相关的控制变量。表 2.4 报告了基准回归结果。列（1）至列（3）为 OLS 回归结果，列（4）为固定效应回归结果，列（5）为随机效应回归结果。为控制由行业层面不可观测特征导致的内生性问题，本研究主要看固定效应回归结果。列（2）至列（5）中国有资本占比的系数均显著为负，这是因为国有资本占比相对较高的行业主要是垄断性行业，行业内部竞争主要体现在资源投入上，因此其产能利用率更低，更容易形成产能过剩，假说 1 得到验证。行业资本密集度和企业数量的系数基本上都不显著，这说明行业资本密集度和企业数量并不显著影响产能过剩。

表 2.4 影响产能利用率的基本因素

	(1) OLS	(2) OLS	(3) OLS	(4) FE	(5) RE
国有资本占比		-1.782***	-1.732***	-1.732***	-1.615***
		(0.327)	(0.373)	(0.361)	(0.288)
行业资本密集度	0.313*		0.113	0.113	0.123
	(0.174)		(0.133)	(0.129)	(0.092)
企业数量	-0.010	-0.002	-0.003	-0.003	-0.006
	(0.012)	(0.006)	(0.006)	(0.006)	(0.007)

---

① 1999 年由于未发布政策，其政策长度变量取一个较大值 10，这里无论取多大的值都不会影响最终的回归结果。

(续表)

	(1) OLS	(2) OLS	(3) OLS	(4) FE	(5) RE
GDP增长率	0.039**	-0.005	-0.001	0.155	0.164
	(0.015)	(0.014)	(0.015)	(0.095)	(0.102)
时间趋势项	-0.011	-0.018**	-0.027**	-0.023*	-0.020**
	(0.021)	(0.007)	(0.011)	(0.012)	(0.009)
行业固定效应	是	是	是	否	否
年份固定效应	是	是	是	是	是
样本数	528	528	528	528	528
R^2	0.865	0.893	0.893	0.403	

注：所有模型都没有报告常数项的结果。括号内是异方差稳健标准误；***表示1%显著性水平，**表示5%显著性水平，*表示10%显著性水平。

（四）产业政策强度对产能过剩的影响

接下来，为了进一步分析三类产业政策对各行业产能过剩的影响，在基准回归的基础上加入产业政策强度、产业政策强度与国有资本占比的交互项及与产业政策相关的控制变量。

回归结果如表2.5所示，其中列（1）和列（2）是OLS回归结果，列（3）和列（4）是固定效应回归结果，列（5）和列（6）是随机效应回归结果。列（3）只加入三类产业政策强度和相关控制变量，虽然三类产业政策强度系数均不显著，但鼓励类政策长度的系数显著为负，这说明鼓励类政策在当年不会显著影响产能利用率，但其降低产能利用率的效果是随着时间推移越来越显著的。在列（4）中加入三类产业政策强度与国有资本占比的交互项后，以上结论依然不变，这表明，不同类型产业政策对产能过剩的作用效果具有非对称性，鼓励类政策更可能导致产能过剩，假说2成立。

表 2.5 产业政策强度对产能利用率的影响

	(1) OLS	(2) OLS	(3) FE	(4) FE	(5) RE	(6) RE
鼓励类政策强度	0.032 (0.020)	-0.029 (0.033)	0.032 (0.020)	-0.029 (0.032)	0.027 (0.018)	-0.030 (0.031)
限制类政策强度	-0.033 (0.065)	0.068 (0.096)	-0.033 (0.063)	0.068 (0.093)	-0.031 (0.065)	0.059 (0.095)
淘汰类政策强度	-0.012 (0.045)	-0.068 (0.049)	-0.012 (0.043)	-0.068 (0.047)	-0.011 (0.042)	-0.057 (0.046)
鼓励×国有		0.168*** (0.047)		0.168*** (0.045)		0.157*** (0.043)
限制×国有		-0.405 (0.245)		-0.405* (0.237)		-0.360 (0.249)
淘汰×国有		0.342*** (0.120)		0.342*** (0.116)		0.298** (0.118)
国有资本占比	-1.806*** (0.383)	-2.128*** (0.281)	-1.806*** (0.371)	-2.128*** (0.271)	-1.665*** (0.297)	-1.960*** (0.221)
鼓励类政策长度	-0.016*** (0.004)	-0.014*** (0.004)	-0.016*** (0.004)	-0.014*** (0.004)	-0.016*** (0.004)	-0.014*** (0.003)
限制类政策长度	0.007 (0.012)	0.001 (0.013)	0.007 (0.011)	0.001 (0.013)	0.008 (0.012)	0.003 (0.013)
淘汰类政策长度	0.006 (0.008)	0.004 (0.009)	0.006 (0.008)	0.004 (0.009)	0.005 (0.008)	0.003 (0.009)
行业资本密集度	0.132 (0.127)	0.134 (0.120)	0.132 (0.123)	0.134 (0.116)	0.146 (0.093)	0.149 (0.096)
企业数量	-0.002 (0.006)	0.004 (0.006)	-0.002 (0.006)	0.004 (0.006)	-0.006 (0.007)	-0.000 (0.007)
GDP 增长率	0.027* (0.015)	0.026* (0.014)	-0.064 (0.056)	-0.062 (0.056)	-0.064 (0.055)	-0.062 (0.055)
产业政策（2006年）虚拟变量	-0.198*** (0.068)	-0.250*** (0.075)	1.091 (0.936)	0.996 (0.986)	1.183 (0.991)	1.102 (1.037)

(续表)

	(1) OLS	(2) OLS	(3) FE	(4) FE	(5) RE	(6) RE
产业政策（2011年）虚拟变量	0.072**	0.065**	1.221	1.163	1.306	1.258
	(0.029)	(0.026)	(0.936)	(0.990)	(0.990)	(1.037)
产业政策（2013年）虚拟变量	0.000	0.000	1.268	1.211	1.357	1.312
			(1.031)	(1.092)	(1.088)	(1.141)
时间趋势项	-0.028**	-0.035***	-0.115	-0.118	-0.118	-0.121
	(0.011)	(0.010)	(0.068)	(0.073)	(0.074)	(0.078)
行业固定效应	是	是	否	否	否	否
年份固定效应	是	是	是	是	是	是
样本数	528	528	528	528	528	528
R^2	0.897	0.902	0.425	0.450		

注：所有模型都没有报告常数项的结果。括号内是稳健标准误；***表示1%显著性水平，**表示5%显著性水平，*表示10%显著性水平。

如基准回归结果所验证的，所有制类型对各行业的产能利用率的影响非常显著，那么产业政策对不同所有制类型行业的产能利用率的影响效果可能存在异质性。本研究通过在列（4）回归方程中加入三类产业政策强度分别与国有资本占比的交互项进行验证，回归结果表明，鼓励类政策强度与国有资本占比交互项的系数显著为正①，假说3得到验证。这个结果非常有趣，尽管国有资本比重越高的产业，其产能利用率越低，但相对于民营企业，鼓励类政策会提高国有企业的产能利用率。这就意味着，鼓励类产业政策会产生"国进民退"效应，它并没有将金融、土地、人力等稀缺资源配置在民营部门，而是配置在国有部门。这种实施层面的问题，也进一步降低了产业政策对私营经济的吸引力。

列（3）和列（4）中，国有资本占比系数仍然显著为负，并且其系数

---

① 尽管限制类和淘汰类产业政策强度与国有资本占比交互项的系数均显著，但由于其政策强度、政策长度的系数均不显著，所以本文认为这两类政策对产能利用率的影响是不稳健的。

绝对值变大,这说明假说 1 是稳健的。三个产业政策虚拟变量的系数均不显著,这说明四次产业政策对产能利用率影响效果的差异并不显著。

(五) 稳健性检验

为了检验研究结果的稳健性,本研究从两个角度进行稳健性检验。首先,考虑到鼓励类政策并不是在当期降低产能利用率,使用滞后一期解释变量进行分析。其次,使用滞后一期产业政策强度作为当期产业政策强度的工具变量,重新验证所有假说。

表 2.6 汇报了滞后一期解释变量的相关回归结果。列 (4) 中滞后一期国有资本占比和滞后一期鼓励类政策强度的系数都显著为负,这说明假说 1 和假说 2 均是稳健的。注意到滞后一期鼓励类政策强度和国有资本占比交互项的系数并不显著,这说明鼓励类产业政策产生的"国进民退"效应可能是当年一次性实现的。

表 2.6 滞后一期解释变量的稳健性检验

	(1) OLS	(2) OLS	(3) FE	(4) FE	(5) RE	(6) RE
L.鼓励类政策强度	-0.038	-0.065*	-0.038	-0.065*	-0.041*	-0.066**
	(0.024)	(0.034)	(0.023)	(0.033)	(0.023)	(0.033)
L.限制类政策强度	-0.010	-0.023	-0.010	-0.023	-0.005	-0.026
	(0.034)	(0.046)	(0.033)	(0.044)	(0.032)	(0.044)
L.淘汰类政策强度	0.017	0.009	0.017	0.009	0.016	0.017
	(0.022)	(0.037)	(0.021)	(0.035)	(0.020)	(0.034)
L.鼓励×国有		0.079		0.079		0.069
		(0.052)		(0.050)		(0.048)
L.限制×国有		0.044		0.044		0.087
		(0.167)		(0.162)		(0.152)
L.淘汰×国有		0.073		0.073		0.026
		(0.112)		(0.108)		(0.105)

（续表）

	(1) OLS	(2) OLS	(3) FE	(4) FE	(5) RE	(6) RE
L.国有资本占比	-1.590***	-1.750***	-1.590***	-1.750***	-1.440***	-1.566***
	(0.334)	(0.300)	(0.322)	(0.290)	(0.272)	(0.262)
其他控制变量	是	是	是	是	是	是
样本数	495	495	495	495	495	495
R^2	0.901	0.902	0.410	0.419		

注：为了考察滞后一期政策强度的影响，没有加入政策长度变量。所有模型都没有报告常数项的结果。括号内是稳健标准误；***表示1%显著性水平，**表示5%显著性水平，*表示10%显著性水平。

在研究产业政策与产能利用率关系时，可能会存在行业产能利用率对产业政策制定的双向因果内生性问题。产业政策制定时会考虑行业的产能现状，一般而言，限制类和淘汰类政策主要是针对产能过剩行业，而鼓励类政策主要是针对新行业、新产品或新技术，这些朝阳产业一般不太可能存在产能过剩。尽管鼓励类政策和行业产能过剩之间存在双向因果内生性问题的可能性较小，但本研究还是使用滞后一期的三类产业政策强度作为当期三类产业政策强度的工具变量，回归结果如表 2.7 所示。列（2）和列（4）汇报了工具变量回归的结果，其中鼓励类政策强度系数显著为负，鼓励类政策强度和国有资本占比交互项的系数显著为正，且系数绝对值也较 OLS 情形更大。工具变量的不可识别检验拒绝原假设，说明工具变量和内生变量显著相关，而工具变量弱识别检验也表明是可以拒绝弱工具变量原假设的。① 在工具变量的排除性约束检验上，由于每次产业政策制定都是在上一次产业政策的基础上进行调整和变化的，而且根据本研究的定义，在两次产业政策之间的产业政策强度都相等，因此，滞后一期产业政策强度是只通过影响当期产业政策强度，进而影响产能利用率的。以上分析表明，假说 2 和假说 3 都是稳健的。

---

① 列（5）回归方程是在列（4）基础上弱化子样本，只选择工业行业中的制造业进行分析的，其弱识别检验的 F 值达到 13.431，更加显著地拒绝了弱工具变量原假设。

表 2.7 使用上一期三类产业政策强度作为工具变量的稳健性检验

	(1) OLS	(2) IV	(3) OLS	(4) IV	(5) IV（制造业）
鼓励类政策强度	0.032	-0.061*	-0.029	-0.146***	-0.077**
	(0.020)	(0.037)	(0.033)	(0.043)	(0.037)
限制类政策强度	-0.033	-0.009	0.068	0.068	-0.047
	(0.065)	(0.032)	(0.096)	(0.075)	(0.075)
淘汰类政策强度	-0.012	0.028	-0.068	0.010	0.048
	(0.045)	(0.022)	(0.049)	(0.043)	(0.038)
鼓励×国有			0.168***	0.386***	0.348**
			(0.047)	(0.097)	(0.135)
限制×国有			-0.405	-0.455*	0.587
			(0.245)	(0.253)	(0.436)
淘汰×国有			0.342***	0.243*	-0.170
			(0.120)	(0.147)	(0.149)
其他控制变量	是	是	是	是	是
不可识别检验		36.385		33.303	47.827
P 值		[0.000]		[0.000]	[0.000]
弱识别检验		19.576		9.539	13.431
样本数	528	495	528	495	420
R^2	0.897	0.894	0.902	0.903	0.924

注：所有模型都没有报告常数项的结果。括号内是稳健标准误；***表示1%显著性水平，**表示5%显著性水平，*表示10%显著性水平。不可识别约束检验使用的是 Kleibergen-Paap rk LM 检验，弱识别约束检验使用的是 Kleibergen-Paap rk Wald F 检验，弱识别检验使用 Stock 和 Yogo（2005）提供的弱识别变量检验临界值，本研究使用的相应显著性水平扭曲（size distortion）临界值为 16.38（10%）、8.96（15%）、6.66（20%）和 5.53（25%）。

六、结论性评论

本研究首次将国家发改委出台的四次《产业结构调整指导目录》量化为分行业政策指数，然后利用可变成本函数法详细估算 33 个工业行业

1999—2014年间的产能利用率。基于此,主要从产业政策和所有制两个维度识别和分析了产能过剩的影响因素。本研究的经验分析结果表明,国有经济占比较高的行业产能更过剩。一方面,产业政策对于化解过剩产能具有非对称性,虽然鼓励类政策会导致产能过剩,但限制类和淘汰类产业政策却无法有效解决产能过剩问题。另一方面,产业政策对产能过剩的影响具有所有制异质性,在那些国有经济占比较高的行业,鼓励类产业政策可能会提高其产能利用率,缓解产能过剩问题。这就意味着,产业政策会产生"国进民退"效应,它并没有将金融、土地、人力等稀缺资源配置在民营部门,而是配置在国有部门。

基于上述实证分析结果,我们提出以下几点政策建议:

首先,需要加强国有资本占比较高的行业的内部竞争,适度开放此类行业。其原因在于,国有经济较为集中的行业的行政性进入壁垒较高,由于国有企业存在投资软预算约束问题,相比市场需求,国有经济占比较高行业投资过度的可能性较大,因而国有资本占比较高行业往往存在较为严重的产能过剩。应简化此类行业企业进入的注册审批手续,并且让这类行业的项目招标更加透明和公平,从而极大程度降低民营企业的创业门槛,促进行业内部的竞争与创新。同时,建立良好的行业退出机制,减少政府的"保壳"与对僵尸企业的补贴行为,以淘汰落后的过剩产能。

其次,为了避免由政治激励导致重复建设而带来的产能过剩,中央政府在对官员晋升进行考核时,应该适当降低官员晋升与地区 GDP 绩效之间的挂钩程度,考核指标可以考虑选取绿色 GDP 或民众满意程度等民生指标。在财政分权和现有地方官员晋升体制背景下,地方官员晋升带有强烈的 GDP 锦标赛性质,各地方官员既有激励也有能力选择重复建设,因为这样可以通过降低对手的绝对绩效而改善自己的相对绩效,进而最终增加自己的晋升概率(寇宗来和周敏,2011)。各地区国有企业在产能过剩中扮演了重要角色,主要是因为国企决策者兼有"管理者"和"官员"的双重身份,他们的决策考虑更多是政治性的,而非商业性的,因此要落实"政企分开、政资分开"改革,引导国有企业更多地进行利润最大化市场决策,激励其选择差异化投资项目,以解决产能过剩问题。

再次，产业政策对化解过剩产能的效果具有非对称性，限制类和淘汰类产业政策并不能有效化解产能过剩问题，故这类产业政策由地方政府制定是更为合理的，在符合国家发展战略的基础上，允许地方政府自行选择限制和淘汰的产业及其淘汰期限，有益于各地区根据自身产业结构禀赋与产业发展现状，选择更为科学的产业结构升级道路，以有效缓解地区的产能过剩问题。究其原因，当地方认为中央政策特别不符合地方利益时，它们就会采取"阳奉阴违"的策略来削弱中央政策的效果，自上而下的"限制性"或"禁止性"产业政策就无法得到地方政府或官员的有力配合。比如，尽管地方无法公开反对中央的限制类和淘汰类产业政策，但可以选择在执行时采取降低审核标准、复杂化审核流程等方式，让这些落后产能继续生产，这在一定程度上会降低限制类和淘汰类产业政策的政策效果。

最后，引入鼓励类产业政策时需要更加谨慎，因为这往往会导致严重的产能过剩。一方面，中国作为一个大国，各地区经济结构禀赋差异较大，国家层面的鼓励类产业政策无法同时符合各地区的比较优势，政策优惠更可能导致各地区重复投资建设，从而形成产能过剩。另一方面，如前所述，产业本身的边界是模糊不清的，而且还会随着经济形势和技术发展而不断演变，决策者在制定鼓励类产业政策时很难对未来的经济形势及各个产业的技术前景做出充分而准确的预期，当被鼓励产业的市场需求不及预期时，便会导致产能过剩。进一步，国有资本占比较高行业的鼓励类政策会将稀缺资源配置到效率更低的国有部门，成为利益输送的工具，在制定和实施相关产业政策时，有关部门需要进行更加严格的审核和监管。

执笔人：寇宗来　刘学悦　刘瑾

参考文献

Aghion, P., Cai, J., Dewatripont, M., Du, L., Harrison, A. and Legros, P., 2015, "Industrial Policy and Competition", *American Economic Journal: Macroeconomics*, 7（4）: 1-32.

Arestis, P. and Sawyer, M., 2005, "Aggregate Demand, Conflict and Capacity in the Inflationary Process", *Cambridge Journal of Economics*, 29 (6): 959-974.

Berndt, E. R. and Morrison, C. J., 1981, "Capacity Utilization Measures: Underlying Economic Theory and an Alternative Approach", *American Economic Review*, 71 (2): 48-52.

Blonigen, B. A., 2015, "Industrial Policy and Downstream Export Performance", *The Economic Journal*, 126 (595): 1635–1659.

Blonigen, B. A. and Wilson, W. W., 2010, "Foreign Subsidization and Excess Capacity", *Journal of International Economics*, 80 (2): 200-211.

Brandt, L., Van Biesebroeck, J. and Zhang, Y., 2012, "Creative Accounting or Creative Destruction? Firm-Level Productivity Growth in Chinese Manufacturing", *Journal of Development Economics*, 97 (2): 339-351.

Cassels, J. M., 1937, "Excess Capacity and Monopolistic Competition", *The Quarterly Journal of Economics*, 51 (3): 426-443.

Chamberlin, E. H., 1933, "The Theory of Monopolistic Competition", *Journal of Political Economy*, 42 (4): 531–536.

Driver, C., 2000, "Capacity Utilisation and Excess Capacity: Theory, Evidence, and Policy", *Review of Industrial Organization*, 16 (1): 69-87.

Foss, M. F., 1963, "The Utilization of Capital Equipment: Postwar Compared with Prewar", *Survey of Current Business*, 43 (6): 8-16.

Garofalo, G. A. and Malhotra, D. M., 1997, "Regional Measures of Capacity Utilization in the 1980s", *Review of Economics and Statistics*, 79 (3): 415-421.

Libecap, G. D., 1977, "The Evolution of Private Mineral Rights: Nevada's Comstock Lode", *Business and Economic History*, 6: 138-141.

Morrison, C. J., 1985, "Primal and Dual Capacity Utilization: An Application to Productivity Measurement in the V. S. Automobile Industry", *Journal of Business & Economic Statistics*, 3 (4): 312-324.

Morrison, C. J. and Berndt, E. R., 1981, "Short-Run Labor Productivity in a Dynamic Model", *Journal of Econometrics*, 16 (3): 339-365.

Perkins, D. H. and Rawski, T. G., 2008, "Forecasting China's Economic Growth to 2025", *China's Great Economic Transformation*, New York: Cambridge University Press: 829-886.

Romer, D., 1996, *Advanced Macroeconomics*, New York: Mcgraw-Hill Companies.

Sahay, R., 1990, "Trade Policy and Excess Capacity in Developing Countries", *Staff Papers*, 37 (3): 486-508.

Spence, A. M., 1977, "Entry, Capacity, Investment and Oligopolistic Pricing", *The Bell Journal of Economics*, 8 (2): 534-544.

Stock, J. and Yogo, M., 2005, "Testing for Weak Instruments in Linear IV Regression", *Andrews DWK Identification and Inference for Econometric Models*, New York: Cambridge University Press: 80-108.

Steel, W. F., 1972, "Import Substitution and Excess Capacity in Ghana", *Oxford Economic Papers*, 24 (2): 212-240.

董敏杰、梁泳梅和张其仔,2015,"中国工业产能利用率:行业比较,地区差距及影响因素",《经济研究》,第1期,第84—98页。

韩国高、高铁梅、王立国、齐鹰飞和王晓姝,2011,"中国制造业产能过剩的测度,波动及成因研究",《经济研究》,第12期,第18—31页。

韩秀云,2012,"对我国新能源产能过剩问题的分析及政策建议——以风能和太阳能行业为例",《管理世界》,第8期,第171、172、175页。

江飞涛、耿强、吕大国和李晓萍,2012,"地区竞争,体制扭曲与产能过剩的形成机理",《中国工业经济》,第6期,第44—56页。

江源,2006,"钢铁等行业产能利用评价",《统计研究》,第12期,第13—19页,第83页。

寇宗来和周敏,2011,"混合绩效评估下的区位—价格竞争研究",《经济研究》,第6期,第68—79页。

林毅夫,2007,"潮涌现象与发展中国家宏观经济理论的重新构建",《经济研究》,第1期,第126—131页。

林毅夫、巫和懋和邢亦青,2010,"'潮涌现象'与产能过剩的形成机制",《经济研究》,第10期,第354—387页。

皮建才、黎静和管艺文,2015,"政策性补贴竞争,体制性产能过剩与福利效应",《世界经济文汇》,第3期,第19—31页。

潜伟和吕科伟,2007,"宋代科技政策的计量研究——以《宋史》本纪中记载科技内容为计量对象",《科学学研究》,第2期,第233—238页。

桑瑜,2015,"产能过剩:政策层面的反思与实证",《财政研究》,第8期,第14—20页。

沈利生,1999,"我国潜在经济增长率变动趋势估计",《数量经济技术经济研究》,第

12 期,第 3—6 页。

孙巍、李何和王文成,2009,"产能利用与固定资产投资关系的面板数据协整研究——基于制造业 28 个行业样本",《经济管理》,第 3 期,第 38—43 页。

吴延兵,2006,"R&D 与生产率——基于中国制造业的实证研究",《经济研究》,第 11 期,第 60—71 页。

殷华方、潘镇和鲁明泓,2006,"中国外商直接投资产业政策测量和有效性研究:1979—2003",《管理世界》,第 7 期,第 34—35 页,第 171—172 页。

张杰,2015,"基于产业政策视角的中国产能过剩形成与化解研究",《经济问题探索》,第 2 期,第 10—14 页。

张军和章元,2003,"对中国资本存量 K 的再估计",《经济研究》,第 7 期,第 35—43 页,第 90 页。

周黎安,2007,"中国地方官员的晋升锦标赛模式研究",《经济研究》,第 7 期,第 36—50 页。

周敏和石磊,2012,"相对绩效评估下的区域间'恶性竞争'",《世界经济文汇》,第 5 期,第 16—23 页。

第三章

僵尸企业退出与产业升级

本章对僵尸企业现状进行了描述性分析，发现僵尸企业普遍存在于各种行业和各个地区，其中重化工行业和西部省份的僵尸企业现象尤为严重。

通过理论假设和实证检验，本章有如下发现：由于保障就业带来的社会性政策负担会引发僵尸企业的问题，而国有企业承受了更严重的社会性政策负担，僵尸企业问题也更严重；战略性政策（即政府为了加快经济发展采用违背比较优势的发展战略）产生的一部分不符合比较优势的企业更可能成为僵尸企业；地方政府间的竞争越激烈，受影响行业出现僵尸企业的概率越高。

僵尸企业不仅自身的产能利用率低，同时影响本地区同行业正常企业的产能利用率。

在政策性负担没有剥离的前提下，简单的市场竞争机制难以淘汰僵尸企业。

第三章　僵尸企业退出与产业升级

低生产率企业退出是产业转型升级的重要组成部分。对于一个行业而言，其生产率的提升可以分解为两大组成部分：在位企业生产率提升（生产率效应）和资源（包括资本、劳动力等）从低生产率企业流向高生产率企业（资源再配置效应）。大量研究发现，资源再配置是中国制造业生产率提升的重要组成部分（Hsieh and Klenow，2009；陈斌开等，2014）。一个行业转型升级的关键在于优化资源配置，即高生产率的企业可以自由进入该行业并扩大规模，低生产率的企业需要退出该行业或缩小规模。在理想情况下，如果企业间是完全竞争的，低生产率的企业因在竞争中处于劣势而无法获得利润，不得不退出市场，优胜劣汰的市场机制可以"自动"实现资源的优化配置。然而，在现实中，大量的低效率企业并没有退出市场，成为无法获取利润的"僵尸企业"，极大阻碍了产业的转型升级。2017年中央经济工作会议指出，要抓紧处置"僵尸企业"这个"牛鼻子"，推动"三去一降一补"五大任务有实质性进展，其核心是要合理引导僵尸企业退出市场，实现产业转型升级。

本章首先对僵尸企业现状进行了描述性分析，发现僵尸企业普遍存在于各种行业和各个地区，其中重化工行业和西部省份的僵尸企业现象尤为严重。第二部分对僵尸企业产生的原因进行了理论分析，基于政策性负担的理论视角考察了政府政策、预算软约束与僵尸企业的逻辑关系。第三部分对理论假说进行实证检验，考察了各种类型政策性负担（包括社会性负担、战略性负担和非公平竞争市场环境等）对僵尸企业的影响。第四部分实证研究僵尸企业对产业转型的阻碍作用，发现僵尸企业不仅本身产能利用率更低，还因为僵尸企业占用了金融等方面资源，造成资源错配，阻碍同行业其他企业的转型升级。第五部分以产能过剩行业为例，分析了当前处置僵尸企业政策存在的局限，强调在政策性负担没有剥离的情况下，简单的市场机制或行政手段都无法有效处置僵尸企业。第六部分讨论了政府通过剥离政策性负担、推动供给侧结构性改革，建立公平的市场经济环境的政策选择。

一、僵尸企业有多少：典型事实

研究僵尸企业对产业转型升级影响的前提是识别出僵尸企业。僵尸企业最简单的定义是亏损企业，图 3.1 描述了中国 1990—2015 年间亏损工业企业占工业企业总数的比重。

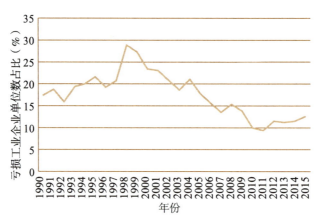

图 3.1 1990—2015 年工业企业亏损情况

数据来源：国家统计局，http：//data.stats.gov.cn/easyquery.htm? cn = C01，访问时间：2019 年 8 月。

从图 3.1 可以看出，自 1998 年国有企业改革以来，中国亏损工业企业占比持续下降。然而，2011 年之后，经济开始下行，这一趋势出现了逆转，亏损工业企业比重开始上升。随着亏损企业比重的上升，国家和社会再度开始关注僵尸企业问题。但是，亏损企业并不一定是僵尸企业。本部分将对僵尸企业进行细致识别，并对僵尸企业的典型特征进行描述性分析。

（一）僵尸企业的识别

Caballero 等（2008）最早比较系统地提出了识别僵尸企业的方法，他们的方法基于这样一个事实：僵尸企业往往受到银行过多的支持。比如，Sekine 等（2003）考察了日本资产泡沫破裂之后的一段时期，发现资产负债率已经很高的企业获得了更多的银行贷款。因此，识别哪些企业获得银行的非正常支持，将有助于筛选出潜在的僵尸企业。由于银行的贷款信息透明性较差，所以 Caballero 等（2008）从利率着手，首先定义企业面临的潜在最优贷款利率，然后将实际贷款利率低于潜在最优贷款利率的企业视为僵尸企业。基于这种方法，Caballero 等（2008）发现 20 世纪 90 年代日本上市公司中的僵尸企业比例从 5% 左右上升至 20% 左右。这种方法在文献中得到了广泛的使用（Lin，2014），但也面临一些问题。比如，有些企业可能由于资质优秀而获得银行的优惠利率，却被误认为是僵尸企业；而有些真正的僵尸企业虽然并未享受利率优惠，但依靠源源不断的贷款和宽松的贷款条件却得以存活，这些企业成为上述识别方法的"漏网之鱼"（Fukuda and Nakamura，2011）。此外，除非是做仅限于上市公司的分析，一般的数据很难涉及企业的贷款和利率指标，因此限制了上述方法的使用。Fukuda 和 Nakamura（2011，2013）通过改进 Caballero 等（2008）提出的方法，最终形成了被称为"过度借贷"（evergreen lending）的方法来识别僵尸企业。这种方法将贷款资质和潜力都很差，但是仍能获得贷款的企业认定为僵尸企业。贷款的资质通过企业当期的资产负债率来衡量，实践中可以选择不同的阈值，但是一般将资产负债率超过 50% 视作危险信号。企业的潜力通过盈利能力来分辨，利润为负的企业成为重点关注对象。本部分使用工业企业数据库来分析僵尸企业的情况，并使用过度借贷法来识别僵尸企业。当一个企业同时满足下述三个条件时，我们就把它认定为僵尸企业：（1）资产负债率高于 50%；（2）实际利润为负（实际利润的定义见下文分析）；（3）负债比上一年有所增长。

国外的研究在识别僵尸企业时，重点关注企业是否从银行获取了非正常的支持，如 Caballero 等（2008）的方法和过度借贷法都是如此。这样的方法对于市场经济发达的国家适用性较强，然而中国企业除了享有信贷市场的优惠条件，还往往享受政府的财政补贴和税收返还。如果忽视这一点，就可能低估僵尸企业这一问题的严重性。因此，本部分借助何帆和朱鹤（2016）使用的实际利润法，从另一角度定义僵尸企业。实际利润法强调，企业的账面利润不能反映企业的真实盈利能力，因为企业可能通过财政补贴、税收返还或其他非经常性损益等方法获取正的利润。因此，本部分首先从账面利润中减去企业的非营业性收入，得到企业的实际利润，然后将实际利润连续三年为负的企业定义为僵尸企业。① 在使用工业企业数据库的实际操作中，我们使用两种不同的方式计算企业的实际利润：较为宽松的方式是，从企业利润中减去补贴收入，从而剔除直接的财政支持对企业利润数据的干扰；更为严格的方式则减去了企业的营业外收入，这一指标不仅包括企业从政府获得的支持，还包括其他非经常性活动带来的收入，如非流动资产处置利得、非货币性资产交换利得、债务重组利得、盘盈利得、捐赠利得等。这样，实际利润提供了两个衡量僵尸企业的指标（RP1 和 RP2）；在过度借贷法中使用这两个不同的实际利润数据，可以得到另外两个衡量僵尸企业的指标（DT1 和 DT2）。这四个指标得自不同的方法和不同的宽严程度，可以交叉检验分析结果的稳健性。

（二）僵尸企业的分布

基于上述两种识别方法计算的四个僵尸企业指标，本小节分析 2011—2013 年僵尸企业的分布特征。如表 3.1 所示，僵尸企业分布具有显著的行业异质性（赵昌文等，2015）。首先，重化工行业出现僵尸企业的概率更高，其中，黑色金属冶炼及压延加工业和石油加工、炼焦及核燃料加工业最为突出，僵尸企业的比例高达 5% 以上（按照 RP1 计算）和 15% 左右（按照 DT2 计算），煤炭开采和洗选业、石油和天然气开采业的僵尸企业比例也很高。这一点并不出乎意料，因为重化工行业是各级政府着力扶持的行业，也因其规模庞大成为地方金融机构的主要客户，政府和银行都不愿

---

① 连续三年亏损的标准与国务院对僵尸企业的认定方法一致。2015 年 12 月 9 日的国务院常务会议提出，对不符合国家能耗、环保、质量、安全等标准和长期亏损的产能过剩行业企业实行关停并转或剥离重组，对持续亏损三年以上且不符合结构调整方向的企业采取资产重组、产权转让、关闭破产等方式予以"出清"，清理处置"僵尸企业"，到 2017 年年末实现经营性亏损企业亏损额显著下降。根据工业企业数据库无法判断企业是否符合国家能耗、环保、质量、安全等标准，因此本研究计算的僵尸企业比例可能低于国务院认定的情况。但是，本研究在计算利润时采用了更严格的标准（实际利润），因而也可能识别出更多的僵尸企业。

承担这些企业倒闭的后果。其次，一些劳动密集型行业也出现了较高比例的僵尸企业，比如纺织业、饮料制造业等，何帆和朱鹤（2016）认为这是由于这些企业雇用了大量劳动力，地方政府受制于保就业的任务而不得不维持这类企业的生存，从而催生了大量僵尸企业。最后，表3.1还列示了不同的僵尸企业指标之间的相关性，各个相关系数均高达0.8以上，说明不同指标识别的僵尸企业是高度一致的，证实了本部分识别僵尸企业的方法较为可信。当然，实际利润法和过度借贷法计算的僵尸企业比例存在一定差异，这是由于支持僵尸企业的外部力量并不完全一致。比如，按照实际利润法计算的僵尸企业比例，食品制造业在各行业中排序比较靠前，但按照过度借贷法计算的比例则低于大多数行业。这说明劳动密集的食品制造业较容易获得政府补贴以稳定就业，但是在信贷市场并没有享有太多优惠。

表3.1 僵尸企业的行业分布

行业名称	RP1	RP2	DT1	DT2
煤炭开采和洗选业	4.94	8.37	7.25	8.95
石油和天然气开采业	4.83	8.04	9.84	13.04
黑色金属矿采选业	1.75	2.22	6.99	8.05
有色金属矿采选业	1.82	2.54	5.58	7.35
非金属矿采选业	1.87	3.49	4.46	6.17
农副食品加工业	2.88	4.37	5.19	7.29
食品制造业	3.84	5.82	6.30	8.68
饮料制造业	4.93	7.29	7.13	9.98
纺织业	3.65	6.76	6.98	10.78
纺织服装、鞋、帽制造业	3.56	5.67	6.67	9.37
皮革、毛皮、羽毛（绒）及其制品业	2.23	3.62	5.32	7.35
木材加工及木、竹、藤、棕、草制品业	3.00	3.62	4.56	6.00
家具制造业	3.43	5.67	6.46	8.91
造纸及纸制品业	4.05	6.66	7.09	10.51
印刷业和记录媒介的复制	4.13	8.39	6.63	10.85
文教体育用品制造业	3.21	5.63	6.12	8.38
石油加工、炼焦及核燃料加工业	5.52	9.56	10.50	14.71

(续表)

行业名称	RP1	RP2	DT1	DT2
化学原料及化学制品制造业	3.48	6.03	6.77	9.64
医药制造业	4.38	6.45	7.51	9.87
化学纤维制造业	4.14	9.47	9.21	15.84
橡胶制品业	2.50	4.72	5.25	7.94
塑料制品业	3.35	5.70	5.96	8.59
非金属矿物制品业	4.10	5.41	7.35	9.17
黑色金属冶炼及压延加工业	5.10	10.30	11.93	16.95
有色金属冶炼及压延加工业	3.89	7.64	7.39	9.56
金属制品业	2.86	5.52	6.92	10.43
通用设备制造业	2.35	5.43	5.67	8.94
专用设备制造业	2.59	5.77	5.98	10.35
交通运输设备制造业	3.31	7.26	6.95	11.68
电气机械及器材制造业	2.45	4.60	5.46	8.61
通信设备、计算机及其他电子设备制造业	2.95	5.71	6.66	10.28
仪器仪表及文化、办公用机械制造业	4.38	8.29	8.64	12.84
工艺品及其他制造业	3.09	5.43	6.13	8.93
与下一指标的相关系数	0.879	0.813	0.921	NA

注：RP1 表示较为宽松的实际利润法计算的僵尸企业；RP2 表示严格的实际利润法计算的僵尸企业；DT1 表示使用较为宽松的实际利润，利用过度借贷法计算的僵尸企业；DT2 表示使用严格的实际利润，利用过度借贷法计算的僵尸企业。

僵尸企业的地区分布特征也较为明显，表3.2报告了各省（市）的僵尸企业比例。数据显示，西部省份的僵尸企业比例最高，几乎包揽了各类指标的前十名，其中尤以宁夏、青海和新疆最为明显，这一特征与何帆和朱鹤（2016）基于上市公司数据的研究一致。西部地区僵尸企业比例高，这是由于中国长期实行支持西部发展的政策，使得该地区的企业在实际利润较低的情况下也能继续经营。山西是前十名中的非西部省份，这可能是由能源经济的衰退造成的（同样依赖能源经济的内蒙古排名也比较靠前）。与何帆和朱鹤（2016）的研究相比，本研究最主要的区别是没有发现河北的僵尸企业比例较高。这主要是数据的差别所导致的：本研究使用的是

2011—2013 年规模以上企业的数据,而他们使用的是 2014 年上市公司的数据。大型煤炭、钢铁企业是河北僵尸企业的主要组成部分,而它们在 2011—2013 年尚未成为亏损最严重的企业。此外,不同的僵尸企业指标之间高度相关,相关系数高于表 3.1 的情况,说明虽然政府和银行对不同行业的支持存在较大的差异,但是地区之间的差异并不显著。

表 3.2 僵尸企业的地区分布

省份（自治区、直辖市）	RP1	RP2	DT1	DT2
北京	6.86	13.57	10.99	17.57
天津	5.81	10.86	10.51	15.03
河北	3.77	6.07	7.26	10.07
山西	8.84	13.09	16.48	20.37
内蒙古	6.11	11.13	10.76	16.47
辽宁	5.60	7.77	8.59	10.76
吉林	3.57	5.83	6.46	8.67
黑龙江	6.36	10.45	10.24	14.67
上海	5.21	9.51	10.18	14.98
江苏	2.45	5.04	5.82	9.77
浙江	2.74	5.65	6.57	11.31
安徽	3.52	5.58	7.50	10.46
福建	2.25	4.05	5.19	7.50
江西	1.52	2.19	4.25	5.61
山东	2.82	5.21	4.06	6.00
河南	1.70	2.82	2.04	3.16
湖北	4.09	6.07	5.32	6.90
湖南	2.27	3.87	0.46	0.57
广东	3.44	6.02	6.12	8.46
广西	6.32	10.16	12.80	17.08
海南	5.71	11.02	11.06	15.70
重庆	3.43	6.49	8.68	13.31
四川	2.41	4.58	6.01	9.07
贵州	9.75	14.86	17.07	21.40
云南	10.33	16.56	16.66	21.70

(续表)

省份（自治区、直辖市）	RP1	RP2	DT1	DT2
西藏	6.49	6.49	9.71	13.59
陕西	9.21	13.01	14.78	18.53
甘肃	9.13	14.91	15.98	21.69
青海	11.26	17.26	21.22	24.34
宁夏	14.94	21.09	21.49	25.82
新疆	9.84	16.83	17.47	22.48
与下一指标的相关系数	0.969	0.956	0.983	NA

注：RP1 表示较为宽松的实际利润法计算的僵尸企业；RP2 表示严格的实际利润法计算的僵尸企业；DT1 表示使用较为宽松的实际利润，利用过度借贷法计算的僵尸企业；DT2 表示使用严格的实际利润，利用过度借贷法计算的僵尸企业。

二、为什么存在僵尸企业：理论分析

在标准新古典理论框架下，只要市场是竞争的，僵尸企业就不应该存在。其原因是，不能获得利润的企业是无法在竞争性的市场中存活下来的，僵尸企业很快会退出市场，在均衡的市场中，不可能观察到僵尸企业的存在。然而，在现实中，我们观察到大量僵尸企业的存在，其原因是什么？现有文献多把僵尸企业存在的原因归结为银行通过给僵尸企业贷款为其输血，使得僵尸企业即使不能获得利润也能在市场上继续存活（如Caballero et al.，2008，等等）。这种简单的解释至少存在两方面缺陷：第一，除了银行贷款，僵尸企业还可能获得各种其他的支持，如政府财政补贴和税收减免，银行贷款并非僵尸企业产生的唯一原因，也不一定是最重要的原因。第二，也是更重要的，如果企业是僵尸企业，为何银行要为其提供更多贷款，银行过多贷款和僵尸企业的存在背后还有更为根本的原因。本部分将从政策性负担的视角分析僵尸企业产生的原因。

（一）政策性负担

僵尸企业的存在与预算软约束密切相关。社会主义经济中常有被亚诺什·科尔内（Janos Kornai）（1986）称为"预算软约束"的现象，即国有企业预期到一旦发生亏损，政府常常会追加投资、增加贷款、减少税收、提供财政补贴。预算软约束无疑会扭曲企业的微观行为，导致企业资金配置和经营的低效率（林毅夫和李志赟，2004），所以预算软约束形成的原因也成为理论界争论的热点问题之一。亚诺什·科尔内本人及国内发表的许多论文认为，预算软约束源于国有企业的公有制产权结构。但是，由于预算软约束的现象并非社会主义国家或公有制企业独有，所以国外有些学者则主张前后期投资的时间不一致性是预算软约束产生的根源。林毅夫及其合作者在一系列论文和著述中提出了与上述观点不同的解释，认为企业预算软约束产生的主要原因不在于所有制本身，而是由于诸种政策性负担的存在而产生的。林毅夫和李志赟（2004）指出在社会主义计划经济、转型经济和许多发展中国家，政策性负担主要由企业的自生能力所产生的战略性政策负担和由于承担冗员、社会养老问题的社会性政策负担两部分组成。

要理解政策性负担，需要先了解新结构经济学的一个基本概念：自生能力。在一个自由竞争的市场经济中，一个正常经营和管理的企业在没有外部扶持的条件下，如果能够获得不低于社会可接受的正常利润率水平的预期利润率，那么这个企业就有自生能力。在开放的经济中，一个企业的自生能力取决于这个企业所选择的产业、产品和技术是否和这个经济的要素禀赋结构所决定的比较优势相一致（Lin，2003）。如果一个企业不具有自生能力，在正常经营时的预期利润率低于社会可接受的水平，则不会有人投资这个企业，这样的企业只有靠政府的扶持才能够生存。

一般发展中国家的要素禀赋特征是劳动力相对丰富，资本极端短缺。在开放竞争的市场环境下，企业可以具有自生能力的是劳动密集的产业或资本密集产业中的劳动密集区段。但在一般人的理解中，资本越密集代表着产业和技术越先进，因此，发展中国家的政府经常为了追求产业、技术的先进性，而鼓励企业进入资本过度密集而没有比较优势的产业或产业区段，从而致使响应政府号召的企业在开放竞争的市场中缺乏自生能力（Lin，1999；林毅夫等，1997）。因此，政府必须给予这些企业保护和补贴。在资金极端稀缺的要素禀赋结构下，政府为推行资金密集的重工业优先发展战略，不得不采取人为扭曲价格体系、建立计划体制、剥夺企业的经营自主权等方式维持在市场竞争中不具自生能力的企业的生存（Lin，2003；林毅夫等，1994）。在进行了市场化的改革以后，经济制度结构虽然已经有了很大改观，但是许多国有企业或是私有化了的企业，其产业、产品、技术选择尚未改变，在开放、竞争的市场中不具自生能力的问题依旧存在。对这类由于政府的发展战略选择而致使企业缺乏自生能力的问题，我们称之为战略性政策负担。

在中国和其他转型中国家，除了战略性政策负担外，许多企业还承担着另外一种政策性负担：社会性政策负担。在改革前的计划经济中，推行的是资金密集的重工业优先发展战略，投资很多，创造的就业机会很少，但政府对城市居民的就业负有责任，为了满足新增就业的需要，经常将一个工作岗位分给多个职工。由于当时推行的统收统支制度，工人的工资直接由财政拨款来支付，对企业来说冗员多并不是一个负担；同时，当时实行的是低工资政策，工资只够职工当前的消费，职工退休后的养老、医疗费和其他需求，同样由政府以财政拨款的方式通过企业来支付，对企业也非额外的负担。但是，经营管理体制改革后，工人的工资和退休职工的退休金的支付，成为企业自己的责任。为了保持社会稳定，国有企业不能随意淘汰冗员，同时，国有企业建立的时间越长，退休职工就越多，退休金和社会福利支出负担也就越重。由上述原因形成的负担可称为社会性政策负担。

在当前中国经济背景下，社会性负担并不局限于国有企业，部分大中型非国有企业也承担了社会性负担。对地方政府而言，在 GDP 和财税收入的双重压力下，招商引资成为非常重要的经济活动。本地企业（特别是对本地经济具有重要影响的大中型企业）出现了亏损，有些甚至已经沦为僵尸企业，地方政府却往往不愿意这些企业破产或被兼并。这里面有多方面的考虑，首先，僵尸企业退出会直接带来本地 GDP 和投资的下降，同时，财税收入也可能受到负面影响。其次，企业退出必然带来就业问题，如果企业对本地就业贡献比较大，大规模失业容易带来社会稳定问题。这些因素对于企业而言是政府赋予的政策性负担,即维持本地的就业、投资和GDP。一旦企业承担这些政策性负担,地方政府也必须给予这些企业补贴。为维持本地就业、投资和GDP,地方政府有动机通过财政补贴、税收减免和金融支持等多种方式给予这些本地企业补贴,使得僵尸企业难以退出市场。

除了战略性政策负担和社会性政策负担,不公平的竞争环境也可以视为一种广义的政策性负担。一个例子是关于信贷获取的。改革开放以来,虽然一系列的金融体制改革促进了金融市场的发育,但是中国的金融发展程度仍然较低,金融资源仍然相对稀缺。Allen 等(2005)使用 Levine(1997)的度量方法,比较了中国和 LLSV[①] 样本国家(La Porta *et al.*, 1997, 1998)的金融体系,认为中国资本市场孱弱,庞大的银行部门主导着中国的金融体系。在这种情况下,企业更加严重依赖自筹资金支撑自身发展,2011 年仍有 66% 的社会固定资产投资源于自筹资金(国家统计局,2012)。虽然银行的市场化改革逐步弱化了政府干预,增强了银行的商业化特征及其自主经营的能力,信贷资金开始按照市场效率标准进行发放(Firth *et al.*, 2009),但银行业结构仍然高度集中于国有商业银行(林毅夫和李永军,2001;鲁丹和肖华荣,2008),政府依然在资金配置中扮演着重要角色。出于各种政策考虑,国有银行更倾向于贷款给国有企业,而私营企业(尤其是中小企业)获得信贷的难度更高。许多研究都指出中国确实存在私营企业融资困难的问题(比如林毅夫和李永军,2001;卢峰和姚洋,2004;白重恩等,2005;Lin,2011;等等)。私营企业不仅难以获得银行贷款,在股票市场进行权益融资时也处于不利境况(Song *et al.*, 2011)。不同类型的企业在融资方面面临的不平等环境,对融资难的私营企业和中小企业来说是一种政策性负担。

国有企业也可能承受着由不公平的竞争环境带来的政策性负担。比如,中国企业普遍存在避税现象,尤其是所得税避税现象更为严重(Cai and Liu,2009)。然而,国有企业和私营企业的避税现象程度并不相同。

---

① LLSV 是四位学者姓氏的首字母缩写。

比如，申广军和邹静娴（2017）发现，大企业的所得税税率更高，并且对于国有企业尤其如此，说明大型国企一方面更容易被政府严密监管，另一方面也没有激励进行避税。除了税收负担，同样因为监管和激励问题，国有企业也面临更高的环保、安全和质量等成本。因此，在税收、环保、安全、质量等方面，国有企业承受着政策性负担，而私营企业（尤其是中小企业）则从这种不公平的竞争环境中获益。

总之，企业可能面临三方面的政策性负担：战略性政策负担、社会性政策负担和不公平的竞争环境所导致的政策性负担，而这些政策性负担都将对企业的生产经营活动产生深远的影响。

（二）政策性负担的经济影响

政策性负担对企业的行为和绩效产生着深远的影响。一方面，政策性负担需要耗费企业资源并且冲击正常的经营活动，从而损害企业的经济效率。从已有的实证文献看，虽然国有企业拥有较多的资本、原材料和中间投入，但总产量和附加价值份额却相对偏少。Brandt 等（2008）的研究表明政策性负担给国有企业带来了无法弥补的经济效率损失。然而，政策性负担的不利影响仅是其经济后果的一个方面。另一方面，国有企业可以据此向政府提出各种诉求，因此政策性负担可以为国有企业带来经济利益，这常常体现在税收、政府补助及信贷优惠等方面（廖冠民和沈红波，2014）。Shleifer 和 Vishny（1997）的分析指出，政府会根据企业承担政策性负担的多少及企业讨价还价的能力来决定为其提供多少补贴。

本章主要探究企业退出和产业转型升级的关系，一个核心的问题是为何有些企业不愿意退出，从而形成"僵尸企业"。所谓僵尸企业，是指丧失盈利能力，只能依靠政府支持或外部融资才能维持存活的企业。僵尸企业危害经济的健康运行。首先，僵尸企业占用大量资金、土地、劳动力等生产要素，却不能产生经济效益，也没有激励对生产技术和经营模式进行创新，是对社会稀缺资源的极大浪费。其次，僵尸企业拥有大量落后产能，这些产能本应在经济下滑时退出市场，然而外部力量的支持使得僵尸企业保有落后产能，加剧了问题（何帆和朱鹤，2016）。再次，僵尸企业借助外部力量占有生产资源，阻碍高效率企业的成长和扩张，甚至在经济调整时期淘汰先进产能，造成严重的资源错配问题，损害经济的增长潜力（Kwon et al., 2015）。最后，僵尸企业负债累累却无力偿还，增加银行不良贷款，还可能造成系统性金融风险。此外，僵尸企业还是诸多社会问题的根源，如拖欠职工工资、社保缴费不足等。

政策性负担是造成僵尸企业的一个重要原因。首先，战略性政策负担导致企业容易成为僵尸企业，这是因为战略性政策负担使得企业采用了不符合比较优势的发展战略。比较优势理论源于大卫·李嘉图（David Ricardo）对国际贸易的论述，后经赫克歇尔（Heckscher）和贝蒂·俄林（Bertil Ohlin）重新阐述，从生产要素而不是生产技术的角度解释生产率的地区差异和国际贸易的起源。林毅夫等（1999）将比较优势引入对国家发展战略的分析，以此重新解释了"东亚奇迹"产生的原因。根据林毅夫的理论，只有当一国的发展战略符合本国的比较优势时，即更多地使用本国相对丰富的生产要素，才能具备自生能力。自生能力是新结构经济学的一个核心概念，林毅夫（2002）使用开放、自由和竞争市场中的预期利润率来定义自生能力：如果一个企业通过正常的经营管理预期能够在自由、开放和竞争的市场中赚取社会可接受的正常利润，那么这个企业就具有自生能力；否则，这个企业就没有自生能力。显然，企业是否具有自生能力与其比较优势息息相关，按照自身的比较优势进行生产的企业更可能具有自生能力，而违背自身的比较优势则可能削弱或扼杀企业的自生能力。没有自生能力的企业，要么因为利润枯竭而停产，要么依赖政府和银行的救助而成为僵尸企业。

其次，社会性政策负担也会催生僵尸企业，因为社会性政策负担也使企业在市场竞争中和没有这些负担的企业相比，处于不利的地位。这种情况多发生于大型非国有企业，地方政府为维持本地就业、投资和稳定而不允许这些企业破产。社会性政策负担带来政策性亏损，政府必须为之负起责任，结果也同样导致了预算软约束问题（林毅夫和李志赟，2004）。预算软约束导致企业丧失自生能力，因为在预算软约束的情况下，企业经理人员改进生产的积极性降低，而且利用职权多吃、多拿、多占的道德风险也因难以监督而不可避免。同时，企业不断向政府要政策、要优惠、要补贴；握有给予企业这些政策、优惠、补贴权力的某些政府官员也会反过来向企业要各种好处和贿赂（林毅夫和刘培林，2002）。没有自生能力的企业在较好的经济环境中或许还能生存，一旦经济形势不利，很可能处于停产或半停产状态，也可能依赖政府和银行的救助而成为僵尸企业，而这两种情况都意味着更低的产能利用率。

最后，地方政府的政策也会催生大量僵尸企业。比如，地方政府之间的竞争也会导致僵尸企业出现。地方政府竞争是指不同行政区域内的各地方政府之间，为了吸引投资、实现更快的 GDP 增长和更多的财政收入等目标，在招商引资、地方政策、投资环境和制度条件等方面展开的竞争。但是，由于相应体制、机制的建立不能与经济增长相匹配，地方政府间的这种竞争行为就会产生异化，从而使得部分行业矛盾加剧（张日旭，2012）。当某些产业刚刚兴起的时候，许多地方政府一拥而上支持这个行业的发展，造成重复建设，一旦经济下行，需求不足时，各地方政府又纷纷出台政策，提供优惠和补贴来支持当地企业，希望能够通过自己的扶持来挤垮其他地区的企业。在这种类似于囚徒困境的博弈中，整个行业都将陷入困境，许多曾经是行业领导者的企业都因无法盈利、债务缠身而成为僵尸企业。

三、政策性负担与僵尸企业：实证检验

（一）社会性政策负担与僵尸企业

前文的理论分析表明，社会性政策负担将催生僵尸企业，本部分将实证分析社会性政策负担对僵尸企业的影响。如前所述，为了保持社会稳定，企业（特别是国有企业）不能随意淘汰冗员，同时，部分企业承担着社会养老的功能，因而形成严重的社会性政策负担。本小节重点考察两个问题：（1）社会性政策负担是否导致僵尸企业；（2）社会性政策负担在国有企业中是否更加明显。

1. 社会性政策负担与僵尸企业

社会性政策负担是否是催生僵尸企业的原因呢？本小节将基于微观实证数据来回答这个问题。我们从两个维度衡量企业的社会性政策负担：就业冗员和工资福利。下面的分析也这样展开。首先来看超额雇员率的影响，仿照白重恩等（2005），我们使用下式计算企业的超额雇员率：

$$\mathrm{ExEmp} = \left(\mathrm{Em}\,p_{\mathrm{firm}} - \mathrm{Sale}\,s_{\mathrm{firm}} \times \frac{\mathrm{Em}\,p_{\mathrm{ind}}}{\mathrm{Sale}\,s_{\mathrm{ind}}}\right) / \mathrm{Em}\,p_{\mathrm{firm}} \qquad (1)$$

其中，ExEmp 为超额雇员率，$\mathrm{Em}\,p_{\mathrm{firm}}$ 为企业的员工人数，$\mathrm{Sale}\,s_{\mathrm{firm}}$ 为企业的销售收入，$\mathrm{Em}\,p_{\mathrm{ind}}$ 为企业所处行业的平均员工人数，$\mathrm{Sale}\,s_{\mathrm{ind}}$ 为企业所处行业的平均销售收入。我们按照超额雇员率将所有企业分为100组，比较每组企业内僵尸企业比例的均值。图3.2显示出清晰的趋势：超额雇员率越高，企业成为僵尸企业的概率越大。这一趋势说明，保障就业所带来的社会性政策负担会引发僵尸企业的问题。

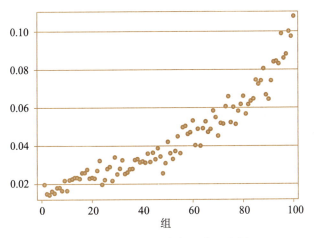

图 3.2　超额雇员率与僵尸企业比例

数据来源：工业企业数据库。

社会性政策负担的第二个方面是较高的劳动力成本。我们从劳动收入份额的角度来度量企业的社会性政策负担。劳动收入份额，即劳动者收入占增加值的比重，反映劳动者在初次分配中的地位。我们沿袭上述思路，将企业按照标准化之后的劳动收入份额①分为100组，比较组内僵尸企业比例。虽然趋势不如图3.2明显，但是图3.3的拟合线也给出了相同的信息，即劳动收入份额越高（相对于本地区同行业均值）的企业，越可能成为僵尸企业。这就从较高的劳动力成本这一角度确认了社会性政策负担和僵尸企业的联系。

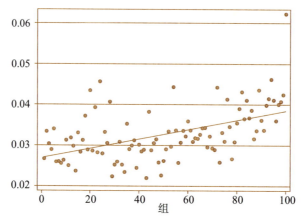

图3.3 劳动收入份额与僵尸企业比例

数据来源：工业企业数据库。

2. 所有制特征与社会性政策负担

现有文献已经从不同角度论证了国有企业确实承担了更多的社会性政策负担，比如，陈林和唐杨柳（2014）测算了国有企业所承载的社会性政策负担和战略性政策负担，发现国有企业的政策性负担较高，混合所有制改革可以降低国有企业的政策性负担。我们利用工业企业数据库，从微观企业的角度再次分析国有企业是否雇用了更多的工人，并且提供了更多的福利。

最简单的方法是比较不同所有制企业的劳动生产率，这一方法背后的假设是劳动生产率会随着从业人数的增长而下降（边际递减规律）。如果某类企业的劳动生产率较低，那就说明它雇用了过多的工人。在图3.4中，我们用增加值与从业人数的比值衡量劳动生产率，发现私营企业和外资企

---

① 即将劳动收入份额除以当年本地区同行业的平均劳动收入份额。

业的劳动生产率更高，这一发现与文献中劳动生产率的所有制差异一致。比如，刘小玄（2000）对中国第三次全国工业普查的不同所有制企业的劳动生产率进行分析，发现私有企业的劳动生产率高于其他的所有制企业。谢千里等（2001）使用全国统计年鉴的数据对集体企业、国有企业、股份制企业、外商投资企业及其他国内企业进行劳动生产率对比分析，发现从单要素生产率来看，中国企业整体的劳动生产率不断增加，并且私营企业一直较高。姚先国和张海峰（2008）以1989—1999年统计年鉴数据为基础对中国国有企业和私有企业劳动生产率进行对比分析，发现国有企业和私有企业的劳动生产率的差异比较明显。总之，文献一致地发现中国国有企业雇用了过多的工人，从而拉低了平均劳动生产率。

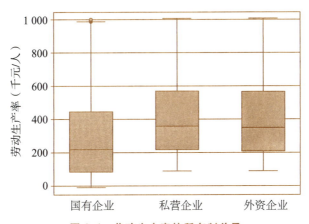

图3.4　劳动生产率的所有制差异

数据来源：工业企业数据库。

图3.5展示了三类企业超额雇员率的分布情况，明显可以看出国有企业分布于更靠右的部分，也就是超额雇员率较高的地方，而私营企业和外资企业则在很多区域都保持重合。因此，与图3.4的信息一致，图3.5也表明国有企业有更多的冗员，说明国有企业为配合政府稳定就业的目标而不得不承担了相应的社会性政策负担。

接下来我们分析国有企业是否提供了更好的工资福利。图3.6和图3.7分别对比了三种所有制企业的人均工资和人均福利。首先，国有企业和外资企业提供了更高的平均工资。外资企业可能是雇用了更高教育水平的从业人员，因为劳动生产率较高而提供较好的薪酬；国有企业劳动生产率远低于私营企业和外资企业，却提供了更高的平均工资。不仅如此，国有企业的平均福利水平也远高于另外两类企业，这可能反映了国有企业还要为众多的退休人员提供生活保障。总之，图3.6和图3.7表明，国有企业虽然劳动生产率较差，但是提供了更高的工资和更好的福利，很大程度上反映了国有企业繁重的社会性政策负担。

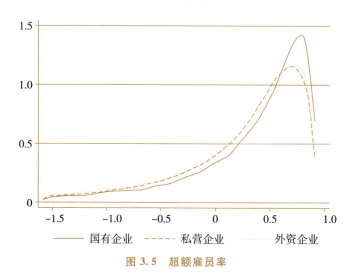

图 3.5　超额雇员率

数据来源：工业企业数据库。

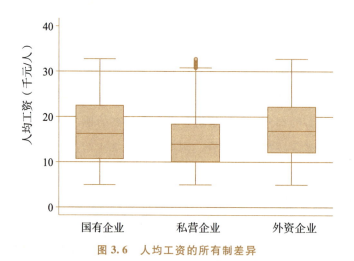

图 3.6　人均工资的所有制差异

数据来源：工业企业数据库。

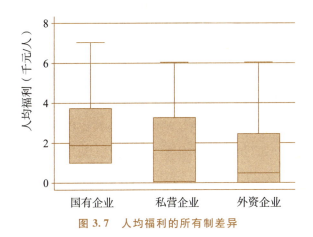

图 3.7 人均福利的所有制差异

数据来源：工业企业数据库。

上述对从业人数和平均工资和福利的分析显示，国有企业从业人数更多且平均工资更高，说明国有企业在初次分配中更注重工人的利益。图 3.8 对劳动收入份额的比较显示，国有企业的劳动收入份额高于外资企业，而外资企业高于私营企业，进一步验证了上述猜想：国有企业承受更沉重的社会性政策负担。

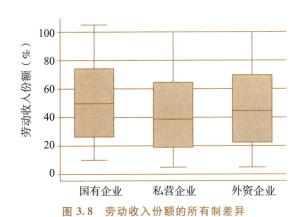

图 3.8 劳动收入份额的所有制差异

数据来源：工业企业数据库。

我们对工资、福利和劳动收入份额的考察与文献中的发现一致，比如赖德胜（2001）认为中国的工资分布是由所有制特征决定的，不同所有制企业根据各自的特点来支付工资。邢春冰（2005，2006）分别估计了国有企业、集体企业和私营企业的工资方程，发现国有企业工资水平较高。

（二）战略性政策负担与僵尸企业

政策性负担的另一种形式是战略性政策负担，即政府为了加快经济发展采用违背比较优势的发展战略，致使企业缺乏自生能力的问题。本小节我们考察战略性政策负担的影响，具体分析违背比较优势的发展战略是否导致僵尸企业等问题。

1. 比较优势理论和测量

比较优势理论源于大卫·李嘉图对国际贸易的论述，后经伊·菲·赫克歇尔和贝蒂·俄林发展，从生产要素而不是生产技术的角度解释生产率的地区差异和国际贸易的起源：一个国家出口用其相对富足的要素密集生产的那些物品，进口该国相对稀缺的要素密集生产的那些物品。林毅夫等（1999）将比较优势引入对国家发展战略的分析，以此重新解释了"东亚奇迹"产生的原因。根据林毅夫的理论，只有当一国的发展战略符合本国的比较优势时，即更多地使用本国相对丰富的生产要素，才能降低生产成本、加快剩余积累，最终不断提高本国的要素禀赋结构，而内生的最优产业结构、技术结构也随之升级，从而维持高速的经济增长（林毅夫，2010）。林毅夫的一系列研究不断深化上述比较优势理论，并最终形成新结构经济学的基本框架（Lin，2009；林毅夫，2010）。

在进行跨国分析时，要素禀赋结构是衡量比较优势的理想指标，但在一国内部不同地区之间进行分析时，如何衡量地区比较优势是一个关键问题，文献中也并未有一致的方法。原国家计划委员会（现为国家发改委）投资研究所和中国人民大学区域所课题组（2001）、陈钊和熊瑞祥（2015）都是使用区位熵的方法来定义比较优势的，钟甫宁等（2001）使用标准化的国内资源成本衡量种植某种粮食作物的比较优势，蔡昉和王德文（2002）使用劳动力集中指数和劳动力物质资本拥有量等指标来反映不同维度的比较优势，而林毅夫的一系列文章使用技术选择指数对最优技术的偏离来衡量比较优势发展战略（林毅夫和刘培林，2003；林毅夫和陈斌开，2009；陈斌开和林毅夫，2013）。不同的方法各有其优劣和适用环境，本部分结合数据特征，采用李力行和申广军（2015）的策略，从要素禀赋和技术两个方面构建比较优势指标。①

（1）要素禀赋比较优势

用于生产活动的要素种类很多，如自然资源、人口、物质资本和人力资本、企业家才能等，但是经济学家最关注（物质）资本和劳动力两种生产要素，最初的比较优势理论也基于这两种生产要素的相对丰裕程度来说明国际贸易产生的原因（Feenstra，2004；Lin，2009），因此我们也首先衡量要素禀赋方面的比较优势。要素禀赋比较优势指标的基本思路是比较某地区的禀赋结构和某行业发展所需要的禀赋结构之间的差距。前者可以使用人均GDP代理，因为人均GDP反映了当地可以调配资源（主要指资本）的能力；后者的选取没有统一的标准，本部分仿照Song等（2011）根据美国制造业数据库（NBER-CES Manufacturing Industry Database）的数据计算的各个二位数行业在"接近自由市场状态下"的资本劳动比（capital-labor ratio，CLR），并以此避免使用中国数据计算资本劳动比可能产生的内生性问题。② 以上两个变量的比值可以用来衡量要素禀赋比较优势的情况：

$$ECA_{ict} = CLR_i / Y_{ct} \tag{2}$$

其中，CLR_i 为行业 i 的资本劳动比，根据美国制造业数据库计算，并对应到中国二位数行业；Y_{ct} 为 t 年城市 c 的人均GDP，数据来自各年《中国城市统计年鉴》。因此，ECA_{ict} 衡量的是 t 年城市 c 的调配生产要素的能力与最优状态下行业 i 所要求的资本劳动比的差距。该指标太大或太小都说明城市 c 发展行业 i 更可能违背了要素禀赋比较优势：要么是过于追逐先进的行业（ECA过大），要么是在落后的产业停滞不前（ECA过小）。由于没有先验的理论指出怎样的ECA算是过大或过小，为了识别ECA的合理

---

① 李力行和申广军（2015）还从劳动生产率、行业发展阶段等方面构造比较优势指标，但是本章所用数据在2012—2013年间缺少企业从业人数的信息，因此无法构造这两个维度的比较优势。

② 美国制造业数据库的最新数据更新到2009年，因而我们无法逐年计算各个行业的资本劳动比指标。但是该指标只是用于表征"接近自由市场状态下"各个行业的资本劳动比，因此年份之间的差异并没有实际意义，所以我们统一使用2009年的资本劳动比指标。

范围，我们的策略是加入 ECA 的二次项，来捕捉要素禀赋比较优势与僵尸企业形成的非线性关系。①

（2）技术比较优势

由于资本流动性的限制，生产要素的相对丰裕程度影响了企业的生产成本，进而影响其盈利能力，并最终反映在一国经济的发展速度上。因此，即使在研究一国内部不同地区的比较优势时，从长期来看，要素禀赋比较优势也是最根本的决定性因素；但是在相对较短的时期内，考虑到资本的流动性仍强于其他生产要素，因此有必要从更广的范围内选择比较优势指标，一个首要的考虑是技术问题。本部分构造技术比较优势指标来衡量某一城市是否具备发展特定产业的技术底蕴，构造这一指标的基本思路和要素禀赋比较优势类似，也是比较某个城市现有的技术水平和特定行业需要的技术水平。特定行业所需要的技术水平可以使用 Hausmann 等（2007）提出的技术复杂度指数（technological sophistication index，TSI）来表示。该方法假设一个国家的人均 GDP 越高，则它生产的产品技术含量也越高。于是，一种产品的技术复杂度可以表示为出口该产品的所有国家的人均 GDP 的加权平均。具体而言，行业技术复杂度指数可以表示为（所有指标都分年份，所以省略下标 t）：

$$\text{TSI}_i = \sum_j \frac{x_{ji}/X_j}{\sum_j x_{ji}/X_j} Y_j \tag{3}$$

其中，下标 j 表示国家。x_{ji} 为国家 j 出口的 i 行业产品价值，而 X_j 为该国出口总额，Y_j 为该国人均 GDP。行业 i 的技术复杂度指数就是所有出口该行业产品的国家的人均 GDP 的加权平均值，权重为该行业出口额占出口总额的比重除以世界各国该比重之和。该指标越大，其对应产品则更多地由高收入国家生产，内含的技术复杂度越高。实际操作中使用的出口数据来自联合国 Comtrade 数据库，原始数据使用 ISIC 编码方式记录了各国各类出口

---

① 即使估计出 ECA 和因变量的非线性关系，我们也不能断言 ECA 在哪个范围就是符合比较优势的，在哪个范围就是违背比较优势的。我们更愿意将符合比较优势看成一个连续频谱，一个相对的概念，即 ECA 的某些范围比其他范围更符合比较优势。

商品的信息,本部分参照盛斌(2002)的方法将其转换为对应的二位数行业并进行加总。各国人均 GDP 数据则来自世界银行。

然后,我们计算各个城市现有的技术基础,定义为该城市所生产的各行业产品的技术复杂度指数的加权平均值,其中权重为各行业的产出份额。即

$$\text{TSI}_c = \sum_i \frac{\text{ov}_{ic}}{\text{OV}_c} \text{TSI}_i \tag{4}$$

其中,ov_{ic} 为城市 c 行业 i 的产出,OV_c 为城市 c 的工业总产出;TSI_i 为通过式(3)计算出来的各二位数行业 i 的技术复杂度指数。于是,城市 c 行业 i 的技术比较优势定义为

$$\text{TCA}_{ic} = \frac{\text{TSI}_i}{\text{TSI}_c} \tag{5}$$

同样,TCA_{ic} 衡量的是城市 c 已有技术水平与行业 i 所需要的技术水平的差距;该指标越大,说明对城市 c 来说,行业 i 的技术难度较高;而该指标取值较小,说明城市 c 发展了技术较为落后的行业,同样也不符合自己的比较优势。

2. 比较优势与僵尸企业的产生

本部分使用工业企业数据库检验比较优势与僵尸企业的产生是否存在关联。考虑到僵尸企业问题伴随着经济增速下滑、产能严重过剩而愈加凸显,因此我们主要使用金融危机之后的工业企业数据(2007—2013 年)。贾珅和申广军(2016)介绍了工业企业数据库在 1998—2008 年的情况,认为该数据可以代表中国工业经济的整体状况。除了个别变量有所变动,本部分样本数据与金融危机之前的情况完全一样,因此不再赘述数据的基本信息。①

---

① 关于数据需要说明以下几点:第一,我们缺少 2010 年的数据,因此在实际操作中认为 2009 年和 2011 年是连续的两年;第二,由于识别僵尸企业的方法要求更长的时间序列,所以在识别僵尸企业时,我们使用了 2007 年之前的数据;第三,国民经济行业分类代码在 2011 年发生了变化,我们将代码都对应到 2002 年的标准(GB/T 4754-2002);第四,某些变量可能缺少特定年份的信息,我们将在使用时特别注明。

基准回归采用双向固定效应模型：

$$\text{Zombie}_{ft} = \alpha + \beta_0 \text{ECA}_{ict} + \beta_1 \text{ECA}_{ict}^2 + \gamma_0 \text{TCA}_{ict} + \gamma_1 \text{TCA}_{ict}^2 +$$
$$X_{ft}\delta + \lambda_f + \mu_t + \varepsilon_{ft} \tag{6}$$

其中，Zombie_{ft} 为虚拟变量，当企业 f 在 t 年是僵尸企业的时候取值为 1，否则为 0。ECA_{ict} 是根据上一节的方法计算的要素禀赋比较优势指标，衡量企业 f 所在城市 c 的人均 GDP 与其所属行业 i 要求的资本劳动比的差距，ECA_{ict}^2 为其平方项。这样，如果系数 $\beta_1>0$，那就说明违背要素禀赋比较优势（ECA_{ict} 过大或过小）的企业更有可能成为僵尸企业。同理，TCA_{ict} 为城市 c 发展行业 i 的技术比较优势指标，TCA_{ict}^2 为其平方项，系数 γ_1 也能说明技术比较优势和僵尸企业之间的关系。X_{ft} 是一系列控制变量，λ_f 和 μ_t 分别表示企业和年份固定效应。

表 3.3 报告了基准回归的结果，ECA^2 的系数都在 1% 的水平上显著为正，说明 ECA 与僵尸企业之间呈 U 形关系，即符合要素禀赋比较优势的企业成为僵尸企业的概率更低，而违背要素禀赋比较优势的企业则更容易成为僵尸企业。根据列（1）的结果，ECA = 2 为最优禀赋点，即此时企业成为僵尸企业的概率最低，或者说，各地最适合发展的行业是那些资本劳动比约为本地人均收入 12 倍的行业。① 从最优要素禀赋点偏离一个标准差（1.2），企业成为僵尸企业的概率大约上升 1.8%。TCA^2 的系数也都在 1% 的水平上显著为正，说明 TCA 与僵尸企业之间也存在 U 形关系，即企业是否符合技术比较优势能够显著影响其成为僵尸企业的概率。根据列（1）的回归结果，当 TCA = 1.17 时企业成为僵尸企业的概率最低，这意味着企业要想最大限度地培养自生能力，应当选择进入那些对技术要求略高于本地技术底蕴的行业。同样，从技术最优点偏离一个标准差（0.4），企业成为僵尸企业的概率将上升 3.1%。后四列加入控制变量之后，比较优势系数大多数仍在 1% 的水平上显著，最优点的位置也与前面几列高度一致，说明我们发现的结果是相当稳健的：符合比较优势的企业成为僵尸企业的

---

① 我们在计算 ECA 时没有进行汇率调整。ECA = 2 的意思是，行业要求的资本劳动比（以美元计价）是当地人均 GDP（以人民币计价）的 2 倍。

概率更低，而违背比较优势的企业成为僵尸企业的概率则更高。

表 3.3　比较优势与僵尸企业的关系：企业层面

	(1)	(2)	(3)	(4)
	RP1	RP2	DT1	DT2
ECA	−0.0013	−0.0029**	−0.0096***	−0.0144***
	(0.0009)	(0.0011)	(0.0014)	(0.0016)
ECA^2	0.0004***	0.0006***	0.0018***	0.0023***
	(0.0001)	(0.0002)	(0.0002)	(0.0002)
TCA	−0.0249***	−0.0203***	−0.0291***	−0.0222***
	(0.0046)	(0.0058)	(0.0071)	(0.0081)
TCA^2	0.0106***	0.0104***	0.0147***	0.0129***
	(0.0020)	(0.0025)	(0.0031)	(0.0035)
观测值	999 875	999 875	1 248 194	1 248 194
R^2	0.022	0.015	0.032	0.068

注：回归控制了企业和年份固定效应。其他控制变量包括企业规模、年龄、市场力量、所有制结构等。括号内为异方差稳健标准误，**和***分别表示在5%和1%的水平上显著。

数据来源：工业企业数据库。

（三）地方政府、政策性负担与僵尸企业

许多研究强调地方政府对僵尸企业的影响，比如，聂辉华等（2016）列举的僵尸企业形成的原因中，地方政府和企业之间的政企合谋首当其冲。他们认为，地方政府为了政绩和维稳，不断给濒临破产的僵尸企业进行各种形式的"输血"，或者给非僵尸企业施加就业压力和产量扩张压力，然后再通过补贴和贷款来维持其局面。我们也认为，地方政府有可能导致僵尸企业的出现，并拉低产能利用率，具体的机制可能由三个方面组成。首先，地方政府承担就业职责，不愿意让吸纳较多劳动力的企业倒闭。其次，地方政府推行某些产业政策，如果这些产业政策并不符合当地的比较优势，就会有产能利用率较低和僵尸企业的问题。最后，各地方政府之间

存在竞争,在经济上行期间争相投资,而在经济下行时形成囚徒困境,不愿退出。接下来依次分析这三种情况。

1. 地方政府就业压力与僵尸企业

正如上文指出的,(国有)企业之所以承受社会性政策负担,是因为地方政府有保证就业、稳定社会的政治职责。这就意味着,即使排除企业所有制的影响,当企业雇用了较多劳动力时,政府也同样会在关键时刻支持这些企业,因此这类企业也将面临预算软约束的问题,并更可能成为产能利用率较低的僵尸企业。为了看出这一点,表3.4将僵尸企业的虚拟变量回归到企业的就业份额上(就业份额是企业从业人数除以本地区同行业总就业人数)。结果显示,就业份额越大的企业,成为僵尸企业的比例显著增高。平均而言,就业份额提高一个标准差,产能利用率将会下降大约0.5个百分点,而成为僵尸企业的概率提高将近1个百分点。

表3.4 企业就业占地方就业份额的影响

	是否僵尸企业
就业份额	0.114***
	(0.007)
观测值	226 228
R^2	0.081

注:***表示在1%的水平上显著。
数据来源:工业企业数据库。

2. 产业政策的影响

产业政策是政府为了实现一定的经济和社会目标而对产业的形成和发展进行干预的各种政策的总和。由于研究的角度不同,产业政策在国际上尚没有统一的定义,测度方法也各有不同。产业政策的手段包括税收优惠、财政补贴、行政干预、金融支持、土地优惠等,文献中也根据不同的手段来设定产业政策的代理变量。根据数据特征,本小节使用税收优惠作为产业政策的代理变量。由于回归中控制了企业固定效应,所以全国层面的税收优惠政策会被固定效应吸收,而回归发现的结果将归因于地方政府出台的税收优惠。表 3.5 分析税收优惠对僵尸企业的影响，其中税收优惠定义为税率与本地区同行业平均税率的比值。回归结果显示，享受税收优惠的企业更有可能成为僵尸企业。

表 3.5 税收优惠及其影响

	是否僵尸企业		
	(1)	(2)	(3)
税收优惠（所得税）	−0.003***		
	(0.000)		
税收优惠（增值税）		−0.009***	
		(0.000)	
税收优惠（总体）			−0.003***
			(0.000)
观测值	425 546	414 752	452 100
R^2	0.062	0.077	0.050

注：***表示在 1% 的水平上显著。

数据来源：工业企业数据库。

3. 地方政府竞争

1994 年以来，中国实行的财政分权体制改革，使得地方政府拥有了更大的财权、事权，增加了地方政府参与经济发展的积极性，同时也形成了地方政府间的竞争。地方政府竞争是指不同行政区域内的各地方政府之间，为了吸引投资、实现更快的 GDP 增长和更多的财政收入等目标，在招商引资、地方政策、投资环境和制度条件等方面展开的竞争。但是，由于相应体制、机制的建立不能与经济增长相匹配，地方政府间的这种竞争行为就会产生异化，从而使得部分行业矛盾加剧（张日旭，2012）。聂辉华等（2016）也将地方政府竞争视为僵尸企业产生的重要原因。他们以光伏产业为例来说明地方政府竞争导致僵尸企业的具体机制。当光伏产业刚刚兴起的时候，许多地方政府一拥而上支持这个行业的发展，造成重复建设。一旦经济下行，需求不足时，各地方政府又纷纷出台政策，提供优惠和补贴来支持当地企业,希望能够通过自己的扶持来挤垮其他地区的企业。在这种类似于囚徒困境的博弈中,整个光伏行业都陷入困境,许多曾经是行业领导者的企业都因无法盈利、债务缠身而成为僵尸企业。

本小节借助工业企业数据库来检验地方政府竞争和僵尸企业的关系。我们认为,如果省内各地区某行业实力相当,那么各个地区更可能在该行业殊死争夺;相反,如果实力差距很大,那么地区之间的竞争应该不会很激烈。因此,我们用省内各市-行业产出和就业的均方误差来衡量地区竞争的激烈程度,推测如果竞争越激烈,僵尸企业的比例也更高。回归结果如表3.6所示。回归结果与上述推测一致,如果地方政府之间的竞争越激烈(产出的均方误差越大),该地区-行业内企业的平均产能利用率越低,而成为僵尸企业的概率则越高。这说明地方政府竞争确实会恶化产能过剩。

表3.6　地方政府竞争及其影响

	僵尸企业比例
产出均方误差	0.003***
	(0.001)
观测值	1 802
R^2	0.507

注:***表示在1%的水平上显著。
数据来源:工业企业数据库。

四、僵尸企业与产业转型升级

前文主要讨论了僵尸企业产生的原因,本部分主要讨论僵尸企业对产业转型的阻碍作用,发现僵尸企业不仅本身产能利用率较低,还因其占用了金融等方面资源,造成资源错配,阻碍同行业其他企业的转型升级。

(一)产能利用率的测量

测度产能利用情况的方法很多,最直接的指标是产能利用率,即实际产量与生产能力的比值。虽然实际产量是容易测得的数据,但是生产能力往往没有现成的数据,所以测度产能利用率的关键在于如何计算生产能力。考虑到工业企业数据库特征,我们使用成本函数法估算企业的产能利用率。成本函数法着眼于企业的成本函数,在微观理论层面,产能利用不足是指企业的实际产出小于其最优规模,即平均成本最低的产出水平。例如 Chamberlin(1933)提出垄断竞争会导致企业不能在最低成本水平上进行生产。Kamien 和 Schwartz(1972)也认为,不完全竞争行业也会出现产能过剩现象。在实际研究中,一般指行业的实际生产能力超过了市场需求,超过了正常期望水平的状态(周劲和付保宗,2011;钟春平和潘黎 2014)。

参考 Berndt 和 Hesse(1986)、Nelson(1989)、赵昌文等(2015)的做法,假设影响企业产出的要素包括资本、劳动力、中间投入和生产率,并且企业的生产函数能够由下式表示:

$$y = f(k, e, t) \tag{7}$$

其中,y、k、e、t 分别表示企业的产出、资本、可变要素投入和全要素生产率。在短期内,企业可利用的资本存量被认为是固定的;给定企业产出 y,在受到固定资本存量 k 约束的情况下,企业通过最小化可变成本从而实现利润最大化。参考 Lau(1976)、Nelson(1989),企业的可变成本函数可表示如下:

$$vc = g(y, k, p_e, t) \tag{8}$$

其中,p_e 表示企业可变要素的投入价格;式(7)和式(8)表明了在给定劳动价格、中间投入价格、企业规模和技术水平的情况下,企业生产某给定的产出能实现的最小化可变成本。现有文献(如 Berndt and Hesse,1986;Nelson,1989)等一般以超越对数形式的短期可变成本函数来对方程进行近似,即

$$\ln vc = \beta_0 + \beta_y \ln y + \beta_k \ln k + \sum \beta_e \ln p_e + \beta_t \ln t + \frac{1}{2} \sum \sum \beta_{ij} \ln E_i \ln E_j$$

其中,E 为 y、k、e、t 组成的向量。对于超越对数成本函数,可变投入价格的系数需满足线性齐次的参数限制(Zardkoohi *et al.*,1986),条件如下:

$$\sum \beta_e = 1; \quad \sum \beta_{ij} = 0$$

由于企业的最优产出是短期成本最低的产出，而短期成本 sc = vc+fc = vc+rk，其中 fc 为固定成本，等于资本使用成本。令 $\frac{\partial sc}{\partial y} = 0$，即可解出最优产出 y^* 为企业的生产能力。

（二）僵尸企业与产能利用率的联系：描述分析

本小节与下一节主要讨论僵尸企业和产能利用率之间的关系。出于两方面原因，产能利用率和僵尸企业之间可能存在正向相关性，这两方面原因在本小节将会做出描述性解释，在下一节将会做出实证上的说明。首先，僵尸企业占据了大量的资源但是产出较少。一方面，僵尸企业占有更多的政策支持和信贷资源，即拥有大量产能；另一方面，僵尸企业的实际产出却远低于它的生产能力，这部分原因是僵尸企业的劳动生产率和营销能力过低，更重要的原因是僵尸企业依赖于政府和金融市场的支持而失去了自主提升营运和技术水平的能力。其次，僵尸企业和产能利用率之间的关系与僵尸企业和非僵尸企业的相互作用有关。谭语嫣等（2017）认为，政府投资和国有银行资本会加剧僵尸企业的膨胀而对私企产生挤出效应；Brandt 等（2013）认为，来自政府和金融机构的支持会使僵尸企业在市场中居于主导地位，从而阻碍高效率企业在市场中的发展和扩张；Kwon 等（2015）认为，非僵尸企业为了在残酷的市场竞争中存活，会选择减少产量。

图 3.9 比较了僵尸企业和非僵尸企业产能利用率的分布情况。概率密度图表示，僵尸企业的产能利用率分布更加偏左，均值显著低于非僵尸企业。在分行业和分地区的比较当中，僵尸企业和非僵尸企业的产能利用率存在较大差异，但大多数行业和地区的非僵尸企业的产能利用率都显著高于僵尸企业。此外，僵尸企业不仅自身产能利用率比较低，还可能会影响同一地区、同一行业的非僵尸企业的产能利用率。图 3.10（A）和图 3.10（B）说明，在行业层面或地区层面，平均产能利用率和僵尸企业比例高度负相关。即某地区或行业的僵尸企业的比重越高，非僵尸企业的产能利用率越低。

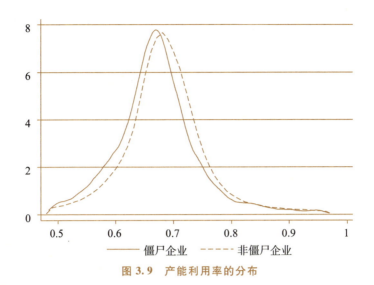

图 3.9 产能利用率的分布

数据来源：工业企业数据库。

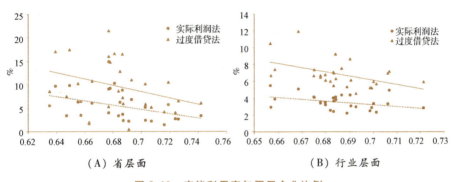

（A）省层面　　　　　　　　　（B）行业层面

图 3.10 产能利用率与僵尸企业比例

注：横轴是省/行业层面的平均产能利用率，纵轴是对应的僵尸企业比例。

数据来源：工业企业数据库。

（三）僵尸企业与产能利用率的联系：数据分析

本小节主要利用实证方法讨论僵尸企业和产能过剩之间的关系。主要围绕以下三个问题展开：第一，僵尸企业的产能利用率是否低于非僵尸企业；第二，僵尸企业是否会影响非僵尸企业的产能利用率；第三，产生这种影响的传导渠道是什么。

表 3.7 的基本回归结果表明，僵尸企业的产能利用率低于非僵尸企业。

在该回归中，被解释变量是企业的产能利用率，解释变量是"企业是否是僵尸企业"虚拟变量，回归系数为负，表明僵尸企业的产能利用率较低。为了更加全面地了解僵尸企业和产能过剩之间的关系，我们利用其他三个指标进行稳健性检验，分别是库存产出比、销售产出比和销售利润率。回归结果显示，僵尸企业的库存比重更高，销售比重和销售利润率更低。样本企业的平均销售利润率约为7%，回归得出的系数约为-6.8，这表明僵尸企业的销售利润率接近于零。

表 3.7 僵尸企业与产能利用率的关系

	因变量：产能利用率		
	(1)	(2)	(3)
面板 A：基准回归			
僵尸企业	-0.403**		-0.762***
	(0.186)		(0.244)
僵尸企业（定义2）		-0.112***	
		(0.004)	
观测值	349 815	361 083	361 311
R^2	0.044	0.044	0.075
面板 B：其他指标	库存产出比	销售产出比	销售利润率
僵尸企业比例	2.264***	-0.585**	-6.841***
	(0.270)	(0.255)	(0.268)
观测值	366 633	370 048	363 160
R^2	0.148	0.912	0.195

注：**和***分别表示在5%和1%水平上显著。

数据来源：工业企业数据库。

这部分回归只是相关性的分析，并不是因果性的研究，此处只能说明僵尸企业同时也是产能过剩的企业。此外，虽然回归的结果在统计上显著，但是僵尸企业和非僵尸企业的产能利用率在经济意义上的差异并不明显，二者相差约0.4个百分点。我们认为，导致结果被低估的原因主要有三：首先，本研究选取的样本是2011—2013年，但产能过剩的问题是2013年尤其是2015年以来才愈演愈烈；其次，本研究选取的样本是规模以上的企业数据，若有些僵尸企业的销售额下降到 2 000 万元以下，就不在我们的调查范围之列，这会导致估计的系数偏小；最后，僵尸企业自身的产能利用率低下会影响非僵尸企业，这也是下文着重探讨的问题。

表 3.8 主要说明了僵尸企业是否影响正常企业的产能利用率。在该回归中，被解释变量是城市-行业层面非僵尸企业产能利用率的均值，解释变量是城市-行业层面的僵尸企业的比例。可以看出，若一个地区或一个行业的僵尸企业比例提高一个百分点，非僵尸企业的平均产能利用率会下降约两个百分点，该结果在统计和经济意义上都是非常显著的。企业层面的结果同样印证，非僵尸企业确实会被本地的一些僵尸企业负向影响。

表 3.8 僵尸企业对正常企业产能利用率的影响

	因变量：城市-行业层面平均产能利用率		
	(1)	(2)	(3)
僵尸企业比例	−1.909***		−0.854**
	(0.147)		(0.409)
僵尸企业比例（定义 2）		−1.377**	
		(0.590)	
观测值	14 208	13 866	14 313
R^2	0.169	0.169	0.275

注：**和***分别表示在 5%和 1%水平上显著。

数据来源：工业企业数据库。

进一步地，僵尸企业影响非僵尸企业的渠道是什么？我们主要考察了僵尸企业在获得资源方面是否对非僵尸企业产生了挤出效应。表 3.9 是主要的分析结果。面板 A 主要分析僵尸企业能否更便利地获得资源，结果表明，僵尸企业获得了更多的补贴，更低的所得税税率，但在增值税税率上没有差别，这可能是由于增值税的征管更加严格。这种政策支持说明政府在僵尸企业的产生和发展过程中发挥着不可替代的作用。列（4）的回归以资产负债率作为因变量，结果显示，给定其他条件相同，僵尸企业的负债高于非僵尸企业 17.7%。同时列（5）的相关结果显示，单位资产下僵尸企业支付的利息更多，这表明僵尸企业获得了更多的银行贷款，换言之，僵尸企业在金融市场上有更大的优势。面板 B 主要分析僵尸企业是否挤出了非僵尸企业的资源。结果表明，某一地区或行业的僵尸企业数量越多，非僵尸企业越难获得补贴，税负也越重。这可能是因为地方政府为了维持正常运行，将僵尸企业身上的部分税负转嫁到了非僵尸企业的身上。列（4）和列（5）的结果表明，在其他条件相同的情况下，僵尸企业的比重越高，非僵尸企业的负债率越低，支付的利息越少，这说明僵尸企业挤出了正常企业的金融资源。

表 3.9 僵尸企业对资源获取的影响

	(1) 补贴收入比	(2) 所得税税率	(3) 增值税税率	(4) 资产负债率	(5) 融资成本
面板 A：全样本					
僵尸企业	0.031***	−0.001***	−0.001	0.097***	0.001*
	(0.007)	(0.000)	(0.000)	(0.028)	(0.001)
观测值	390 192	351 969	376 077	378 960	364 945
R^2	0.002	0.126	0.253	0.411	0.019
面板 B：正常企业					
僵尸企业比例	−0.005***	0.004***	0.001*	−0.003***	−0.001
	(0.001)	(0.001)	(0.001)	(0.000)	(0.002)
观测值	358 227	344 273	320 844	346 888	332 742
R^2	0.002	0.256	0.127	0.409	0.020

注：*和***分别表示在10%和1%水平上显著。
数据来源：工业企业数据库。

以上两节主要说明了僵尸企业不仅自身的产能利用率低，同时影响本地区同行业正常企业的产能利用率，且这种影响是通过挤出效应实现的。我们的分析结果显示，僵尸企业占据了更多的补贴优惠和金融资源，利用政策的扶植维持生存，这使得"优胜劣汰"的市场机制无法实现资源的优化配置，正常企业在资源获得方面受到制约，无法顺利进入该市场或扩大生产规模，这极大地阻碍了产业的转型升级。

五、市场机制和行政手段能够处置僵尸企业吗？

在简单的理论分析中，处置僵尸企业并不需要任何政府干预，市场优胜劣汰的机制就可以实现市场出清，自动淘汰僵尸企业。然而，为什么现实中大量的僵尸企业并没有被淘汰呢？简单的市场机制为什么没有发挥作用呢？前文的分析表明，如果存在政策性负担，简单的市场机制则无法发挥优胜劣汰的作用。

对于低效率的国有企业，由于存在政策性负担，政府必须要通过财政、金融和税收等手段来给予国有企业补贴。但是，由于信息不对称，政府无法知道政策性负担对国有企业有多大的负面影响，也无法确定应该给予国有企业多少补贴以弥补政策性负担造成的影响，作为信息优势方的国有企业有激励向政府索要更多的补贴，造成国有企业预算软约束。在存在政策性负担和预算软约束的前提下，即使国有企业持续亏损、成为僵尸企业，政府出于稳定就业等多方面原因也会不断地给予其补贴。大量财政、金融和税收补贴使得低效率的国有僵尸企业依然可以在市场中生存，市场竞争无法推动低效率国有企业退出市场，阻碍了产业转型升级。

同样，对地方政府至关重要的非国有大中型企业也承担了政策性负担，企业退出市场会给当地经济和就业带来负面影响。当这些企业经营困难、利润率下降时，地方政府有激励给予这些企业财政、金融、税收等方面的补贴，以维持这些企业的存续。市场竞争同样无法把这种类型的僵尸企业淘汰出市场。而对于很多中小企业，虽然并不直接享受政府的补贴，但是由于环保、安全、质量、税收等方面执法口径不统一，部分中小企业可以通过降低环保、质量、安全成本，以及偷税漏税等方式获得利润。即使这些中小企业本身效率很低，已经是僵尸企业，但简单的市场竞争依然无法淘汰这些僵尸企业。

总体而言，在政策性负担没有剥离的前提下，简单的市场竞争机制难以淘汰僵尸企业。在此背景下，中央政府提出要处置僵尸企业的目标，特别是对于产能过剩行业，处置僵尸企业的任务尤为迫切。然而，采用行政手段可以淘汰僵尸企业，化解落后产能吗？

我们认为，在剥离政策性负担，严格环保、质量、安全等方面的执法，形成公平竞争的市场之外，政府以行政手段淘汰僵尸企业、化解过剩产能则需要更加谨慎。比如，从2013年开始，政府以"消化一批、转移一批、整合一批、淘汰一批"的政策思路来化解过剩产能。这一方面淘汰了环保、安全、质量不达标的落后产能，达到了淘汰落后产能的目的；但另一方面，由于执行过程中淘汰落后产能往往以产能规模为主要标准，导致企业为防止被淘汰而进一步扩大规模，行业产能不减反增，产能过剩情况恶化。同样，试图通过行政手段进行兼并重组、提高行业集中度的做法也往往事与愿违。市场化的兼并重组往往可以达到淘汰落后产能、提升生产效率的目的，但行政化的兼并重组则激励了亏损企业持续扩大产能，原本盈利能力良好的钢铁企业通过行政指令式的兼并重组被其他应该淘汰掉的企业拖垮。河钢集团、山钢集团和渤海钢铁等诸多失败的兼并重组案例提醒我们以行政力量推动兼并重组需要更加谨慎。事实上，产业集中度是市场竞争的结果，而不应成为追求的目标。

在"去产能"过程中，中央政府要求贯彻"企业主体、政府推动、市场引导、依法处置"的原则，但在执行过程中，行政化去产能产生的弊端依然难以避免。第一，地方政府为完成"去产能"任务，往往以易操作性和对本地经济影响更小为导向，而更少考虑效率因素，无法真正淘汰低效率企业。第二，为使"去产能"和淘汰僵尸企业政策更具可操作性，地方政府往往以规模等可观察指标作为标准，但这一方面会鼓励企业进一步扩大规模以防止被淘汰，另一方面可能阻碍产业转型升级：高质量产品往往需求量较小（如汽车用钢、圆珠笔芯用钢等），不适合大规模生产，如果以规模为主要标准，这些高质量产品可能会被当成落后产能而被淘汰，阻碍产业转型升级。第三，财政奖补资金可能无法发挥应有作用。如果行业存在大量闲置产能，随着价格水平下降，这些闲置产能将会逐步退出市场，但如果企业预期到能够获得奖补资金，企业将延迟退出市场，利用本应退出市场的产能来获取财政补助，降低财政奖补资金的利用效率。第四，部分地方政府为完成"去产能"任务，不得不要求在环保、质量、安全等方面都达标的企业退出市场，这将造成数额巨大的资产损失，财政奖补资金远不足以弥补资产闲置或拆除带来的损失。

以行政手段淘汰僵尸企业、化解过剩产能的风险在2016年主要产品（钢铁、煤炭等）价格上涨后尤为明显。图3.11展示了钢铁和煤炭主要产品的价格变化，在以行政方式减少供给，同时扩大需求（包括房地产、基础设施建设投资需求等）后，钢铁和煤炭等产品价格大幅度上升。价格快速上扬使得这些行业普遍开始盈利，企业去产能的激励大幅度下降，僵尸企业利用政策红利重新获得利润。在此背景下，如果继续以行政手段推动"去产能"和淘汰僵尸企业，政府的成本将大幅度上升。

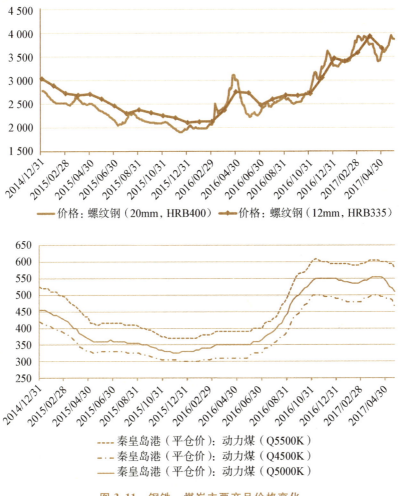

图3.11 钢铁、煤炭主要产品价格变化

数据来源：Wind数据库。

由此可见，处置僵尸企业和"去产能"的目的不是要简单地关停企业、控制产能，而是要通过淘汰僵尸企业、化解过剩产能推动产业转型升级，提升供给质量。因此，"去产能"过程需要形成优胜劣汰的机制，达到淘汰落后产能，提高有效供给的目标。实现这一目标的根本途径是落实十八届三中全会精神，发挥市场在资源配置中的决定性作用，同时更好地发挥政府的作用，通过供给侧结构性改革构建公平的市场竞争机制，通过市场机制实现优胜劣汰，推动产业结构转型升级。

六、供给侧结构性改革与产业转型升级

简单的市场竞争机制和行政手段都难以有效处置僵尸企业，化解过剩产能，其根本原因在于缺乏公平的竞争市场，而公平竞争市场的构建以剥离政策性负担为前提。

对于僵尸企业比例较高，产能过剩严重的行业（如钢铁业、煤炭业等），应该以处置僵尸企业和"去产能"为契机，全面推行国有企业改革，剥离政策性负担，落实从"管企业"向"管资本"转型。具体而言，政府可以采取以下政策推行国有企业改革。第一，全面剥离国有企业现有政策性负担，使企业成为真正的市场主体。剥离政策性负担，人员分流和安置是关键。一方面，社会政策应发挥"托底作用"，以城镇居民基本医疗、养老、失业保险和最低生活保障等制度为支撑，实现企业政策性负担转移。另一方面，要在重点地区、重点行业开展有针对性的再就业培训计划，提升失业人员的再就业能力。第二，将产能过剩行业国有资产划转社保基金，解决下岗失业人员安置的资金问题。

对于僵尸企业问题和经营绩效问题尚未凸显的行业，应该根据其政策性负担程度，渐进式推进国有企业改革。第一，对于承担了很大社会性政策负担的国有企业，首先应当剥离其社会性政策负担，减少国有企业的社会性职能。建立现代企业制度，转变国家对国有企业的管理职能，从管理国有企业向管理国有资本转型，增加企业的自生能力，使国有企业在公平竞争的市场环境下成为一个市场化的竞争主体。第二，对于政策性负担较低且属于竞争性行业的企业，应当通过积极发展混合所有制推进国有企业改革。国家停止对国有企业的干预和补贴，剥离国有企业的政策性负担，从"管企业"向"管资本"转型。组建国有资产投资运营公司，引入私人

资本，发展混合所有制，并创造公平、竞争的环境，激发其活力。

公平竞争市场的构建需要减少地方政府对本地的不当干预，防止地方政府施加给本地企业政策性负担。政府可以以处置僵尸企业为契机，调整考核评价体系，防止产生新的政策性负担。地方政府不愿意淘汰僵尸企业的一个重要原因是担心 GDP 和税收收入下降及失业增加。对此，中央可明确出台意见，对各级地方政府因淘汰僵尸企业和"去产能"而造成的 GDP 和税收变化单列，同时将国有企业改革进度纳入考核体系。

公平竞争市场的构建还需要从监管一致性方面下功夫。需要严格环境、质量、安全执法，构建公平竞争的市场环境。加大地方政府考核体系中环保、质量、安全的权重，对出现违规、违法生产企业的地区，实行地方政府首长和分管部门主管（如地方环保局）双向问责制度。应完善相关法律法规和执法力度，推广在线实时监控，对未达标企业严厉处罚或关闭，让违规成本高于守法成本。

总而言之，以供给侧结构性改革推动产业转型升级不应停留于直接调控部分行业供给和需求的层面，市场供给和需求瞬息万变，行政手段难以有效调节供给和需求，反而会累积更大的风险。要有效处置僵尸企业，化解过剩产能，供给侧结构性改革应该以剥离政策性负担，构建公平竞争的市场为主要着力点。

执笔人：陈斌开　申广军

参考文献

Allen, F., Qian, J. and Qian, M., 2005, "Law, Finance, and Economic Growth in China", *Journal of Financial Economics*, 77（1）：57-116.

Berndt, E. R. and Hesse, D. M., 1986, "Measuring and Assessing Capacity Utilization in the Manufacturing Sectors of Nine OECD Countries", *European Economic Review*, 30（5）：961-989.

Brandt, L., Tombe, T. and Zhu, X., 2013, "Factor Market Distortions across Time, Space and Sectors in China", *Review of Economic Dynamics*, 16（1）：39-58.

Brandt, L., Rawski, T. and Sutton, J., 2008, "Industrial Development in China", *China's Great Economic Transformation*, New York: Cambridge University Press.

Brandt, L., Van Biesebroeck J. and Zhang Y., 2012, "Creative Accounting or Creative Destruction? Firm-Level Productivity Growth in Chinese Manufacturing", *Journal of Development Economics*, 97 (2): 339-351.

Caballero, R., Hoshi, T. and Kashyap, A., 2008, "Zombie Lending and Depressed Restructuring in Japan", *American Economic Review*, 98 (5): 1943-1977.

Cai, H. and Liu, Q., 2009, "Competition and Corporate Tax Avoidance: Evidence from Chinese Industrial Firms", *The Economic Journal*, 119 (537): 764-795.

Chamberlin, E. H., 1933, *The Theory of Monopolistic Competition*. Cambridge, MA: Harvard University Press.

Feenstra, R., 2004, *Advanced International Trade: Theory and Evidence*. Princeton: Princeton University Press.

Firth, M., Lin, C. Liu, P. and Wong, S., 2009, "Inside the Black Box: Bank Credit Allocation in China's Private Sector", *Journal of Banking and Finance*, 33 (6): 1144-1155.

Fukuda, S. and Nakamura, J., 2011, "Why Did 'Zombie' Firms Recover in Japan?", *World Economy*, 34 (7): 1124-1137.

Hausmann, R., Hwang, J. and Rodrik, D., 2007, "What You Export Matters", *Journal of Economic Growth*, 12 (1): 1-25.

Hsieh, C. T. and Klenow, P. J., 2009, "Misallocation and Manufacturing TFP in China and India", *Quarterly Journal of Economics*, 124 (4): 1403-1448.

Kamien, M. I. and Schwartz, N. L., 1972, "Uncertain Entry and Excess Capacity", *American Economic Review*, 62 (5): 918-927.

Kwon, H., Narita, F. and Narita, M., 2015, "Resource Reallocation and Zombie Lending in Japan in the 1990s", *Review of Economic Dynamics*, 18 (4): 709-732.

La Porta, R., Lopez-de-Silanes, F., Shleifer, A. and Vishny, R., 1997, "Legal Determinants of External Finance", *Journal of Finance*, 52 (3): 1131-1150.

La Porta, R., Lopez-de-Silanes, F., Shleifer, A. and Vishny, R., 1998, "Law and Finance", *Journal of Political Economy*, 106 (6): 1113-1155.

Lau, L. J., 1976, "Characterization of the Normalized Restricted Profit Function", *Journal of*

Economic Theory, 12（1）：131-163.

Levine, R., 1997, "Financial Development and Economic Growth: Views and Agenda", *Journal of Economic Literature*, 35（2）：688-726.

Lin, J. Y., 2009, *Economic Development and Transition: Thought, Strategy, and Viability*. Cambridge: Cambridge University Press.

Lin, Y., 1999, *Sufficient Information and State Enterprise Reform in China*, Hong Kong: Chinese University Press.

Lin, Y., 2003, *The China Miracle: Development Strategy and Economic Reform*, Hong Kong: Chinese University Press.

Lin, Y., 2011, "New Structural Economics: A Framework for Rethinking Development", *World Bank Research Observer*, 26（2）：193-221.

Lin, Y., 2014, "Zombie Lending, Financial Reporting Opacity and Contagion," Ph. D. Dissertation, National University of Singapore.

Nakamura, J. and Fukuda, S., 2013, "What Happened to 'Zombie' Firms in Japan? Reexamination for the Lost Two Decades", *Global Journal of Economics*, 2（2）：1-18.

Nelson, R. A., 1989, "On the Measurement of Capacity Utilization", *The Journal of Industrial Economics*, 37（3）：273-286.

Sekine, T., Kobayashi, K. and Saita, A., 2003, "Forbearance Lending: The Case of Japanese Firms", *Monetary & Economic Studies*, 21（2）：69-92.

Shleifer, A. and Vishny, R. W., 1997, "A survey of corporate governance", *Journal of Finance*, 52（2）：737-783.

Song, Z., Storesletten, K. and Zilibotti, F., 2011, "Growing like China", *American Economic Review*, 101（1）：196-233.

Tan, Y., Huang, Y. and Woo, W. T., 2016, "Zombie Firms and the Crowding-Out of Private Investment in China", *Asian Economic Papers*, 15（3）：32-55.

Zardkoohi, A., Rangan, N. and Kolari, J., 1986, "Homogeneity Restrictions on the Translog Cost Model: A Note", *The Journal of Finance*, 41（5）：1153-1155.

白重恩、路江涌和陶志刚，2005，"中国私营企业银行贷款的经验研究"，《经济学》（季刊），第2期，第605—622页。

蔡昉和王德文，2002，"比较优势差异、变化及其对地区差距的影响"，《中国社会科学》，第5期，第41—54页。

陈斌开、陈琳和谭安邦，2014，"理解中国消费不足：基于文献的评述"，《世界经济》，第 7 期，第 3—22 页。

陈斌开、金箫和欧阳涤非，2015，"住房价格、资源错配与中国工业企业生产率"，《世界经济》，第 4 期，第 77—98 页。

陈斌开和林毅夫，2013，"发展战略、城市化与中国城乡收入差距"，《中国社会科学》，第 4 期，第 5—620 页。

陈林和唐杨柳，2014，"混合所有制改革与国有企业政策性负担——基于早期国企产权改革大数据的实证研究"，《经济学家》，第 11 期，第 3—23 页。

陈钊和熊瑞祥，2015，"比较优势与产业政策效果——来自出口加工区准实验的证据"，《管理世界》，第 8 期，第 67—80 页。

国家统计局，2012，《中国统计年鉴》，北京：中国统计出版社。

何帆和朱鹤，2016，"僵尸企业系列研究"，http://pmi.caixin.com/2016-01-11/1008980 20.-html，访问时间：2019 年 8 月。

贾珅和申广军，2016，"企业风险与劳动收入份额：来自中国工业部门的证据"，《经济研究》，第 5 期，第 116—129 页。

赖德胜，2001，"劳动力市场分割与大学毕业生失业"，《北京师范大学学报（社会科学版）》，第 4 期，第 69—76 页。

李力行和申广军，2015，"经济开发区、地区比较优势与产业结构调整"，《经济学》（季刊），第 3 期，第 885—910 页。

廖冠民和沈红波，2014，"国有企业的政策性负担：动因、后果及治理"，《中国工业经济》，第 6 期，第 96—108 页。

林毅夫，2002，"发展战略、自生能力和经济收敛"，《经济学》（季刊），第 1 期，第 269—300 页。

林毅夫，2010，"新结构经济学——重构发展经济学的框架"，《经济学》（季刊），第 1 期，第 1—32 页。

林毅夫、蔡昉和李周，1994，《中国的奇迹：发展战略与经济改革》，上海：三联书店和上海人民出版社。

林毅夫、蔡昉和李周，1997，《充分信息与国有企业改革》，上海：上海人民出版社。

林毅夫、蔡昉和李周，1999，"比较优势与发展战略——对'东亚奇迹'的再解释"，《中国社会科学》，第 5 期，第 4—20 页。

林毅夫和陈斌开，2009，"重工业优先发展战略与城乡消费不平等——来自中国的证据",《浙江社会科学》, 第 4 期, 第 10—16 页。

林毅夫和李永军, 2001, "中小金融机构发展与中小企业融资",《经济研究》, 第 1 期, 第 10—18 页。

林毅夫和李志赟, 2004, "政策性负担、道德风险与预算软约束",《经济研究》, 第 2 期, 第 17—27 页。

林毅夫和刘培林, 2002, "经济发展战略与公平、效率的关系",《管理评论》, 第 8 期, 第 8—12 页。

林毅夫和刘培林, 2003, "中国的经济发展战略与地区收入差距",《经济研究》, 第 3 期, 第 19—25 页。

刘小玄, 2000, "中国工业企业的所有制结构对效率差异的影响——1995 年全国工业企业普查数据的实证分析",《经济研究》, 第 2 期, 第 17—25 页。

卢峰和姚洋, 2004, "金融压抑下的法治、金融发展和经济增长",《中国社会科学》, 第 1 期, 第 42—55 页。

鲁丹和肖华荣, 2008, "银行市场竞争结构、信息生产和中小企业融资",《金融研究》, 第 5 期, 第 107—113 页。

聂辉华、江艇、张雨潇和方明月, 2016, "我国僵尸企业的现状、原因与对策",《宏观经济管理》, 第 9 期, 第 63—68 页。

申广军和邹静娴, 2017, "企业规模、政企关系与实际税率——来自世界银行'投资环境调查'的证据",《管理世界》, 第 6 期, 第 23—36 页。

盛斌, 2002, "中国工业贸易保护结构政治经济学的实证分析",《经济学》(季刊), 第 2 期, 第 603—624 页。

谭语嫣、谭之博、黄益平和胡永泰, 2017, "僵尸企业的投资挤出效应:基于中国工业企业的证据",《经济研究》, 第 5 期, 第 177—190 页。

谢千里、罗斯基、郑玉歆和王莉, 2001, "所有制形式与中国工业生产率变动趋势",《数量经济技术经济研究》, 第 3 期, 第 5—17 页。

邢春冰, 2005, "不同所有制企业的工资决定机制考察",《经济研究》, 第 6 期, 第 16—26 页。

邢春冰, 2006, "中国农村非农就业机会的代际流动",《经济研究》, 第 9 期, 第 103—116 页。

〔匈〕亚诺什·科尔内著, 1986,《短缺经济学(上、下)》, 张晓光、李振宁和黄卫平译, 北京:经济科学出版社。

姚先国和张海峰，2008，"教育、人力资本与地区经济差异"，《经济研究》，第 5 期，第 47—57 页。

原国家计划委员会投资研究所和中国人民大学区域所课题组，2001，"我国地区比较优势研究"，《管理世界》，第 2 期，第 45—55 页。

张日旭，2012，"地方政府竞争引起的产能过剩问题研究"，《经济与管理》，第 11 期，第 77—82 页。

赵昌文、许召元、袁东和廖博，2015，"当前我国产能过剩的特征、风险及对策研究——基于实地调研及微观数据的分析"，《管理世界》，第 4 期，第 1—10 页。

钟春平和潘黎，2014，"产能过剩的误区——产能利用率及产能过剩的进展、争议及现实判断"，《经济学动态》，第 3 期，第 35—47 页。

钟甫宁、徐志刚和傅龙波，2001，"中国种植业地区比较优势的测定与调整结构的思路"，《福建论坛：经济社会版》，第 12 期，第 29—32 页。

周劲和付保宗，2011，"产能过剩的内涵、评价体系及在我国工业领域的表现特征"，《经济学动态》，第 10 期，第 58—64 页。

第四章

产业结构升级与价值链升级

在经济发展的起飞和追赶阶段，产业结构升级具有一定的规律性，但到一定的发展水平以后，各国的产业结构具有较大的区别，难以发现明显和一成不变的规律。

产业结构升级应当区分不同产业，分别考虑产业升级的方向，以及是否需要产业政策。国际国内都很成熟的产业，产业政策应尽快全面退出；国际成熟、国内发展相对滞后的产业，应加快推进改革和对内对外开放；国际国内都不成熟的产业，鼓励性政策应少而精。

随着中国经济融入全球价值链的程度越来越深，沿着全球价值链进行产业升级成为必然选择。然而价值链升级路径不仅仅是由低端到高端、沿"微笑曲线"升级的，而是在各个环节都有升级空间，其核心是发挥人力资本优势，形成国际竞争力。

第四章 产业结构升级与价值链升级

对产业升级的理解面临前所未有的严峻挑战，是不是把服务业占比提高了产业结构就升级了？是不是把所谓"低端"产业或"低端"环节清理出去产业就能升级了？无论是产业结构升级还是价值链升级，都是人力资本提升、更高需求得到满足、供给质量和能力得以提高的结果。对产业升级的理解，不能只关注经济指标的变化，应当以对人的理解为根本，坚信人无贵贱、产无高低，以人的发展为目的实现产业升级。

一、产业结构升级：谁能决定优先发展什么产业？

经济增长伴随产业结构的变迁，后发国家可以学习先进国家的历史经验，在追赶时期的不同阶段优先发展相应的主导产业。但是随着收入水平提高，经济复杂性增强，主导产业越来越不突出，产业结构政策的资源配置功能弱化，逐步演化为"国家倡导"。由于各地方发展水平差异巨大，产业结构升级应当因地制宜、因人制宜，与当地人力资本相匹配。

（一）经济增长与产业结构变迁

经济学家很早就从人的流动中观察到了伴随经济增长产生的产业结构变化。17世纪英国经济学家威廉·配第（William Petty）观察到不同产业之间相对收入上的差异会使劳动力向能够获得更高收入的部门移动，20世纪30年代英国经济学家科林·克拉克（Colin Clark）计量和比较了不同收入水平下就业人口在三次产业中分布结构的变动趋势，"配第-克拉克定理"揭示出随着人均国民收入水平的提高，劳动力首先从第一产业向第二产业转移，当人均国民收入水平进一步提高时，劳动力便向第三产业转移。可见，早期经济学家对产业结构变化的观察是从人的流动的角度开始的，产业结构升级反映的应该是人的发展变迁。

随后美国经济学家西蒙·库兹涅兹（Simon Kuznets）对57个国家中农业、工业和服务业三个主要部门在总产值中的份额进行了横截面考察，霍利斯·钱纳里（Hollis Chenery）等经济学家对101个国家结构转变和影响结构转变的多种因素进行了分析，揭示经济结构转变同经济增长之间的关系。这些观察发现，随着经济增长和收入水平的提高，三次产业结构、产业内部结构均发生了规律性变化，经济要素在不同产业间转移。产业结构升级的思想来源于经济学家对经济增长过程的观察结果，但对于产业结构如何升级、为什么有的国家产业结构能够升级、有的国家产业结构不能升级反而落入低收入或中等收入陷阱这些问题，经济学家至今仍在进行各种各样的理论探索。实际上，只有少数国家成功实现了追赶，大多数发展中国家并未能缩短与发达国家的差距，且这一差距还有逐步扩大的趋势。对发达经济体而言，一国内的产业结构并非一成不变，不同国家之间也不尽相同。经济学家发现的产业结构升级规律只能反映大体趋势，特别是只能反映追赶时期起步阶段的部分特征，难以精确规划未来。

后发经济体在起飞阶段可以借鉴发达经济体的成长经验。20世纪60—70年代美国经济学家沃尔特·罗斯托（Walt Rostow）在总结前人经验的基础上，形成经济成长阶段理论，并提出了优先发展主导部门的工业化战略。他指出一个或几个新的制造业部门的迅速增长是经济转变的强有力的、核心的引擎，当旧的主导部门衰退时，新的主导部门便会诞生。工业化实质上是部门不平衡的增长过程，工业化阶段的更替表现为主导部门次序的变化。韩国被认为是主动适应产业结构升级规律、发挥产业结构政策作用的典范。在20世纪60年代出口导向的经济起飞阶段，韩国政府强调"增长第一、工业第一、出口第一"，采取了一系列有利于劳动密集型产业发展的政策措施，使产业结构从农业主导型转向劳动密集型工业品主导型。20世纪60年代末，韩国先后制定了七个重化工业优先发展的《特别工业振兴法》，引导产业结构向重工业转型，促进了钢铁、非铁金属、机械和汽车、造船、电子、化学产业等重化工工业的发展，实现了从劳动密集型产业向资本密集型产业的跨越式过渡。20世纪80年代，随着经济全球化趋势的加剧，国际市场竞争更为激烈，韩国政府又不失时机地向"科技立国"战略转变，促进了产业结构从资本密集型向机械电子等技术密集型高技术产业升级。亚洲金融危机后，韩国又确立了产业结构高技术化的发展方向，重点鼓励发展数字电视和广播、液晶显示器、智能机器人、未来型汽车、新一代半导体、新一代移动通信、智能型家庭网络系统、数控软件、新一代电池、生物新药及人工脏器等十大产业，使韩国产业结构又上了一个新的台阶。不过，当韩国经济达到一定水平后，主导产业就不容易确定了，各种高技术产业都是全球竞争性的。在市场驱动下，反而是一些特色产业发展迅速，国际竞争力不断增强，如影视文化、整容美容、化妆品等。产业结构升级，归根到底是由当地人的收入水平、人的能力、人力资本水平所决定，并在企业参与市场竞争中形成的。

（二）产业结构政策由资源配置演化为"国家倡导"

经济成长具备阶段性特征，不同阶段具有不同的主导产业，这在中国改革开放之后经济高速增长的历程中得到大量印证。在不同的经济成长阶段，中国也制定了大量鼓励某些产业优先发展的产业政策。在许多领域，这些优先发展某些主导产业的结构政策，发挥着政府配置资源的功能。

随着经济增长达到一定水平，还能找到主导产业从而制定出有效的产业政策吗？对高收入国家而言，经济学家只能从它们过去成长经历中找到曾经发挥过作用的主导产业，而对回答未来将会由什么产业主导这一问题就无能为力了。当日本、韩国成功实现追赶后，产业政策要么退出、要么转型，而代之以更大限度地发挥市场机制的作用，鼓励竞争和创新。这并不完全是政府顺势主动而为，而更多是在遭遇许多失败和挫折之后的无奈之举——许多政府支持的产业并没有按照预期发展起来，许多政府不在意的产业却发展起来了。在中国经济增长过程中，家庭耐用消费品、汽车、住房等主导产业依次登场，踩到点子上的企业实现了快速成长，相关产业政策也可能比较有效。然而，随着中国经济进入一个新的阶段，"加快""促进"或"推进"发展的战略性重点产业越来越多，从另一个侧面反映出主导产业已经很难确定。早在"十一五"期间，国务院先后出台《关于加快振兴装备制造业的若干意见》（国发〔2006〕8号）《关于加快发展服务业的若干意见》（国发〔2007〕7号）和《关于加快培育和发展战略性新兴产业的决定》（国发〔2010〕32号），其中战略性新兴产业确定了节能环保、新一代信息技术、生物、高端装备制造、新能源、新材料和新能源汽车等七个重点领域。后来，国务院又出台《进一步鼓励软件产业和集成电路产业发展的若干政策》（国发〔2011〕4 号）、《关于加快推进现代农作物种业发展的意见》（国发〔2011〕8 号）、《关于促进民航业发展的若干意见》（国发〔2012〕24 号）和《关于深化流通体制改革加快流通产业发展的意见》（国发〔2012〕39 号）等，明确软件产业和集成电路产业是"国家战略性新兴产业"，农作物种业是"国家战略性、基础性核心产业"，民航业是"我国经济社会发展重要的战略产业"，流通产业是"国民经济的基础性和先导性产业"。此外，有关部委还先后出台了"促进"或"推进"卫星应用、半导体照明节能、高技术服务、工业设计、再制造、海水淡化等产业发展的指导意见；物联网、云计算、文化创意、动漫等新的产业方向也陆续获得政策鼓励，成为地方上招商引资的新宠和企业投资热点。基础产业、支柱产业、核心产业、先导产业、新兴产业，国家政策支持的战略重点产业层出不穷，不胜枚举。

在几乎所有产业都被支持的情况下，主导产业也就不存在了，产业结构政策配置资源的功能随之弱化，逐步演变为"国家倡导"。当前支持各种新产业发展的文件出台很快，把产业的战略意义提得很高，但真正能倾斜的资源反而很少，财政支持基本是已有资源的再分配，金融支持基本是建议性的。但这种"国家倡导"过多，政策文件出台后是否得以执行以及实际效果如何，也缺乏评估。

产业结构升级应当区分不同的产业类型。根据在国际和国内的成熟程度，我们将产业大体分为三类，并分别考虑产业升级方向和是否需要产业政策。第一类是国际国内都很成熟的产业，如钢铁、汽车、纺织、家电、轻工、建筑、化工、通用设备制造（包括 IT 产业中计算机、笔记本、手机等产品的整机组装）等。这些产业在国内早已形成基础，甚至产能过剩，即使与国际最先进水平在某些领域和环节有差距，也应当由企业自身去努力，而不应当再靠政府扶持。这类产业中，产业结构政策应当全面退出，代之以不断提高的质量标准、环境标准、能耗标准来促进产业升级。第二类是国际成熟而国内发展相对滞后的产业，如现代服务业中的物流、信息、金融、咨询、文化、教育、公共设施服务等。这类产业之所以发展滞后，是因为相关领域体制改革滞后，应主要通过加快推进改革而不是产结构政策促进相关产业的发展，需要通过改革为企业"松绑"来释放产业增长的活力。第三类是国际国内都不成熟的产业，即全球性新兴产业，如新能源、生物技术、新材料、新能源汽车等。这类产业尽管存在"弯道超车"（实际上是指技术变革带来的"换道超车"）的机会，但风险很大，出台产业结构政策应当慎之又慎、少之又少。只有在产业技术路线基本明确、市场开始启动、企业商业模式确立之后，才有必要出台相应鼓励政策，以帮助企业加速产业化和进一步启动市场。过去国内风电、太阳能、电动汽车等战略性新兴产业发展遇到的障碍表明，实质性的体制改革比倾向性的鼓励引导更为重要。

（三）因地制宜，紧紧围绕人力资本推动产业结构升级

中国地域面积大，各地发展很不平衡，不同地区人力资本差异巨大，产业结构升级的含义各不相同。随着全球化和产业融合，统计方法和数据越来越难以反映经济现实，也使产业结构分析本身面临前所未有的挑战。不能简单拿三次产业比重或某些行业占比来衡量一个地区的发展水平，更不能指标化、目标化，以此制定不切实际的发展规划。资源禀赋和比较优势不同，并不意味着第三产业必然好于第二产业、第二产业好于第一产业，农产品也可以做成具有全球竞争力的产业。一个地区的最优产业结构应当以当地人最大限度的发展为基础，这必然不同于其他地方。随着越来越多的地区嵌入全球价值链，产业集群快速发展并成为国际竞争力的重要载体，对产业结构的传统的划分、统计方法和认识都面临严峻挑战，一个地区的产业结构升级不再局限于一个较为封闭的经济体，而是体现出更多不同的路径。在这种情况下，优先发展什么产业，确定难，实施更难。归根到底，主导产业只有在出现之后才能确认。

当前许多地区尤其是相对后发地区，仍有确定优先发展主导产业的顽强动力。先有重庆招商引资发展成为全球最大笔记本电脑生产基地的成功经验，后又有贵州在大数据发展中先声夺人，吸引各界眼球。许多地方对贵州发展大数据的经验怀有复杂心情，因为过去各地都是向深圳、上海等先进地方学习，心服口服；而向经济社会发展总体落后的贵州学习，心有

不甘。对贵州发展大数据的宣传报道已经很多，归纳起来，贵州发展大数据的核心是政府"造势"。地方政府这种"造势"的手法在启动产业发展中屡试不爽、功不可没。至于能否可持续发展，还要看后续市场主体发育和竞争优势培育的情况。要发展大数据产业，其他地方都可以像贵州这样进行"造势"，也完全可以结合当地的特点造出特色。当然，越是后发者，其超越前者的难度会越大，"造势"效应会递减。

在各种"造势"手法中，有两点贵州经验特别值得先进地区借鉴和学习，作为各地大数据产业政策之基。一是从政府部门入手开放数据资源，二是先从政府部门开始推进大数据应用。在此基础上，由政府部门扩展至其他体制内机构，大数据应用和发展的空间就会一步步打开。当大数据商业模式对传统利益格局产生冲击的时候，政府必须坚定地站在新的技术方向一边，协调利益冲突。当然，贵州能否真正做到、做到什么程度，还不得而知。美国硅谷、中国深圳的创新是靠一个一个具体事例堆积起来的，再完美的"顶层设计"也比不上一个具体案例有说服力。好的产业政策，不是政府和专家说出来的，是企业用脚投票投出来的。从这个意义上讲，一个地方在支持当地主导产业发展的同时更要讲好当地企业的故事、讲好当地人的故事。

二、价值链升级：高端还是低端由谁来决定？

随着中国经济融入全球价值链的程度越来越深，沿着全球价值链进行产业升级成为必然选择。然而价值链升级路径不仅仅是由低端到高端、沿"微笑曲线"升级的，而是在各个环节都有升级空间，其核心是发挥人力资本优势，形成国际竞争力。

（一）沿着全球价值链进行升级

经济全球化和全球价值链在过去30多年中快速发展，作为最主要受益者之一，中国各界似乎始终不满意于自己所处的地位，很早就提出由价值链低端向价值链高端升级。全球价值链反映了国际贸易中增加值的分布，一件国际贸易商品中包含不同国家出口的不同水平的增加值。全球价值链体现国际分工和比较优势，价值链升级就是国际分工和比较优势的变迁。与产业结构升级理论的悠久历史相比，全球价值链理论研究还处于十分年轻的阶段，"全球价值链"概念的提出及普及是发生在21世纪的事情（Gereffi et al., 2005）。尽管大家都在使用"全球价值链"这一术语，但要表达的内容却不尽相同。全球价值链从增加值角度对国际贸易的刻画，比传统进出口统计方法更科学，更接近经济全球化的现实。但增加值数据的可获得性制约了全球价值链的实证研究，多数研究是基于个别企业或个别产品的，随着近年来多国投入产出和企业微观数据可获得性的提高，以及计算机海量数据处理能力的提高，宏观层面上的实证研究正面临新的机遇和挑战。

尽管全球价值链影响深远，但全球绝大多数的增加值仍然是在国内生产和消费的。国内增加值占全球增加值的比例，1995年为85%，2008年下降至不足80%，2009年有所反弹，之后虽略有下降但仍高于80%。价值链升级对大多数企业和许多地方可能并不适用。企业通过融入全球价值链，可以利用其比较优势集中完成特定的生产环节或生产任务，不再需要建立针对产品所有生产环节的完整生产能力。对发达国家的企业而言，全球化布局可以提高企业效率和效益；对发展中国家的企业而言，全球化布局能够比以往工业化时期更快地融入全球经济中，同时可以创造更多的就业机会。通过技术转移和外溢，全球价值链还为发展中国家提供了本地学习的机会。一个地区只有嵌入全球价值链，才能沿着全球价值链升级，且嵌入程度不相同，升级潜力和方向也不相同。一个地区如果还没能较大程度地融入全球价值链，也就谈不上价值链升级，更谈不上占据所谓价值链高端。

中国通过融入全球价值链不断提高自身竞争力，加快实现工业化，缩短与发达经济体的差距。在这个过程中，与全球价值链密切相关的产业一直在不断升级。在技术变化快的领域，以电子信息产业为典型代表，产品更新换代随时在发生，在短时间内许多产品经历了从出现到消亡的完整生命周期。每次技术变革都会让产业界如临大敌，产业内确实会有部分企业因转型不利而失败，但产业整体紧跟世界技术潮流，不断升级，实力变得越来越强。在技术变化相对不快的领域，以纺织服装业为典型代表，不仅在制造领域工艺、产品、质量和效率不断提升，也带动上下游相关领域由无到有、由弱到强，来自国内的增加值在出口增加值中的比重不断上升。产业升级与参与更加复杂的全球价值链之间是互动的，在这个过程中劳动技能和人力资本提升是关键。

（二）价值链升级不仅仅是"微笑曲线"

在价值链升级领域最为人津津乐道的是"微笑曲线"。由于不同国家、不同企业是根据比较优势参与全球价值链的，增加值和获益大小各不相同。"微笑曲线"认为，发达国家占据价值链高端环节，从事上游品牌的研发设计和下游的营销服务等环节，获得较大价值；而发展中国家则处于低端的加工装配环节，仅仅获得微薄的加工费。因此发展中国家的产业升级就应当向所谓"自主创新""自主品牌"及"走出去"延伸，避免被低端锁定。有趣的是，"微笑曲线"自台湾宏碁电脑创始人在20世纪90年代提出以来，许多大企业都制定了沿"微笑曲线"升级的战略，但至今发展中国家在全球产业链中的基本格局并没有太大改变，反而是发达国家越来越担心产业空心化、国内就业岗位被抢走等问题。"微笑曲线"及价值链升级不是简单地由低端到高端的线性问题。

即使在价值链低端也可以获得规模优势，形成强大的国际竞争力。在企业层面，以富士康为代表的专注于装配环节的企业，把规模经济发挥到了极致，构建起强大的竞争优势。在电子信息领域，过去20多年技术变革迅速，市场竞争激烈。发达国家一些拥有核心技术和著名品牌的跨国公司反而纷纷倒闭，也有一些类富士康企业努力向"微笑曲线"高端延伸却效果不佳，而坚守低端的富士康反而越做越大、越做越强。实际上，无论高端还是低端，都要接受市场竞争的严峻考验。研发是典型的高风险高收益业务，不谈风险只谈收益是不全面的。在国家层面，虽然中国参与全球价值链仍然以低端为主，但规模大了，绝对收益将会显著增加。这里规模的增大来自全球市场和价值链的不断增长，来自中国融入全球价值链的程度不断加深，以及这两个因素的相互作用。可以说，从全球价值链发展历史来看，正是因为中国在价值链低端的深度融入，才使得全球价值链超越以前时期迅速发展。中国价值链升级应当继续增强制造装配环节的优势，而不是有意无意间削弱或放任。

"微笑曲线"可以倒转，装配环节也可以获得高增加值。学者在研究德国汽车行业时发现"微笑曲线"是倒转的（Meng et al., 2017），即上下游行业劳动报酬率低、生产环节劳动报酬率高，整个价值链形态状如眉毛。德国汽车行业"微笑曲线"之所以倒转，颠覆人们对"微笑曲线"中制造业处于低端位置的直观印象，原因在于德国汽车已经实现从大众化生产向基于数字技术和人工智能的规模定制与个性化设计的转变，这一环节的增加值占比已经大于传统的设计和销售环节，后者反而可以转移至国外。德国汽车行业"微笑曲线"倒转的典型案例说明，全球价值链组织演进远比想象的复杂，价值链升级也远非向"微笑曲线"两端、由低端向高端转变那么简单，因为低端还是高端，不是轻易能够确定的。

价值链升级不仅是"端到端"，从企业融入全球价值链的不同程度看，升级还有更多样的形式。全球价值链参与者之间的博弈和利益格局始终处于不断变化之中，不同环节间、各个环节上都存在影响力各不相同的参与者。后发国家企业融入全球价值链是一个渐进的过程，由被动到主动、不断提升竞争力和所在环节上的影响力、提升议价能力，也就是实现价值链升级的过程。全球价值链上的价值分配是企业竞争的结果，高端环节也不乏失败者，低端环节也多有胜出者。跨国公司掌握全球价值链主导权，在全球范围内按照低成本原则配置各类经济资源。产业转移是由跨国公司推动的，后发国家的企业通过跨国公司获得参与全球价值链分工的机会。由于经济发展和生产水平相对落后，并不是所有企业都能参与全球价值链分工，首先进入跨国公司供应体系的企业往往是其直接投资的企业，然后是效率提升较快且建立长期合作关系的企业。随着融入全球价值链的程度越来越深，企业不断升级，这些后发国家才能成为低附加价值制成品的出口大国，也成为服务外包的重要供应国。随着后发国家不断融入全球价值链，经济水平和收入水平提升，人力资本提升，与研究开发相关的人力资源比较优势逐步显现，跨国公司研发的国际化为后发国家企业价值链升级提供了机遇，而能不能适应跨国公司研发的国际化，成为跨国公司全球重要研发基地，取决于当地的人力资源水平。

（三）价值链升级的核心是技能升级

全球价值链的发展改变了国际贸易方式，许多进口最终是为了出口。随着自然资源、资本和商品的跨境流动越来越便捷，对深度融入全球价值链的经济体而言，这些要素或多或少可以通过进口解决，真正出口的是当地人力资源带来的增加值。通过跨国公司分节化生产，人力资本实际上也在全球范围内得以配置。经济增长也不再是数量上的赶超，而是使更多人力资源参与到全球价值链中，不断创造更高质量的就业。随着当地劳动技能和人力资本的提升，参与全球价值链的程度越来越深，在全球价值链中的影响力也越来越强。价值链升级的核心是技能升级（技能升级可以转化为沿着"微笑曲线"演进的功能升级，也可以转化为生产更高价值产品的产品升级），不断提升效率的流程升级，以及将已有知识和技能用于其他领域的跨产业升级。

当前影响中国价值链升级的主要因素在于人力资本积累是否能实现技能升级，早期参与全球价值链产业的工人是否本身在不断实现技能升级，对下一代的教育投入能否实现代际技能升级，以及中国的教育体系是否能适应技能升级的需求提供高质量的人才供给。随着某些地方对一些产业和从业人员采取了毫无情理的政策措施，这些问题的答案越来越不乐观了。在价值链升级过程中，企业有天然的动力和压力，也有"走出去"配置资源的机会和勇气。一个地方的人不行，企业自然会去找另一个地方。当然，对企业最有吸引力的是稳定向好、持续改善的预期，其中最基本的是稳定。急功近利、疾风暴雨运动式的政府行为和官员作风，是产业升级面临的最大风险。在全球范围内看，能成功融入全球价值链并从中获益的地区，社会发展和政策环境都相对稳定，开放程度和包容程度也相对较高。在融入全球价值链并实现价值链升级方面，过去30年中国以开放包容和学习追赶的态度获得了显著成就,可谓"优等生"。下一步升级需要更加持续的人力资本投入,厚积薄发,久久为功。

执笔人:肖庆文

参考文献

Gereffi, G., Humphrey, J. and Sturgeon, T., 2005, "The governance of global value chains", *Review of International Political Economy*, 12: 78-104.

Meng, B., Ye, M. and Wei, S-J., 2017, "Value-added Gains and Job Opportunities in Global Value Chains", IDE Discussion Paper No. 668.

第五章

产品空间与质量升级

　　能不能生产某种产品，是对一个国家制造业发展水平的衡量。进一步研究产业升级，有必要从更基本的产品升级入手。

　　基于产品空间的研究发现，产品容易向其相似或邻近的产品升级，一国的产业升级与产品空间结构和该国所处的起始位置有关。

　　从产品空间上看，中国东部发达省份已经解决了产业和产品"有没有"的问题，产业升级重点是解决"好不好"的问题。从路径上看，可能主要并不是要由一种产业或产品转向另一种产业或产品，而是要把已有的产业和产品继续做好，把已经能做但还没有优势的产品和产业做出优势来，不断攀登产品"质量阶梯"，即"质量升级"。

第五章 产品空间与质量升级

产业升级及相关政策是长期以来备受关注的重要问题。在中国经济发展的不同阶段，产业升级表现出不同的特点。当前，中国经济增长展现出前所未有的新特征，产业升级更加紧迫，各界所关注的问题也更加具体。东部经济发达地区，产业门类已较齐全，制造业竞争优势相对明显，迫切需要知道是否还有升级空间。特别是在地方政府和企业层面，尤其需要了解具体升级方向和路径。产业升级、"腾笼换鸟"的道理大家都已经很清楚了，关键是腾什么"笼"，换什么"鸟"，如何避免产业接续不利、升不上去的风险。过去产业升级主要强调产业结构升级和价值链升级，强调由低级转向中高级、由低端转向中高端，强调由劳动密集转向资本和技术密集、由模仿转向创新。然而，创新有赖于知识积累和跃进，产业升级存在路径依赖，需要考虑"腾笼"之后能否换来理想之"鸟"。"产品空间"与"质量阶梯"理论为产业升级提供了新的视角，在结构升级、价值链升级之外，还需要考虑质量升级——根据产品空间规律和经验，沿着质量阶梯实现产品升级。

一、从产品空间角度观察产业升级

研究产业升级有许多方法，从如何度量的角度看，主要有两种方法：一是产业结构分析，如三次产业比重、轻重工业比重、按统计标准划分的各行业比重、自定义的行业（劳动密集型、技术密集型、资本密集型，高新技术产业，战略性新兴产业，等等）比重分析。二是价值链分析，从投入产出全过程的角度分析产品在不同环节上的增值状况及在不同主体间的分布。从价值链的角度看产业升级，主要关注由价值链低端向中高端升级，以及价值链整体提升、价值链重构等，强调研发、创新、人力资本提升等方面的要素投入和环境改善。

从产业结构看产业升级，主要关注不同发展阶段某类产业的占比情况，以及这类产业的发展对经济增长的影响。产业结构分析方法由来已久，由此得出的许多理论成果都得以应用，发展主导产业、战略产业，产业结构调整和升级等成为宏观经济政策制定的依据。就数据获得和计算方法而言，产业结构分析主要基于宏观经济数据，根据分类需求进行数据加工。为反映比例关系，产业结构最终分类不会太多太细。当前，运用产业结构分析也常遇到一些困惑，如一些地方三次产业比例并不能真实反映当地经济发展状况；一些产业分类（战略性新兴产业、新兴服务业、高端制造业等）无法直接得到统计数据，需要借助其他指标进行构造；统计口径变化或不一致导致数据不可比，等等。

价值链分析是近年来产业升级研究的主流方法，尤其是基于全球价值链视角，强调嵌入全球价值链并不断由低端环节向高端环节攀升。价值链分析在许多情况下可以清晰地指出问题所在，如广为流传的苹果手机（iPhone）价值分解，揭示了中国企业在全球价值链所处的低端位置，以及在最终产品中的微薄贡献和相应收益，反映了不同要素投入在全球价值链中所得到的不同结果。价值链分析也可指明产业升级原则性的方向，即由低端向中高端升级、由劳动密集向资本密集、技术密集升级。但价值链分析同样不能直接获得统计数据，需要借助投入产出及其他调查数据进行分析。

产业结构升级和价值链升级具有十分重要的政策指导意义，是制定产业政策的重要理论依据。然而产业结构升级和价值链升级也遇到一些现实困惑，产业结构升级意味着有"好"的产业与"差"的产业，价值链升级意味着有"好"的环节与"差"的环节，当大家都在追逐"高大上"的时候，谁来从事剩下的产业呢？

能不能生产某种产品，是对一个国家制造业发展水平的衡量。产品，终究是产品，体现企业和国家的竞争实力。企业通过不断升级产品发展壮大，经济通过不断升级产业实现持续增长。进一步研究产业升级，有必要从观察更基本的产品升级入手。用于制造新产品的技术、资本、制度和技能在一些现有产品中易于产生，在另一些现有产品中却不易产生，产品之间的这种关系网络称为产品空间（Hausmann et al., 2007）。新产品往往产生于已有产品附近，复杂产品处于核心位置，简单产品则位于边缘（见图 5.1）。

第五章　产品空间与质量升级

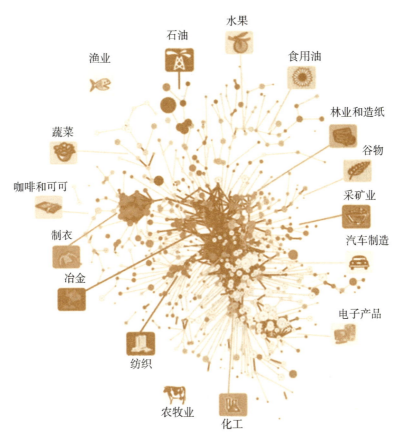

图 5.1　用 1998—2000 年 SITC4 位码 775 种出口产品构造的产品空间

数据来源：Hidalgo 等（2007）。

产品空间意味着产业升级并不会自然而然地产生。一个企业或一个国家很有可能被长期"锁定"在一片"贫瘠的荒原"，尽管有升级愿望，但缺少升级路径和条件。这为"低收入陷阱"和"中等收入陷阱"提供了一种新的解释。究其原因，产品背后是知识积累，产品是知识的载体，产品生产能力代表着是否具备某种知识。知识的分布恰如一片森林，种类繁杂、极不均匀，而与生产相关的隐性知识很难转移和传播，越是知识丰富的地方越容易产生新知识，而越是知识贫乏的地方越难以实现知识拓展和产品升级。一些资源丰富的国家天然获得基于自然条件的比较优势，可以通过资源出口致富，但并不会因此而自然产生更高技术含量的生产技能，也就很难实现产业升级。而位于产品空间中心地带的都是基于人的知识和技能的产品，是靠人而不是靠自然资源而长期致富的。

工业化国家的出口产品集中于产品空间中心区域，树木茂密、硕果累累；低收入国家出口产品位于产品空间边缘，树木稀疏、果实零落；中等收入国家介于两者之间。这些发现对理解经济增长和制定经济政策影响深远，产业升级有可能向邻近的机遇发展，也有可能走进"死胡同"。在产品空间中，很难由一种产品向另一种距离很远的产品跨越。鼓励"高大上"、远距离、跃进式的升级政策面临巨大挑战，但恰恰只有实现远距离的跳跃，才会产生根本性的结构变化和增长，这需要微妙平衡、积累过渡和不断试错。

从产品空间上看，一个国家的产业升级表现为该国比较优势产品由边缘稀疏的空间向中间稠密的空间转移，不断具备生产更高复杂度产品的能力。稠密的空间意味着产品丰富，产品也更为复杂，也意味着该国掌握了相应的制造能力和知识基础。越是技术含量高的产品，越是只有少数国家才能生产。产业结构升级就是在保持生产产品多样性的基础上，不断生产出多数国家不能生产的复杂度更高的产品。

产品空间使产业竞争力表现出空间结构，并使研究可视化。如果我们将一个国家不同年代的产品空间都展示出来，就可以看到该国比较优势产业的演化过程，也就是产业升级过程。对比分析不同国家产品空间及其演变过程，就可以发现一些产业升级的基本规律。这些规律，既可能是对过去已有知识的进一步验证，也可能是新的发现或更具体的认识。通过历史规律的总结，可以为后发国家产业升级提供经验支持。

产品空间反映产业升级，具体可以有以下几种观察角度和应用方向。

（一）不同类型经济体优势产业分布

图 5.2 显示了 2014 年德国、日本、印度和印度尼西亚的产品空间，从中可以清晰地看出，德国、日本产品空间分布十分密集，印度、印度尼西亚产品空间比较稀疏。不仅如此，印度、印度尼西亚具有比较优势的产品多分布在产品空间的边缘，德国、日本具有比较优势的产品覆盖了产品空间的中心，这从直观上进一步刻画了一国收入水平与产业结构的关系。目

前国际学者主要沿着这个方向进一步丰富发展经济学的内容。

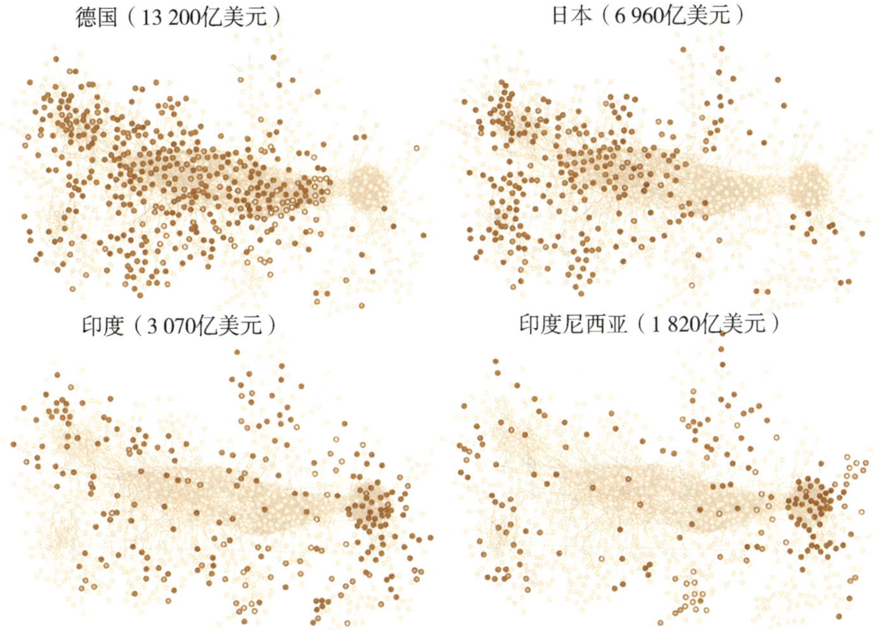

德国（13 200亿美元）　　　　日本（6 960亿美元）

印度（3 070亿美元）　　　　印度尼西亚（1 820亿美元）

图 5.2　2014 年不同国家的产品空间分布

注：本图由 HS 4 位码 1 200 多种产品生成，颜色较深的点为该国具有显性比较优势的出口产品。

数据来源：http://atlas.cid.harvard.edu/，访问时间：2018 年 12 月。

如果比较德国和日本，还能看出两者虽然大体相同，但也有具体差别，在某些领域德国有更多具有比较优势的产品。这表明，即使同为发达国家，优势产业可能相似，但在具体产品上的竞争优势也有可能并不一致。对后发国家而言，选择不同的追赶目标可能会产生截然不同的结果，有可能通过融会贯通发展出自己独特的竞争优势，但也有可能会不伦不类。

同样，印度和印度尼西亚也有一些具体差别。这表明，后发国家在产品空间中位于不同起点，若要实现产品升级可能会有多种路径选择。目前，国内学者多关注后发国家尤其是中国产业升级路径的选择问题。

因为产品空间里的每个点代表一种产品，当直观发现两国优势产业存在差异时，可以具体深入地找到到底是在哪些产品上有差异，从而将产业研究细化到产品级，这为产业竞争力评价和具体制定产业发展规划提供了新的方法。

（二）一个经济体优势产业的演化过程

Jankowska（2012）通过绘制不同时期不同国家的产品空间来观察对比产业结构的变化，直观反映产品空间、产业升级与"中等收入陷阱"的关联。如果动态观察一国产品空间的变化，可以看出一国比较优势如何从某类产品转向另一类产品，也就是可以观测一国产业升级的具体产品路径。

产品空间包含了许多有助于深入理解产品升级和产业升级的概念和思路：

1. 产品容易向其相似或邻近的产品升级

产品邻近性（proximity）指两种产品同时出口的条件概率（Hidalgo et al., 2007），定义为

$$\phi_{i,j} = \min\{P(RCAx_i | RCAx_j), P(RCAx_j | RCAx_i)\}$$

其中，RCA用来描述比较优势：

$$RCA_{c,j} = \dfrac{\dfrac{x(c,i)}{\sum_i x(c,i)}}{\dfrac{\sum_c x(c,i)}{\sum_{c,i} x(c,i)}}$$

通常是用生产条件或投入要素差异来衡量产品差别，如劳动密集型、资本密集型或技术密集型，以及高技术产品、中低技术产品，等等。但产品空间是从最终结果角度观察产品与产品的关系，揭示产品间的内在关联。在产品空间中，两种产品越相似，共享的知识就越多，从一种产品转向另一种产品就越容易发生。图5.3显示了哥伦比亚服装和马来西亚电子产品比较优势产品演化的轨迹，在原有比较优势产品附近逐步

"长"出了新的比较优势产品,使该区域的比较优势产品逐渐变得更为密集。

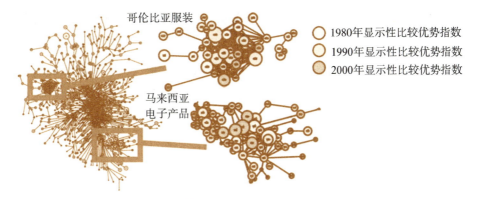

图 5.3　比较优势产品演化轨迹:哥伦比亚服装和马来西亚电子产品的例子

数据来源:Hidalgo 等(2007)。

2. 从产品空间上看,一个国家的产业升级表现为该国比较优势产品由边缘稀疏的空间向中间稠密的空间转移,不断具备生产更高复杂度产品的能力

稠密的空间意味着产品丰富、产品更为复杂,也意味着该国掌握了相应的制造能力和知识基础。越是技术含量高的产品,越是只有少数国家才能生产。产业结构升级就是在保持生产产品多样性的基础上,不断生产出多数国家不能生产的复杂度更高的产品。

产品复杂度(product complexity index,PCI)用来对产品进行排序,依据是生产该产品所需要的技能或诀窍(know-how)。化工机械产品被认为复杂度高,因其需要复杂的生产技术,这些技术通常出自大型组织,由许多高技能人员共同开发完成。而原材料、简单农产品等只需要基本水平的技能,可以由个人或家庭作坊完成。

由于技术和贸易变化会使产品复杂度随之变化,所以每年产品复杂度排名也会略有不同。当然,产品复杂度只给出了某产品技术上的相对排名,要实现产业升级还要考虑产品市场总量及贸易占比等因素。

3. 一国的产业升级和产品空间结构与该国所处的起始位置有关

处于不同位置的国家产业升级的潜在路径不同,企业知识积累、长期能力投资和企业家的选择与发现十分关键,产业政策如果顺势而为也可以发挥积极作用。

图 5.4 显示了波兰和土耳其产品空间的演化过程,两者都在原来产品空间里的优势产品附近演化出许多新的优势产品,但波兰在产品空间中部更为密集,一部分边缘上的优势产品消失了;土耳其在产品空间中部仍显得较为稀疏,但原有优势产品大都还继续保持。

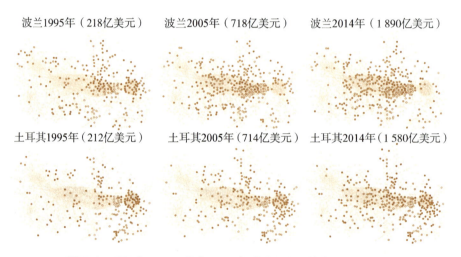

图 5.4　1995 年、2005 年和 2014 年波兰和土耳其产品空间分布

数据来源:http://atlas.cid.harvard.edu/,访问时间:2018 年 12 月。

(三) 后发经济体与发达经济体相似发展阶段优势产业的对比

后发经济体可以借鉴发达经济体的成功发展经验,沿着类似国家产业升级走过的路线进行产业升级;也可以吸取一些国家的教训,降低失败的风险。

图 5.5 是越南 2014 年和韩国 1995 年产品空间分布情况,从图中可以发现两者有许多相似之处。如果越南能成功借鉴韩国的发展经验,不断发现新的机会,实现比较优势不断演进,就有可能实现产业升级。

图 5.5　越南 2014 年和韩国 1995 年产品空间分布

数据来源：http://atlas.cid.harvard.edu/，访问时间：2018 年 12 月。

对中国而言，由于经济和出口体量过大（见图 5.6），整体上已经很难找到合适的可比对象。国外学者发现，中国出口产品复杂度已经接近高收入国家水平，经济复杂度排名也比较靠前，但却没有达到应该达到的收入水平（Rodrik，2006；Hausmann et al.，2007；Schott，2008），有人认为这主要是受加工贸易方式占比较高的影响（Amiti and Freund，2008）。其实，中国一些省份从经济和出口体量上看已经与全球较大的经济和出口经济体接近，可以通过分省构建产品空间的方法进行对比研究。

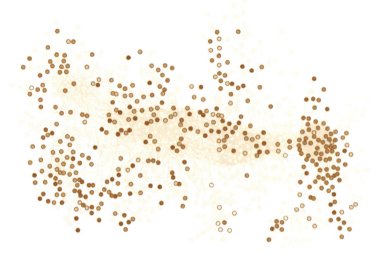

图5.6 中国2014年产品空间分布（23 000亿美元）

数据来源：http：//atlas.cid.harvard.edu/，访问时间：2018年12月。

（四）一个经济体的进口在产品空间中的位置

如果说具有比较优势的出口产品代表一个经济体制造能力及其具备的知识，那么某些重要进口产品就有可能代表其不具备但又需要的能力和知识，在这些产品上实现"定向追赶"（参与国际市场竞争、不断提升竞争力，而不是保护下的"进口替代"）也是一种可能的产业升级路径。当然，按照前文所述的产品邻近性概念，在已有产品和这些产品之间，可能存在较大距离，一时难以跨越；但两者之间如果存在一种或几种"搭桥"产品，这些产品则可能构成产品升级的"阶梯"。目前在国内外文献里还没有发现这方面的研究，这里仅提出一个未来研究的设想。

二、用产品空间进行产业扫描，观察"腾笼换鸟"

将海关进出口HS 4位编码1 200多种产品按产品空间原理生成一张可视化网络图，每个点代表一种产品，其中颜色较深的点为该地区具有比较优势的产品（RCA>1），颜色较浅的点为不具有比较优势的产品。用产品空间刻画一个地区的产业竞争力状况和发展趋势，可以更直观和精细（1 200多种产品）地反映一个地区的产业竞争优势。

图 5.7 左上方为中国广东省 2012 年的产品空间，右上方为韩国 1995 年的产品空间，两者直观上十分相似：比较优势（颜色较深的点）集中于标注为 a 和 c 的两个区域，主要为纺织服装和电子类产品。右下方为韩国 2014 年的产品空间，可以清晰地看到，在总量变化不大的情况下（1995 年为 198 种，2014 年为 188 种），区域 1 颜色较深的点明显减少（由 1995 年的 62 种下降为 2014 年的 21 种），区域 2 颜色较深的点明显增多（由 1995 年的 33 种上升为 2014 年的 72 种），区域 3 颜色较深的点基本不变（由 1995 年的 47 种下降为 2014 年的 40 种），其他区域也基本没有太多变化（由 1995 年的 56 种下降为 2014 年的 55 种）。分别对上述三个区域各年度各个产品演变趋势进行观察，可以细化描述"腾笼换鸟"、产业升级的过程。其中，区域 1 主要是"腾笼"的过程，区域 2 主要是"换鸟"的过程，两者可理解为产业结构升级；区域 3 主要是保持优势，可理解为产业内升级。由此自然可以联想到，韩国的经历是否可以作为广东省产业升级的借鉴？未来 10—20 年，广东产品空间是否可以演化为韩国当前的结构？由此，广东的经济发展水平（人均 GDP）是否也可以达到或超过当前韩国的水平？

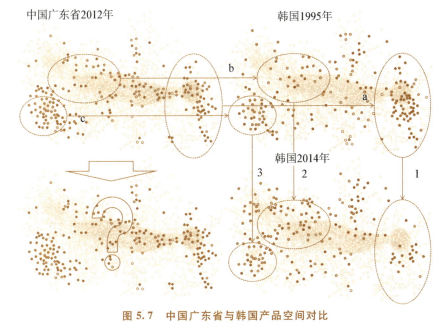

图 5.7 中国广东省与韩国产品空间对比

数据来源：广东的数据基于中国海关数据绘制；韩国的数据来自 http://atlas.cid.harvard.edu/，访问时间：2018 年 12 月。

根据产品空间理论，产品是知识的载体，产品创新有赖于知识积累和跃进，因此产业升级存在路径依赖。虽然广东不能照搬韩国产业空间和比较优势演化的经验，但通过对韩国的分析可以发现一些路径依赖的规律，为更好地理解产业升级提供更丰富的视角和知识。

使用产品空间研究方法可以更好地刻画和描述一个地区的产业升级过程，如果与相似经济体进行历史比较，可以更好地推测判断产业升级的方向和路径。我们借用现代医生诊疗的方式和概念，提出类似的"产业诊断"（"诊断"在企业管理咨询领域是常用的概念）方法，具体是：

步骤一（扫描）：利用中国海关分省出口数据，对其处理后生成某省产品空间；

步骤二（诊断）：与历史上相似发展阶段的经济体产品空间进行比对和趋势分析；

步骤三（处方或对策）：综合判断路径依赖和潜在优势，按产品类别提出产业升级建议。

与过去研究和分析产业升级的方法相比，我们在描述一个地区的产业现状和特征方面有了新的工具，该工具建立在数据处理技术的基础之上，使更细致、精确、直观的描述成为可能，如同医疗诊断中的透视和扫描。

（一）区域1："腾笼"过程

图5.8显示了图5.7韩国产品空间区域1中产品比较优势的演变过程，其中具有比较优势的产品，1995年有62种，2000年下降到49种，2005年还有30种，2014年仍有21种。十年减少一半，但二十年后仍存1/3。可以清晰地看出，"腾笼"是一个长期、渐进甚至比较缓慢的过程，后期结构将趋于稳定，一些产品仍会保持比较优势。通过观察出口金额可以发现，即使失去比较优势的产品出口金额和出口份额会明显下降，但并没有彻底从出口名单里消失。可见，"腾笼"并不意味着"腾空"。

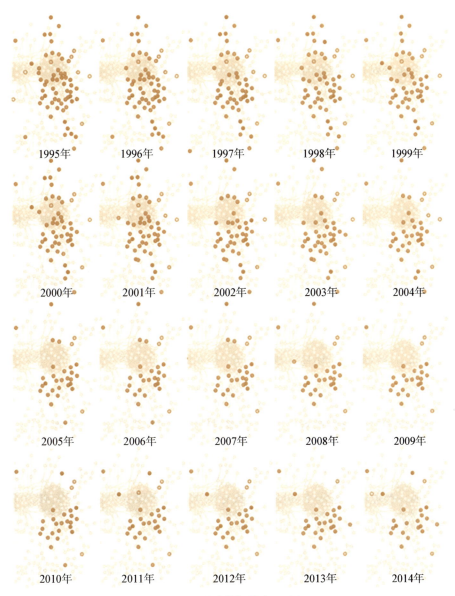

图 5.8 "腾笼"的直观过程

数据来源：http://atlas.cid.harvard.edu/，访问时间：2018 年 12 月。

从二十年的产品比较优势演化轨迹看，服装鞋帽类产品较快失去竞争优势，但纺织品及服装配件，甚至小到纽扣、拉链等产品，依然长期保持竞争优势，没有被淘汰。那么，什么产品会被淘汰，什么产品会继续保持竞争优势？目前常见的说法是：劳动密集型产品会被淘汰，资本或技术密集型产品则会继续保持竞争优势；低端产品会被淘汰，中高端产品则会保持竞争优势。至于具体是什么产品，答案留给了企业，企业只有不断试错才有可能找到升级的方向。

产品空间描述的出口产品网络结构包含了产品复杂度的概念和方法，并计算了每年全球贸易产品的复杂度，根据复杂度对1 200多种产品进行了排序。图5.8中较早失去比较优势的产品，往往产品复杂度排名较低；仍保持比较优势的产品，复杂度排名比较高。韩国过去二十年的经验表明，产业升级实际上是沿着产品复杂度的轨迹进行产品升级。产品复杂度越低的产品，越容易失去比较优势；产品复杂度较高的产品，可以保持长期竞争优势，不宜过早淘汰。利用产品复杂度分析产业升级的好处是，可以对上千乃至更多的具体产品进行分析并做出判断。当然，利用产品复杂度进行判断也不是绝对的，只是提供一个经验上的参考，应尽量避免"一刀切"。

（二）区域2："换鸟"过程

图5.9显示了图5.7韩国产品空间区域2中产品比较优势的演变过程，其中具有比较优势的产品，1995年有33种，2000年上升到39种，2005年有54种，2010年有64种，2014年达到72种。第一个五年增加6种，第二个五年增加15种，第三个五年增加10种，随后4年增加8种。这似乎表明，产业升级起步十分困难，只有积累到一定程度才会有所突破，而一旦突破瓶颈将会步入快车道。

从图5.9中可以清晰地看出，与"腾笼"一样，换鸟也是一个长期、渐进的过程，甚至更难把握，中间也会有反复。这反映出企业和产业在市场竞争中不断试错、积累经验和知识的过程，直至形成比较稳定的比较优势格局。

从二十年的产品比较优势演化趋势看，各类产品大都是在原来具有比较优势产品的基础上不断发展演化而来的，其中有些产品经历了试错的过程。在产品空间分布上，表现为产品比较优势向相邻产品扩散，使得该区域具有比较优势的产品越来越密集。

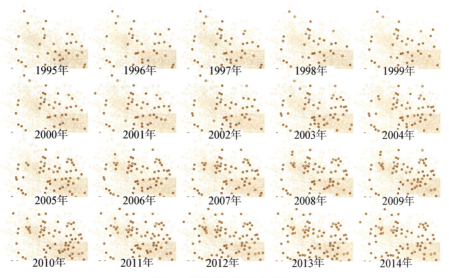

图 5.9 "换鸟"的直观过程

数据来源:http://atlas.cid.harvard.edu/,访问时间:2018 年 12 月。

上文分析区域 1 "腾笼"过程时,发现产品复杂度越低的产品,越容易失去比较优势;产品复杂度较高的产品,可以保持长期竞争优势,不宜过早淘汰。区域 2 中"换鸟"产品复杂度总体上比区域 1 "腾笼"的产品要高很多,且在不断上升。产品复杂度对判断产品升级具有现实的指导意义,可以以当前具有比较优势的产品为基础,向相邻复杂度更高的产品方向进行升级。

与平常以发展"战略性新兴产业"的思路来指导"换鸟"相比,用产品空间和产品复杂度进行分析得到的结论会更直接、更具体,与地方和企业已有产业基础结合会更紧密。实际上,"战略性新兴产业"是个很模糊的概念,如果具体到产品,大多是更新换代或功能转移,或多或少依赖于已有企业的知识和能力积累。"战略性新兴产业"既面临现有产品(往往成本更低)的竞争,又面临不同技术路线新产品的竞争,竞争更为激烈,需要本地进入的企业形成和巩固竞争优势才能发展起来。显然,有知识积累的企业更容易形成竞争优势。作为后发追赶者,在已有知识积累基础上发展相关的复杂度更高的产品(更少生产者),比进入完全陌生领域成功的概率更高。

(三) 区域3：始终保持优势

图5.10显示了图5.7韩国产品空间区域3中产品比较优势的演变过程，其中具有比较优势的产品，1995年有47种，2000年有44种，2005年有42种，2010年和2014年均有40种。与区域1和区域2相比，变化不大。从图5.10中可以清晰地看出，过去二十年中该区域产品的比较优势始终保持稳定。但稳定的格局并不意味着产业没有升级，恰恰相反，本区域的电子信息产品是技术变化最明显的产业之一。同样一种产品，2—3年就有可能更新换代，新的企业有可能取代原有企业，国际竞争十分激烈。本领域的产业升级表现为能跟上全球产业的变化趋势，在已有领域内不断适应新的变化。有许多研究和文献关注这一类型的产业升级。

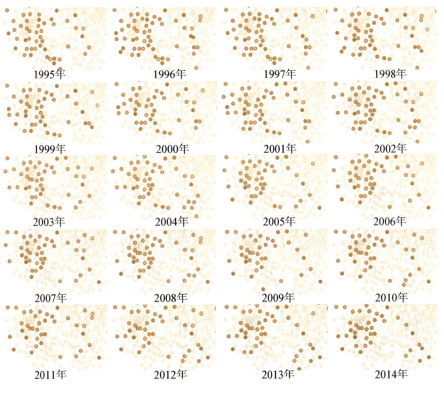

图5.10　始终保持比较优势的产品空间

数据来源：http://atlas.cid.harvard.edu/，访问时间：2018年12月。

(四) 尝试用产品空间给出产业升级诊断和建议

广东省当前产品空间中具有比较优势的产品格局与 15—20 年前的韩国十分相似，具有比较优势的产品有 280 种左右。以纺织服装和电子产品为主的两个区域（区域 1 和区域 3）比较优势产品较密集，其他区域比较优势产品较稀疏。参照韩国发展经验，"腾笼换鸟"的路径应当是：（1）逐步减少区域 1 中复杂度较低的产品，尽量维持复杂度较高的产品；（2）逐步发展其他区域与已有比较优势产品邻近的复杂度更高的产品；（3）紧跟技术变化，稳定区域 3 中的产品。当然，这里只是给出基于经济性评价的建议，基于环境、安全、劳工保护等标准的要求是"底线"，在此之上才考虑比较优势和正常的竞争优势。

1. 区域 1

在该区域目前广东的出口比较优势产品与韩国当年十分相似，成品服装、鞋帽居多（HS6001、HS6103—6117、HS6203—6204、HS6210—6213、HS6401—6406、HS6505—6507），纺织以棉织物为主（HS5208—5211），还有部分轻工（HS6601—6603）和陶瓷制品（HS6907—6911），等等。根据上文分析的韩国产业升级经验，该区域主要趋势大致是经过 10 年乃至更长时间，服装鞋帽逐步失去比较优势，而一些纺织面料和服装鞋帽零配件等产品复杂度较高的产品可能还会继续保持比较优势，向其他接受产业转移的地区提供部分上游产品。

2. 区域 3

该区域是目前广东出口比较优势产品最密集且金额占比最大的区域，仅电话、移动电话（HS8517）一种产品即占全部出口额的 12.6%，其 RCA 为 10.5。当然，这种过度依赖少数产品的结构不利于长期发展。该区域产品升级主要是跟上技术发展趋势和行业发展节奏，尽量保持和延续比较优势。

3. 其他区域

根据已有优势产品基础发展复杂度较高的相关产品，主要依靠企业家判断和试错。产业升级实际上是企业长期投资行为的结果和表现，没有长期的知识积累，仅凭一腔热情并不能实现产业升级。产品空间直观地显示了一个国家和地区产品升级的起点和升级路径，其背后是知识的积累、扩散和新知识的形成，特别是难以转移的隐性知识，遵循特殊规律，是决定升级成败的关键。政策尤其是产业政策如果不顾这些特殊规律，可能达不到预期目标，甚至用力过猛导致产业升级失败。

三、着力提升标准和制度质量，疏解质量"转换成本"，促进质量升级

从产品空间上看，中国东部发达省份已经解决了产业和产品"有没有"的问题（有许多产品已经有了，但还未形成国际竞争优势），产业升级的重点是解决"好不好"的问题。从路径上看，重点可能并不是由一种产业或产品转向另一种产业或产品（某种意义上的结构调整或价值链升级），而是把已有的产业和产品继续做好，把已经能做但还没有优势的产品和产业做出优势来，不断攀登产品"质量阶梯"，即"质量升级"。其政策含义是，在国家各类大的战略规划方向下，地方需要具体评估本地已有的产业优势，尤其是企业家和人力资本特征，以提升竞争力为导向发展地方优势产业。

（一）以质量升级为主推动产业升级

产品空间的一些研究结果也认为，中国产品制造能力不断提升，已经进入良性循环并处于较好位置。在这种情况下，强有力的不当干预反而会打乱企业和产业的正常升级过程，造成制造业空心化、服务业虚假繁荣的严重后果。在"怎么升"的问题上，政府宜适当后退，把促升级的着力点放在环境、安全尤其是质量标准上。

产品质量是一个被广泛使用的概念，却又是一个看不见、摸不着、难以测量的指标。在新新贸易理论中，产品内贸易就是因为产品质量差异而产生的。而如何测量质量，目前仍是一个学术难题。通常将产品价格或单

价作为衡量质量的一个指标，同类商品，如果单价越高，意味着质量越高。但两者变化在多数情况下并不必然成正比，而且价格除包含质量因素外还包含制造成本因素，显然两者不能直接映射。

质量阶梯是指产品质量提升并不是连续平滑的，而是离散跳跃的，这样产品会有明显的代际差异和明显的升级换代。产品质量差异的幅度在不同产品间是不同的。有的产品，从最好质量到最差质量间的变化范围大，即产品质量阶梯"长"；有的产品，从最好质量到最差质量间的变化范围小，即产品质量阶梯"短"。质量阶梯长的产品，单价与质量有一定相关性；质量阶梯短的产品，单价难以反映质量。在长质量阶梯和短质量阶梯上发达国家和发展中国家产业竞争的状况不同：在长质量阶梯上，发达国家可以利用技能、资本、技术等比较优势要素，始终占领质量阶梯的高端位置；在短质量阶梯上，产品难以升级，发达国家会直接面对来自发展中国家的竞争。

不同产业的升级压力和升级空间是不一样的，质量阶梯的长短影响技术创新活跃度，也影响不同国家的技术差距和技术追赶的重点及路径。"弯道超车"固然是一种可能和美好的理想，但绝大多数产品升级和技术创新都是在已有基础上的不断改良。当前中国产业升级的重点是质量升级，即持续攀登质量阶梯，企业创新应该考虑"够得着"或"跳一跳够得着"。

当前关于中国产业升级的讨论，主要集中在要素供给和资源配置这两个角度，侧重于技术升级和价值链升级，强调"自主创新"。发展中国家的本土企业，以巨大的本土市场为后盾，一般会从产品质量阶梯的低端细分市场切入，在与跨国公司争夺中端的过程中提高竞争力，向质量阶梯的高端升级。需求因素同样重要，不同层次细分市场的需求是产业升级的动力。促进产业升级的政策要同时考虑需求和供给的影响，然而有些限制性的政策，要么在供给侧限制了企业获得升级所需资源的机会，要么在需求侧抑制了企业升级的动力。无意之间，政府拆掉了企业升级阶梯上的必要踏板。限制进入、抑制竞争和所有制歧视等所谓产业政策，必须得离场了。

促进产业升级，必须发挥市场在资源配置中的决定性作用，而更好发挥政府的作用就必须将政府作用限定在两个领域：一是对产业负外部性加强治理，特别是要加大环境污染治理力度；二是大力提供具有正外部性的公共产品，尤其是提升人力资本。前者是标准升级的问题，要按照国际标准不断提升国内标准，能与国际标准接轨的尽量采用国际标准，促进国内销售产品质量达到出口产品质量要求，鼓励企业采用更高的质量标准，提升整个经济的质量水平。后者是制度升级的问题，不断完善法治的市场经济制度体系，该保护的全力保护起来，该打击的全力打击，稳定企业家预期，增强消费者信心，着眼制度质量，用事实和实例体现制度的优越性和可信任度。

（二）着力疏解由低质量到高质量的"转换成本"

产品由低质量向高质量升级过程中，消费模式、上下游产业链和相关体制政策都面临转变，通常会产生三类转换成本：消费者转换成本、产业链转换成本和制度转换成本。转换成本会锁定市场、影响进入，导致劣币驱逐良币，制约质量升级。

消费者转换成本会锁定市场，影响高质量产品进入。消费者转换成本（customer switching costs，Klemperer，1987）是指消费者改变购买惯性而产生的成本，是购买价格之外的额外支出、代价或损失。消费者由低质量产品转向高质量产品，面临许多不确定性、信任问题和额外成本。转换成本的普遍存在，降低了消费者购买高质量产品的倾向。转换成本让制造低质量产品的在位厂商获得一定程度的市场力量，能够"黏住"甚至"锁定"消费者，阻碍新的生产高质量产品的厂商进入。

高质量产品往往都是创新产品，价格高于已有的产品，转换成本会降低消费者购买创新产品的倾向。全新的创新产品进入市场时，消费者将面临风险型转换成本，通常更愿意选择经过时间检验的成熟产品。功能替代型创新产品，如节能家电、节水器材、环保家居材料等，功能升级型创新产品，如新一代移动通信、数字高清电视等，对于这两类产品，大多数消费者会面临能否"以旧换新"和能否兼容的问题，往往因为在用产品弃之可惜而不愿购买新产品。越是普及率高、购买不久的可替代产品，转换成本越高。创新产品进入市场初期由于没能形成规模经济，且成本本身就高，难以和已有产品竞争，再加上消费者转换成本高，更缺少价格竞争力，仅靠价格竞争难以吸引足够消费者。

消费者转换成本还会阻碍新的厂商进入。转换成本对创新和升级的影响取决于市场结构，如果行业竞争性强，则对在位厂商的改良创新有积极影响，在位厂商能够通过不断升级产品，促使"锁定"的消费者重复购买来获得收益；如果行业竞争性不强，在位厂商就没有创新和升级的动力。转换成本的存在不利于新进入厂商，在位厂商容易通过低价销售、积分计划等手段进一步"锁定"客户，进而为新进入者设置门槛。在汽车行业，传统汽车企业不断推出经济型、节油型燃油汽车，一方面确实实现了产品改良创新，另一方面也让新能源汽车进入市场变得更加困难。

产业链转换成本锁定技术路线，阻碍产业升级。产业链转换成本是新旧产业更替中上下游产业的机会损失和追加投资。产业上下游分工合作形成产业链，已有的产业都已形成完备产业链，终端产品质量升级需要相关零部件和配套产业的升级，实际上是整个产业链条的质量升级。质量升级需要上下游配套支持，由于上下游企业存在资产专用性，关键技术路线的改变会给这些企业造成损失，过去的投资成为沉没成本，这就是产业链转换成本。产业链转换成本影响技术路线。我们通常认为，提高某个产品质量的关键和抓手是突破关键技术。但产业链转换成本的存在，导致某些企业即使突破了一些关键技术，高质量产品也生产不出来。质量升级是产业链的整体升级，产业链越长，转换就越困难。

制度转换成本导致质量升级投资不足。制度转换成本主要是产业质量升级过程中社会要承担的风险和管理模式转型的代价。要实现高质量发展，各种要素需要重新组合，这个过程中会产生各种不稳定因素及风险。过去已经形成的发展模式具有很强的惯性，甚至已经产生路径依赖，不改变还能维持一段时间、保持一定增长，改变却不一定能发展起来，有很大的不确定性。由低质量到高质量，政府管理模式需要转型，需要有一段适应期和试错期。制度转换成本高则社会对质量升级的预期较低，影响企业投资改造的规模和力度。

疏解转换成本是促进质量升级的政策着力点。企业是产业升级的主体，政府应致力于为企业构建有利于转型升级的市场环境，这一点已逐渐成为各界共识。由低质量到高质量的转换成本具有外部性特征，更涉及利益调整，在转换成本较高的领域，需要政府有所作为，疏解转换成本要靠政府。国外的研究表明，消费者转换成本普遍存在，一般情况下不需要政府干预，除非企业利用被锁定客户限制竞争。但在质量升级过程中，由于消费者转换成本不利于新的市场主体进入，政府需要采取一定措施，以促进高质量产品扩大市场份额。新的进入者要"解锁"客户，就得为转换成本买单。同时，产业链转换成本和制度转换成本是企业无力疏解的，所以更需要政府有所作为。

可以用鼓励竞争、"花钱买机制"的思路疏解转换成本。政府有能力在标准设定上降低消费者转换成本，从源头上阻止劣质产品进入市场，促进质量升级。在位厂商转换成本较高，质量升级积极性有限，只有引入新的竞争主体，才有可能打破既有格局，促进产业转型和升级。发展新兴产业与推进一些重点行业的体制改革、打破垄断、引入新的竞争主体密不可分，当前的重点是整个产业链条各个环节都要强化竞争，解决行业发展上下游不匹配的问题。推进改革要评估制度转换成本，"花钱买机制"。制度转换成本是制约改革的因素，也是推进改革的抓手。要对改革成本即制度转换成本进行评估，对一些损失进行合理补偿，建立起利益疏导机制，有利于形成由低质量到高质量顺利转换的体制和机制。

执笔人：肖庆文

参考文献

Brandt, L. and Thun, E., 2016, "Constructing a Ladder for Growth: Policy, Market, and Industrial Upgrading in China", *World Development*, 80: 78-95.

Grossman, G. M. and Helpman, E., 1991, "Quality Ladders and Product Cycles", *The Quarterly Journal of Economics*, 106 (2): 557-586.

Hausmann, R. and Hidalgo C., et al., 2011, "The Atlas of Economic Complexity-Mapping

Paths to Prosperity", http://atlas.cid.harvard.edu/media/atlas/pdf/HarvardMIT_AtlasOfEconomicComplexity.pdf, 访问时间: 2019 年 1 月。

Hausmann, R., Hwang, J. and Rodrik, D., 2007, "What You Export Matters", *Journal of Economic Growth*, 12 (1): 1-15.

Hausmann, R. and Klinger, B., 2006, "Structural Transformation and Patterns of Comparative Advantage in the Product Space", CID working paper, No. 128.

Hausmann, R. and Klinger, B., 2007, "The Structure of the Product Space and the Evolution of Comparative Advantage", CID working paper, No. 146.

Hausmann, R. and Rodrik, D., 2003, "Economic Development as Self-Discovery", *Journal of Development Economics*, 72 (2): 603-633.

Hidalgo, C. and Hausmann, R., 2009, "The Building Blocks of Economic complexity", *Proceedings of the National Academy of Sciences*, 106 (26): 10570-10575.

Hidalgo, C., Klinger, B., Barabasi, A. L. and Hausmann, R., 2007, "The Product Space Conditions the Development of Nations", *Science*, 317: 482-487.

Khandewal, A., 2010, "The Long and Short (of) Quality Ladders", *Review of Economic Studies*, 77 (4): 1450-1476.

Klemperer, P. D., 1987, "Markets with Consumer Switching Costs", *The Quarterly Journal of Economics*, 102 (2), 375-394.

Kraemer, K. L., Linden, G. and Dedrick, J., 2011, "Capturing Value in Global Networks: Apple's iPad and iPhone", http://pcic.merage.uci.edu/papers/2011/Value_iPad_iPhone.pdf, 访问时间: 2018 年 12 月。

第六章

平台经济：发展精要及政策含义

　　平台是实现关联方连接与互动的载体及媒介，平台有着共同的架构，并营造着自身的商业生态系统。平台化是群体共同发展的利器。通过产业平台化可以获得强大的网络效应，促进相关利益群体的共同发展。

　　产业平台可实现产业聚合发展，产业平台化发展的关键在于产业平台的吸引力，其潜力取决于平台群体参与的深度与广度，其重点在于产业生态系统建设。

　　对于产业平台化发展：一要予以高度重视，二要推进产业平台化发展的接口标准化，三要扶持平台产品和平台技术创新，四要强化产业平台的规制与监管，五要制定促进产业平台化发展的平台政策。

近年来，平台研究作为一个新兴领域受到了经济学界与管理学界的广泛关注。平台在20世纪90年代首先成为美国管理学者研究的重点，在21世纪初被法国学者引入产业经济学从而获得快速发展，目前平台理论初成体系，并且成为经济学与管理学的双重研究热点。国际上对平台的研究主要围绕产品平台、产业平台及双边市场平台展开。本章系统梳理了国际上经济学与管理学领域平台研究的相关理论文献，对平台研究20年来的进展情况，包括研究起源、关键学者、研究重镇及基本观点进行了简要回顾；并针对平台研究的侧重点，包括平台的定价、竞争、管理、规制等关键问题进行了系统总结。

一、平台研究国际进展与侧重点

（一）平台日益成为重要的经济模式

"平台"（platform）对于2000年的国际学界与业界来说，都还陌生，而现在却已成为使用泛滥之词。① 平台概念迅速走红，不排除跟风与夸大的因素，但也反映了一个不争的事实：平台日益成为重要的产品生产模式、商业模式、产业发展模式，而且平台企业越来越多，平台业务增长迅猛，对人们生活的影响日趋巨大。② 目前，全球市值最高的五家公司全是平台企业。③ 全球最大的零售电子交易平台阿里巴巴2003年总交易额只有

---

① "有趣的论文，但不要把'平台'这个词放在标题中，没人知道它的意思。"这是麻省理工学院（MIT）的一位教授于2000年看完安娜贝拉·加威尔（Annabelle Gawer）博士毕业论文的第一反应。……如果现在还有人劝安娜贝拉·加威尔女士少用该词，理由却相反：用得太多了。[出自2016年5月21日出版的《经济学人》（The Economist）刊载的《商圈反击》（The Emporium Strikes Back）一文的开头文字]。

② 全球最大的社交平台脸书2004年还只是哈佛大学学生间联系的工具，现在全球每月活跃用户数量高达17.9亿人，约占全世界总人口的1/4。

③ 截至2016年9月20日，全球市值最高的五大公司以美元计分别是苹果（6 092亿美元）、谷歌（5 434亿美元）、微软（4 488亿美元）、亚马逊（3 969亿美元）和脸书（3 683亿美元），全是平台型公司。伯克希尔·哈撒韦、埃克森美孚、强生、通用及AT&T等位居第六席至第十席。

2 200 万元人民币，2018 年总交易额高达 5.727 万亿元人民币，大大超过全球最大零售企业及传统零售商业模式典范的沃尔玛年度营业额，2019 年 5 月底全球活跃买家总数接近 6 亿人，这标志着至少在零售业领域，"平台模式"已超越传统模式。

平台模式正迅速改变着人类社会的方方面面，日益成为重要的经济模式，如以优步为代表的叫车平台正改变着人们的出行模式，以空中食宿（Airbnb，又译为"爱彼迎"）为代表的房屋短租平台颠覆着人们的投宿模式，以维基百科为代表的朋辈生产平台正成为知识创造的新模式（钱平凡和钱鹏展，2016）。可以说，人类社会正经历着平台革命（Parker et al.，2016），世界已迈入平台化时代（Simon，2011）。

（二）管理学研究平台的进展与侧重点

哈佛大学的 Wheelwright 和 Clark（1992）最早将平台概念引入产品设计领域。产品平台的含义为：企业通过增、减或修改模块来制造一套相关而各异的产品时所共用的部件的基础，目的是降低成本，增加新产品设计的灵活性，实现规模经济和范围经济。美国东北大学的 Myer 和 Lehnerd（1997）提出了横向衍生、纵向衍生、综合衍生的产品族衍生图谱，以及产品平台世代更新的基本原则，奠定了产品平台研究的理论基础。产品平台研究的侧重点是企业内产品平台规划与设计，主要是工程领域学者在进行研究。

麻省理工学院迈克尔·A. 库斯玛诺（Michael A. Cusumano）教授，伦敦帝国学院安娜贝拉·加威尔助理教授在对丰田、英特尔、微软等企业的案例研究中，进一步扩大平台概念的应用范围，将平台概念引入供应链之间或企业之间，相应称之为供应链平台或产业平台（Gawer and Cusumano，2002）。他们借鉴 Moore（1993）提出的商业生态系统思想①，界定了产业平台的概念：产业平台是一项产品、服务或技术，由一个或数个企业研

---

① Moore（1993）借鉴生态系统的概念，首次提出了"商业生态系统"（business ecosystems）的概念，强调商业生态系统各主体之间就像捕食者和猎物一样，存在相互共生、共同演化的关系。

发，作为其他企业创建补足品、服务和技术的基础。产业平台是商业生态系统的基石①，不仅为商业生态系统创造价值，更要与商业生态系统中的其他成员共创与共享价值。产业平台具有持续性和集中性，虽然产业结构在不断变化，但产业平台本身却保持相对稳定。产业平台研究对象已经覆盖了英特尔、微软、苹果与亚马逊等著名企业。

产业平台研究的核心问题是新企业如何建立产业平台及如何激励补足品的创新，从而获得规模经济与范围经济。不是所有产品都可以成为平台，安娜贝拉·加威尔提出产品转变为产业平台的两个前提条件：第一，是否在整个系统中承担必不可少的功能，或者为行业中的众多参与者解决关键性的难题；第二，是否能够很容易地与其他企业的产品、组件或服务相对接。初创企业建立平台的重要策略是核心化（coring），即解决系统类产品的主要技术问题，并创建维持对补足品提供商的激励，其途径是"开放、但不完全开放"，既鼓励外部企业与其进行连接，但又封闭部分专利技术，以获取利润，谷歌、高通（Qualcomm）都是成功核心化的典范。

安娜贝拉·加威尔提出"步步为营"（tipping）策略帮助企业赢得平台竞争，具体包括：第一，开发出吸引客户眼球的"杀手级应用"，如苹果公司推出 iPhone 这一"杀手级应用"吸引了大量忠诚用户；第二，利用强势的市场地位，通过搭售（tying）、捆绑（bundling）等平台包络（platform envelopment，Eisenmann et al.，2011）②策略进入相关市场；第三，对采用者提供经济激励，或提高一边市场的补贴以吸引另一边；第四，成立战略联盟。

---

① Keystone 常被翻译作"基石""要旨"，都不能很好地表达英文原意，网络核心型企业（keystone）含义就是这里所指的企业平台：网络核心型企业占据着具有广泛联系的网络中心位置，为创造更多的利基市场提供基石，它们调整生态系统成员之间的各种联系，并致力于增进整个系统的多样性和生产率。网络核心型企业提供了一个稳定的、具有可预见性的、生态系统的其他成员可赖以生存的平台。

② 平台包围或平台包络指的是已经积累起用户资源的平台提供者，将多个平台捆绑在一起，并囊括了单一平台的功能，充分利用平台共享用户关系和共同组件来打败单一功能平台，微软通过捆绑 Windows Media Player（微软设计的一款播放器）与 RealNetwork 公司竞争就是平台包围的典型案例。

迈克尔·A. 库斯玛诺认为那些深受数字技术和网络效应影响的企业，要么走向基于平台的竞争，要么成为另一家产业平台的补足品提供者。① 产业平台需要四大杠杆来保持平台地位：一是确定公司的业务范围，即明确由公司内部制造补足品，还是由市场生产补足品；二是制定产品技术战略，包括产品模块化的程度，平台接口（access）的开放程度，以及平台领导向其他公司透露信息的程度；三是与外部补足品开发商形成友好关系，刺激补足品不断对接到平台上来，实现群体性的创新；四是优化内部组织结构，从产业平台而非企业的角度设计组织结构，以保持平台企业的领导地位。马尔科·扬西蒂和罗伊·莱维恩（2006）指出对平台的良好管理非常重要，一是需要提供一般问题的解决方案，二是在执行系统与界面设计之间寻求平衡，三是有选择地开放平台，以平衡分散化创新与控制的需要，四是积极塑造商业生态系统。② 戴维·S. 埃文斯和理查德·施马兰西（2011）通过大量的案例总结，针对平台成长的问题，提炼出平台发展框架的六步法，分别是识别平台社区、确立价格结构、设计成功的平台组织、聚焦于获利能力、策略性地同其他平台企业相竞争、试验和演进。③

（三）经济学研究平台的进展与侧重点

2003 年，法国图卢兹大学产业经济研究所的著名产业经济学家发表了《双边市场的平台竞争》（Platform Competition in Two-sided Markets）一文，将规范的经济学方法引入双边市场平台研究（Rochet and Tirole, 2003）。双边市场平台（two-sided market platform）的含义为市场上拥有不同需求的

---

① 对新时代下的战略与创新法则，尤其是平台所起的作用，可以参见迈克尔·A. 库斯玛诺的著作 Staying Power: Six Enduring Principles for Managing Strategy and Innovation in an Uncertain World，该著作已经于 2013 年被科学出版社译介到中国，中文书名为《耐力制胜：管理战略与创新的六大永恒法则》，系统介绍了平台、服务、能力、拉动、范围、柔性六大法则。

② 《共赢：商业生态系统对企业战略、创新和可持续性的影响》这一中文书名并不能很好地反映研究对象即网络核心型企业的优势（keystone advantage），网络核心型企业的实质是生态系统中的平台。

③ 《触媒密码：世界最具活力公司的战略》这一中文书名从字面上看不出是研究平台的书籍，容易被国内读者忽略，在书中触媒的实质就是平台。

双边进行交易和互动的媒介或载体。双边市场平台最早的研究对象是信用卡，然后扩展到电信、购物中心、社交网络、电子商务等看似不相关的研究对象。由于双边市场平台通常具有比较强的网络经济性，所以还吸引了许多经济法学家的加入，以研究双边市场平台的市场规制及其反垄断问题。

双边市场通过平台实现互动，戴维·S.埃文斯和理查德·施马兰西（2011）以触媒（catalyst）指代平台所发挥的效应，认为双边市场平台具有如下基本特点：一是有两组或更多组顾客群体，二是这些群体在某种程度上相互需要，三是这些顾客群体不能依靠自身力量获取来自他们之间相互吸引的价值，四是这些顾客群体相互依赖某种平台来推动他们之间的价值创造。平台双边之间存在的直接和间接网络效应是双边市场迥异于其他市场的典型特征，因为只要没有一方的需求，那么另一方的需求也会消失，在理论界被视为"鸡生蛋还是蛋生鸡"难题。如何破解"鸡生蛋还是蛋生鸡"难题就成了双边市场平台研究的焦点。考虑到价格机制的基础性调节作用，很多学者从定价策略着手进行了深入研究。

Rochet和Tirole（2003）综合了网络外部性理论和多产品定价理论，开创性地建立了双边市场平台竞争的基本模型，分析平台治理结构（营利或非营利）、平台差异化、平台以销量为基础定价的能力、平台兼容性等因素是如何影响平台的价格结构及其商业模式的。结果表明，不论是垄断还是竞争性平台，价格结构设计的目的是吸引双边加入平台。一边多属数量越多，价格越有利于单属的一边。Armstrong（2006）建立了垄断平台，平台双边单属（single homing），平台一边单属、另一边多属（multi-homing）三种模型，发现交叉网络外部性的大小、平台是收取固定费用还是按照每次交易收费、双边是单属或多属等因素会影响均衡价格。Weyl（2010）用双边用户的参与率而不是价格结构作为分析的出发点，把用户偏好与异质性引入双边市场平台定价模型，比较了庇古定价（Pigouvian pricing）、利润最大化定价、拉姆齐定价（Ramsey pricing）三种定价机制，并对价格规制的效果进行了预测。戴维·S.埃文斯和理查德·施马兰西（2011）通过对不同平台定价机制的总结，强调了以下平台定价原则：为准入和使用分别设立价格、设定价格以平衡来自双边的需求、起初的定价要为以后的缓慢增长留有余地、为顾客的加入而报答顾客、定价要考虑长期利润。

平台之间的竞争和合作也是学者们关注的焦点，尤其是平台可能导致的垄断问题受到特别的重视。美国诉微软搭售 IE 浏览器、欧盟调查维萨（VISA）和万事达（Master Card）收费规则等都是其中的典型案例。双边需求的依赖和互补性、交叉网络外部性、价格结构非对称性等特征给双边市场的反垄断界定和执行带来了很大困难，甚至提出了原则性的挑战。Schmalensee（2002）推导出在发卡行和收单机构双边均处于垄断地位情形下，联合设定的交换费（interchange fees）是系统交易量最大，也是社会福利最大化的。Fiedler（2010）在界定卫星电视双边市场的前提下，证明卫星网络提供商通过制定使得所有参与者福利最大化的价格来实现自身利润的最大化，而竞争情况并不总是对消费者最为有利。Chao 和 Derdenger（2013）考虑了双边市场平台下的捆绑销售问题，建立数学方程对比了单独销售的价格均衡和捆绑销售的价格均衡，并采用手持游戏市场的数据进行了实证检验，发现捆绑情况下的用户价格和内容开发商的专利权使用费都要比单独定价低。捆绑作为一种市场细分的机制在发挥作用，并可以增加开发商和用户之间的协同程度，在增加平台利润的同时提高消费者的收益，从而增加总的社会福利。Evans（2011）系统总结了双边市场在相关市场的界定、市场势力的认定、进入壁垒的衡量、违法认定原则的选取、掠夺性定价的规制等方面与其他市场存在重要的区别。

（四）管理学与经济学相结合研究平台的进展与侧重点

随着信息通信技术（ICT）的深入渗透，大量的平台加速涌现。除了对平台的经济性质和管理原理进行描述，一些学者，尤其是商学院的学者，开始采用规范的经济学建模方法，更加系统而全面地解决平台成长中的战略性问题，更加强调理论的应用价值。

首先是建立静态或动态的经济学模型，分析新建平台的进入时机、平台成长及平台管理者的作用等问题。Zhu 和 Iansiti（2012）建立了平台竞争的动态模型，讨论新建平台如何进入在位平台市场的问题。在综合考虑了平台质量、间接网络效应和用户期待三个要素的基础上，建立数学模型，求解不同条件下新进入平台的市场份额的演化，并采用微软 Xbox 进入索尼 Playstation 2 游戏机市场的数据进行了回归分析，结果表明游戏机行业间接网络效应较弱，因此，新进入者具有一定的成功可能。Sun（2006）建立二维非线性动态系统，求解出系统有唯一的一个平衡点，并结合信用卡产业的具体特征，提出破解"鸡和蛋"问题的四大策略：一是利用既有的商业网络和消费者的关系以便提高网络初始参与者的数量、降低价格；二是增加收益或降低参与者的潜在风险；三是动态地向网络参与者增加收费或降低网络向他们提供的利益；四是合并、收购及形成战略联盟。此外，Sun（2006）还结合基于资源的战略理论进行具体讨论，为平台成长这一重要战略问题提供了一些可行建议。Casey 和 Töyli（2012）描绘了一个移动通信平台管理者的战略决策如何影响双边市场平台形成和扩散的框架，并采用欧洲某大城市的数据，模拟了直接补贴战略、收益共享战略、排他战略与联盟战略四大战略下的用户规模和现金流，认为平台管理者应根据平台的发展阶段调整战略，并充分考虑反馈机制和动态复杂性对平台管理的影响。

其次是从非价格因素入手，考虑补足品的创新和多样化、市场进入时机、排他性协议、平台开放度等其他因素对平台成长的影响。Boudreau 和 Hagiu（2019）指出，正确的定价对平台维持商业生态系统健康运行还远远不够，不足以解释平台的所有行为，事实上，平台还具有商业生态系统规则制定的功能。他们通过脸书、哈佛商学院等四个案例，对比了不制定规则、公共机构制定规则和平台领导制定规则三种不同的情形，发现平台规定接口（access）的方式、用户类型、互动方式等对商业生态系统和平台利润有着重要影响，平台在整个商业生态系统中的功能远远不止价格制定那么简单。Eisenmann 等（2011）讨论了平台开放的方式、时机和原因，通过对比 Linux、Windows、Macintosh 和 IOS 四个具有不同开放程度的系统，讨论了垂直开放和水平开放两种不同的战略，并指出新兴平台和成熟平台在解决开放性的问题时所应考虑的要素也不尽相同，应根据平台发展的成熟度制定相应的开放策略。Cennamo 和 Santalo（2013）质疑现有平台竞争研究中赢家通吃的逻辑，通过采用美国视屏游戏行业数据进行回归分析，指出当平台采用快速扩大应用的数量和范围（get big fast），并且保持绝大部分应用的排他性协议的双重战略的时候，反倒不如单独采用其中一种战略的绩效好，并且会影响平台绩效的提升，因此，建立最大的网络并非平台竞争的法宝。

（五）平台研究的政策含义

一是平台化是企业转型发展的重要方向。可以鼓励一批拥有核心关键技术，并且容易与其他企业相对接的龙头企业、科研院所采取平台化发展模式，在整个产业中发挥基石的作用，为整个产业提供共性、关键性的信息、技术与资源支撑，并带动补足品提供商的中小企业的创新发展，促进整个商业生态系统的共生共荣。

二是平台定价应整体考虑网络效应。平台应根据网络效应的强弱与方向设定补贴方与付费方，确立相应的价格结构。2002 年杭州西湖开始免收门票，10 年间，杭州损失了 2 亿元的门票收入，却带来了旅游总收入 1 000 多亿元的增长，餐饮、住宿、购物、娱乐、交通等产业均从中受益（彭友，2013）。凤凰古镇则从 2013 年 4 月开始收取门票，结果是游客骤减，客栈、饭店、商铺纷纷降价销售（杨兴云，2013）。双边市场平台理论可以很好地揭示个中差异：景点作为双边市场平台，一边联系着游客，一边联系着酒店、餐饮等服务提供商。旅客流量是平台发展的关键，为了吸引其加入平台，可以降低收费，免费甚至是补贴，而收入则可以从服务提供商处取得。

三是平台的竞争与合作需要合理的规制。平台维系着双边甚至多边的群体，这些群体之间具有网络效应，在相关市场的界定、市场势力的认定、进入壁垒的衡量、违法认定原则的选取、掠夺性定价的判定等方面都有别于一般企业。因此，对平台本身及平台之间竞争与合作的市场规制问题，如反垄断、反不正当竞争，应充分考虑平台的特性，否则不仅会阻碍平台的发展，更不利于社会福利的最大化。

四是平台发展需要有针对性的政策支持。平台通常会跨越传统企业或行业的边界，具有不同于一般企业或行业的性质，例如平台成长过程中"鸡生蛋还是蛋生鸡"这一普遍难题在其他企业或行业就较为少见。由于现有的政策工具多以企业或产业为对象，直接照搬到平台上会出现很大程度上的不适应，从而不利于平台的发展。因此，政策工具需转向基于平台的政策调整。

五是推动基于平台的创新模式。平台是一种开放式创新的模式，平台通过不同程度的开放，促进双边甚至多边之间的互动、竞争与合作，刺激了补足品的创新。平台是一种用户导向创新的模式，用户不仅仅作为消费者，还参与了创新过程，人人都能成为创新者。平台作为一种群体创新的新范式，大大加快了创新的过程，对中国实现"创新驱动发展"的国家战略具有重要意义。

六是平台研究应得到高度重视与大力支持。平台现象古已有之，形态多样，然而有关平台的理论研究还是近 20 年的事情，双边市场平台研究开始时间则更晚，可以说平台研究仍然是一个新兴领域。国际平台研究已经有了一定的理论基础，但尚未成体系。另外，随着信息通信技术的快速发展与广泛应用，国内外大量的平台正在加速涌现，而现有理论研究对平台实践的关注度还远远不够，尤其是针对中国企业实践的平台理论研究和案例分析还很少。因此，有关部门应高度重视有关平台的理论、实践与政策的研究并予以大力支持。

二、产业平台化发展的趋势及路径

（一）平台化是群体共同发展的利器

1. 平台是实现关联方连接与互动的载体及媒介

"平台"（platform）一词于 1992 年首次出现在管理学书刊中，被用来描述基于产品族的产品开发项目（Wheelwright and Clark, 1992），随后被学者以"产品平台"概念来描述系列产品开发（Meyer and Utterback,

1993；Meyer，1997），以"技术平台战略"和"平台领导"概念来分析高技术产业的创新驱动力（Gawer and Cusumano，2002）。2003 年，平台被引入产业组织研究领域，被用来界定与分析双边市场（Rochet and Tirole，2003），迅速成为产业经济学研究与战略管理研究的热点。目前，平台既是经济学也是管理学研究的重要主题之一，相关研究成果不断涌现，平台理论已初步形成，平台研究方兴未艾。

从产品平台到双边市场平台，其中对平台的界定差异较大，目前还没有统一的平台定义。在产品平台中，平台意指"企业制造一套相关而各异的产品时所共用的部件的基础"（迈克尔·A.库斯玛诺，2013：26），或者"一套可有效创造出系列衍生品的共同构件、模块或部件"（Meyer and Lehnerd，1997：39），这是"平台"术语被引入管理学领域的最初含义，也符合中英文词典对"平台"的共同释义，即"人可立于其上或工件可固定其上的基础"①。在双边市场平台中，平台是指某类产品、服务、企业或机构，它们在两个或多个机构群体之间实现中介性交易（Rochet and Tirole，2003），或者双边市场里连接不同用户群的产品和服务（Eisenmann et al.，2006），这里的"平台"被视为中介，或者干脆被称为"触媒"（Evans and Schmalensee，2007），与中英文词典中的平台释义并不相干。

产品平台与双边市场中的平台特性差异颇大，前者突出平台的基础属性，后者强调平台的交易属性，但它们都显示了平台的连接特性，即通过某种方式把某些相关方联系起来，因此，我们把平台定义为实现关联方连接与互动的载体与媒介。也就是说，平台可以是载体，嵌入其中的相关物品由此连接（connect），发挥基础作用；平台也可以是媒介，相关群体借此互动（interact），发挥中介作用。

---

① 在《高级汉语大词典》中，"平台"意指：通常高于附近区域的平面；楼房的阳台；机器金属表面，工件可固定其上；在《牛津英语词典》（*Oxford English Dictionary*）中，"Platform"意指：隆起的平坦表面，人或物能立于其上；政党或群体的政纲；非常厚的鞋底；在计算机中，计算机系统的硬件标准，决定哪些软件可运行。

2. 平台有着共同的架构

计算机、信用卡、股票交易所的差别很大，但它们都可以被称为平台，是因为它们都具备了平台的本质特征，即有着共同的架构。Baldwin 和 Woodard（2009）认为，在架构（architecture）层面，所有平台系统本质上是相同的，即平台系统可被划分为少变（low variety）的"核心"组件和具有补足性的、多变（high variety）的"外围"组件，以及连接这两类组件的界面（interface），而核心组件与界面构成平台。

我们认同 Baldwin 和 Woodard（2009）的观点，但我们认为平台架构可分为基石、基本架构与接口三个层面，如图 6.1 所示。

图 6.1 平台架构示意图

其中，基石（keystone）是支撑平台形成所不可或缺的最重要因素，被视为平台的"定海神针"；基本架构（basic architecture）是依托基石建起的可发挥核心功能的组件、技术或业务，基本架构与基石共同构成平台系统的核心组件、技术或业务；接口（access）是连接基本架构与补足品（complement）（针对产品平台而言）或平台使用者与补充业务提供者（针对双边市场平台而言）的结合点，既可以是有形的物件，也可以是抽象的规则与标准等。

所有平台的架构是相同的，但平台基石、基本架构与接口的不同决定了平台的多样性，以及同类平台的差异性。

3. 平台营造着自身的商业生态系统

平台只是"半成品"，本身难以独立运行。对于产品平台而言，平台必须对接补足品，构成平台产品，才能体现出平台的功能，而且补足品类型越多越能体现平台的功能。对于双边市场平台来说，平台必须吸引用户及补足者的参与，才能发挥平台的功用，没有用户的参与，就不是真正的平台。① 这意味着，产品平台商与其补足品提供商、双边市场平台商与其用户及补足业务提供商之间具有程度不一的依赖关系，它们共同构成各自的平台系统，而这种系统就是 Moore（1993）所倡导的商业生态系统。Iansitl 和 Levien（2004）认同穆尔的商业生态系统理念，并把平台看作是其商业生态系统的基石。

因此，平台一经诞生，平台商就要持续营造与维护有效的平台商业生态系统，毕竟平台是以商业生态系统的形式存在与运行，而平台价值只有在其商业生态系统中才能体现出来。

4. 平台化可以促进利益相关群体的共同发展

平台吸引相关方积极参与，或者相关方主动参与平台，这个过程被称为平台化。通过平台化，平台商与补足品或业务提供商、双边平台参与者之间可以分享程度不同的由规模经济、范围经济构成的网络效应，以及降低相关交易成本，而网络效应尤为重要。

网络效应也称网络外部性，是指产品价值随着购买这种产品及其兼容产品的消费者的数量增加而不断增加。网络效应可分为直接网络效应和间接网络效应两种。② 双边市场平台可以创造出显著的网络效应：一种是直接效应或同边效应，即平台一方用户数的增加导致这个平台对于同一方用户的价值升高或降低③；另一种是间接效应或跨边效应，即平台一方用户数的增加导致这个平台对于另一方用户的价值升高或降低。双边市场平台网络效应如图 6.2 所示。

---

① Evans 和 Schmalensee（2007）用"catalyst"指代双边市场平台，该词本意是催化剂，这意味着，平台是把参与双方聚集在一起并发生互动（反应）的催化剂。由此也可看出，平台只是半成品，没有用户参与的平台并非真正的平台。

② 直接网络效应是指同一市场内消费者之间的相互依赖性，使用同一产品的消费者可以直接增加其他消费者的效用。间接网络效应主要产生于基础产品和辅助产品之间技术上的互补性，这种互补性导致了产品需求上的相互依赖性，用户使用一种产品的价值取决于该产品互补的产品的数量和质量，一种产品的互补性产品越多，该产品的市场需求也就越大。

③ 双边市场平台的网络效应可正（积极的）可负（消极的），平台价值升高为正效应，平台价值降低为负效应，这是所指主要是平台的网络正效应。

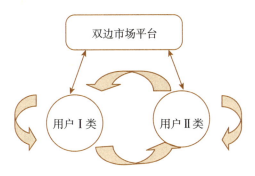

图 6.2　双边市场平台中的同边与跨边网络效应示意图

数据来源：Eisenmann（2007）。

网络外部性的内部化和交易成本的降低可以提高平台相关参与者的收益，而网络外部性强弱又取决于相关利益群体的参与度和互动程度，因此，通过平台化，相关利益群体可以实现价值共创与收益共享的共赢格局，进而促进彼此的共同发展。

（二）产业平台化发展日趋重要与强势

1. 产业平台可以实现产业聚合发展

目前平台类型众多，如实体平台与虚拟平台，产品平台与双边市场平台，供应链平台与产业平台，其中产业平台尤为常见。

产业平台（industry platform）是由一个或数个企业开发出的产品、服务或技术，成为其他企业创建补足品、服务和技术的基础与媒介，为用户提供综合性产品、技术或服务（Gawer，2009）。产业平台是基石，发挥基础作用，致使众多相同或不同产业中的企业在其之上研发补足品、技术和服务，营造出特定的产业生态系统（industrial ecosystem）。

产业平台具有很强的集聚（assemble）能力，通过平台接口的多样化合理设置，可以突破产业边界，吸引相关产业的企业及用户积极参与该平台，实现产业聚合（convergence）发展。

2. 产业平台化发展途径至少有三条

产业平台及其生态系统形成的过程和模式被视为产业平台化发展，其途径至少有三条：一是自发演变，二是主动转型，三是顶层设计。

自发演变是指平台由其他平台自然演变成产业平台（见图6.3），如计算机产业平台的演变过程即是如此。

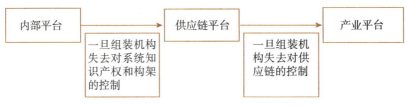

图 6.3　产业平台自发演变过程

数据来源：Gawer（2009）。

计算机产业平台源于 IBM 公司的 IBM/360 内部平台，在引入"插入式兼容"产品体系后演变成供应链平台①，后来因英特尔与微软联合控制产业标准而诞生了 Wintel 产业平台。

主动转型是指封闭的商业企业开放业务，由赚取商品差价的商家转变成获取商业佣金的多边市场平台商。例如，垂直电商的京东商城转变成多边市场平台电商的京东；王府井百货等由既往的出售商品赚差价转变成出租空间得租金；等等。这些都是主动转型而出现的产业平台。

顶层设计是指平台创建之初就被设计为产业平台，通过统筹规划与精心实施，快速成长为产业平台。诸多成功的产业平台都是顶层设计的产物。戴维·S. 埃文斯和理查德·施马兰西（2011）所提的触媒框架之三就是设计成功的触媒组织，并以日本东京的六本木新城为例总结出四条平台设计任务。

3. 在信息化时代产业平台化发展更为突出

平台理论初步成形的时间不过十年，但平台现象却和人类历史一样久远。根据平台的界定，产业平台非常普遍，如集市、购物综合体、商品交易所、支付卡系统、软件操作系统、广告支持的媒体等（Evans，2011）。

---

①　供应链平台是由一组子系统和界面组成的共有结构，供应链中的合作伙伴可据此有效地开发和生产出许多衍生品。供应链平台和产业平台的关键区别是，在产业平台的情况中，开发补足品的企业之间不需要相互买进或卖出，不是某供应链的一部分，而供应链平台的补足品企业都围绕着核心企业的平台开展业务。

随着信息化时代的到来，借助互联网平台，平台业务创新机会更多，新平台不断涌现，平台之间的互动更强，而平台之间的竞争更为激烈，这些都意味着平台化时代正在兴起（Simon，2011）。

在信息化时代，通过自发演变、主动转型与顶层设计三种方式诞生产业平台更容易，也更迫切。毕竟，伴随信息化时代到来的是全球化，产业发展空间更大，但竞争也更激烈，提高产业效率与降低交易成本的内在要求更强，产业平台化发展的优势更加明显。这表明，单打独斗的传统产业发展模式会受到更大的冲击，以产业平台为基石的产业生态系统正成为产业共同发展与群体竞争的新利器。可以说，在平台化时代，企业要么搭建产业平台而成为平台领导，要么选择合适的产业平台而成为平台补足者，独立运行的企业越来越艰难。

4. 智能手机产业变局突显产业平台化优势

手机产业发展已过而立之年①，智能手机产业发展也已超过10年，智能手机产业发生的变局可谓惊心动魄。

手机是摩托罗拉公司发明并商业化的，但自1996年起连续14年世界手机市场份额最大的公司却是诺基亚。2001年，爱立信推出了世界上第一款智能手机，黑莓手机因在美国"9·11"事件中表现优异而成为美国政商界的宠儿。② 2007年年初，当苹果公司宣布涉足手机制造时，全球主要手机制造商都准备看笑话。苹果公司于2007年6月正式推出iPhone，世界智能手机产业格局随之发生巨变。苹果公司迅速成为智能手机行业领袖并

---

① 1973年美国摩托罗拉公司发明了手机，该公司于1983年10月13日推出了世界上第一台便携式商用手机DynaTAC 8000X，开启了手机的商业化历程，拉开了手机产业发展的序幕。

② 在"9·11"事件中，纽约有线通信设备几乎全线瘫痪，但时任美国副总统切尼用黑莓手机，成功地通过移动通信网络随时随地接收关于灾难现场的实时信息。美国国会在因"9·11"事件休会期间，就配给每位议员一部"黑莓"，让议员们用它来处理国事。随后，这个便携式电子邮件设备很快成为企业高管、咨询顾问和每个华尔街商人的常备电子产品。2006年，黑莓在美国的市场占有率高达48%，可谓占据了半壁江山。在美国，上至总统下至寻常百姓，很多都是黑莓手机的忠实用户。

主导着该产业的收入与利润①,三星于 2011 年跃升为全球手机市场销量冠军,摩托罗拉手机业务于 2011 年被谷歌收购、2014 年被转售给联想集团,诺基亚在 2013 年 9 月同意被微软收购其手机业务、2016 年 5 月其手机业务被微软转售给富士康子公司富智康和芬兰的手机制造商 HMD,黑莓于 2016 年 12 月与 TCL 通讯达成协议,由 TCL 通讯负责设计、制造和销售黑莓移动设备并提供客服支持。

造成手机及近期智能手机产业变局的原因有多种,但我们认为关键在于产业平台化发展模式的胜出。诺基亚率先采用 GSM 网络而超越固守模拟移动网络的摩托罗拉,这是移动通信网络平台的对决。诺基亚与黑莓的成败都源于平台操作系统。② 苹果公司的行业地位源于其产业平台化模式的充分运用,应用电脑产品平台方式生产手机硬件③,开发出功能强大、集成能力强劲但封闭的平台操作系统(iOS),推出苹果应用程序商店(App Store)集结多方应用程序,通过平台互动营造出看似无限的产业生态系统。苹果公司的产业平台化模式建立了行业标杆,被后来者效仿(Grobart,2013)。三星成功地仿效苹果公司的产业平台化战略,采用开放的安卓操作系统,成就今日地位。谷歌与微软分别收购摩托罗拉与诺基亚也是为了弥补硬件缺失的劣势,着力营造各自的产业生态系统,旨在对苹果公司发动产业平台化竞争。

---

① 无论是手机还是智能手机,苹果公司所占的市场份额都不高,但销售收入不低且利润奇高。以 2012 年为例,全球手机总销售量为 17.5 亿部,其中,智能手机销量约为 7 亿部,苹果公司手机销量为 1.3 亿部,苹果占全球手机总销量的 7.4%、占全球智能手机总销量的 18.6%,不过苹果手机销售收入与净利润却分别占全球智能手机销售收入的 40% 与 73%(作者据有关资料整理)。

② 诺基亚于 2002 年推出智能手机"7650",采用的是由爱立信、诺基亚、摩托罗拉与 Psion 公司于 1998 年共同成立塞班公司开发的塞班(Symbian)操作系统 6.0 版本,该系统具备集成功能,是典型的具有基础属性的平台系统。诺基亚采用塞班系统而巩固了自身行业龙头老大的地位,但诺基亚于 2008 年收购塞班公司,塞班成为其独占系统,平台系统的网络效应迅速下降,诺基亚也随之衰落。黑莓手机采用的是自己开发的 RIM 操作系统,该系统也是功能强大、集成能力强的平台系统,该系统在 2008 年、2009 年、2010 年均为美国手机用户最多的系统,但该系统也是黑莓的独家系统,2011 年被安卓开放操作系统超越。

③ 2007 年某智能手机业内人士在电视上看到消费者排队购买 iPhone 的消息,随即购买一台,撬开后盖,很有感触:"原来苹果把整部苹果电脑塞到手机中了。"

（三）产业平台化发展重在吸引相关产业群体的积极参与

1. 产业平台化发展的关键在于平台吸引力

产业平台化发展的重点在于提升产业平台吸引力，即产业平台吸引相关用户与补足者使用及参与该平台的能力，相关用户与补足者越多，产业平台的吸引力越大，产业平台化程度越高。然而，建设具有吸引力的产业平台并非易事，往往是成少败多。

提升产业平台吸引力，首先，要开发与选定平台基石。基石是平台的支点，不仅决定着平台的诞生，而且直接影响着平台的发展。基石可以是核心资源、技术、设计与能力等，在平台中处于不可或缺的地位。其次，依托基石搭建好平台基本架构，不仅可以成为诸多补足品对接的基础，而且能够高效解决特定的产业痛点，必须明确为特定的参与者创造出特定的价值。最后，精心设计接口，力求接口标准化，让可能的参与者便利地对接平台。

2. 产业平台化发展的潜力取决于平台群体参与的深度与广度

产业平台的吸引力表明该平台有可能发展，而产业平台发展的潜力取决于平台群体的参与深度与广度。相关群体参与平台的深度是指产业群体利用平台的数量、频度与强度，相关群体参与平台的数量越大表明平台的利用率越高；频度越高意味着平台被相同群体利用的次数越多，平台的规模经济效应越大；强度越大意味着相关群体通过平台发生联系与互动的程度越强，平台每次被利用时所创造的价值越大。相关群体参与平台的广度是指平台补足者类型多寡，平台补足者类型越多，平台相关群体参与的广度越广，平台的范围经济效应越大。从平台需求方来说，规模经济与范围经济效应构成网络效应。

平台的概念起源于一种通过重复利用来降低成本的机制。因此，提升产业平台的发展潜力，一方面要促进平台用户重复利用平台或是平台用户借助平台重复互动，强化平台群体参与的深度；另一方面要吸引更多补足品供应商积极参与，为平台用户提供更多的选择，尽可能地黏住用户，强化平台群体参与的广度。

3. 产业平台化发展的重点在于产业生态系统建设

平台是以商业生态系统的形式存在与运行的,这是产业平台与产品的重要区别所在。正如 Gawer 和 Cusumano(2008)所言,产品大多数是独特的,为某企业所控制;而产业平台是产业生态系统的一部分。迈克尔·A.库斯玛诺在《耐力制胜:管理战略与创新的六大永恒法则》一书中展示了平台及其产业生态系统之间的关系,不过该模型所显示的生态系统构成主要是提供补足品的合作伙伴和用户,而为平台本身服务的群体未包含在内。根据我们对平台及其生态系统的理解,平台及其产业生态系统之间的关系可如图6.4所示。

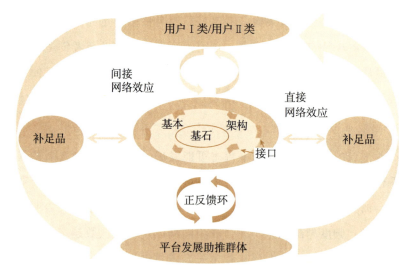

图6.4 平台及其产业生态系统示意图

注:在平台生态系统中,除平台外还有三类核心群体:一是用户,付费或免费使用平台;二是补足品,补充平台功能,与平台同为用户的服务商,并从用户使用中受益;三是平台发展助推群体,为平台发展提供服务,并从中获益。补足品与平台同为供方,两者的相互促进形成直接网络效应;用户与平台及其补足品为供需双方,两者相互驱动形成间接网络效应。平台发展助推群体为平台服务,促进平台发展,形成正反馈环。另外,当用户Ⅰ类与用户Ⅱ类为交易型用户时,两者经过平台发生互动而产生间接网络效应;当用户Ⅰ类与用户Ⅱ类是同类时,用户之间通过平台形成或强或弱的联系而产生直接网络效应,图中未能标出。用户可分为直接用户与间接用户,终端消费者是直接用户,广告商是间接用户,两者经平台发生联系亦产生间接网络效应。

产业平台通过架构中的接口设计，连接补足品或服务，或者连接互动的用户，产生网络效应，形成特定的产业生态系统。其中，产业平台补足品或服务类型多寡、平台用户参与程度、补足品或服务与产业平台的耦合强度①、补足品或服务的可扩展性与创新性等都会影响产业生态系统的复杂度与健壮性（robustness），而后者又反过来影响产业平台的发展程度。因此，产业平台化发展要努力建设复杂而健壮的且可持续发展的产业生态系统，一要搭建有吸引力的产业平台，形成强大的"磁场"，吸引多方参与；二要塑造强劲的资源集结力，主动集结相关补足品或服务；三要构建可靠的信任体系，丰富产业生态系统的社会资本，降低平台及其参与者之间合作和使用的交易成本。

iPhone 之所以能在智能手机业独领风骚，其原因除其极具诱惑力的硬件与 iOS 操作系统外，还在于其利用 iTunes、App Store 及 SDK（应用开发包）集结了无数已存在并为 iPhone 开发的应用程序，构成了复杂而健壮的且威力无边的产业生态系统。这也展示了产业平台化发展的奥妙所在。

（四）产业平台化发展的政策含义

1. 重视产业的平台化发展

平台理论是新的，但平台现象却古已有之。一些产业如互联网、信用卡、中介等天生为平台化产业，而汽车产业则是借助平台化获得迅猛发展的。在信息化时代，以 ICT 平台技术为支撑，相关产业的企业集结于某平台来谋求共同发展的现象越来越普遍，一些传统企业正通过自发或主动的方式转型成为平台运营商。这意味着，产业聚合发展的步伐在加快，平台化正成为产业发展的重要模式，应受到高度重视。

2. 推进产业平台化发展的接口标准化

平台具有"三要素"，其中之一是有设计良好的接口，否则平台的基础或中介功能都难以发挥。平台接口的标准化程度越高，可以对接的补足

---

① 耦合强度（coupling strength）表示补足品与平台的相互依赖性，耦合强度越大，两者的相互依赖性越强。

品、服务及用户群体的可能性越大,平台的网络效应越强,平台的优势越显著。USB(通用串行总线)为 ICT 产业平台化发展做出了重大贡献。平台接口标准化既需要平台建设商的努力,也需要政府与行业协会等组织的支持。政府部门与行业协会等组织应共同推进相关平台接口的标准化,实现相关产业的互联互通与产业聚合,促进产业平台化发展。

3. 扶持平台产品与平台技术创新

平台产品与平台技术是基础性产品与技术,可以产生程度不一的网络效应与溢出效应,是平台产业生态系统的基石,对于产业平台化发展至关重要。平台产品与平台技术的基础性越强,可以对接的补足品与技术的类型越多,可以成型的产品与技术也就越多,其网络与溢出效应越强,产业平台化发展的潜力就越大。对于平台产品与平台技术创新,政府部门应仔细甄别并大力扶持。

4. 强化产业平台的规制与监管

产业平台化发展突破了单一产业发展格局,集结多产业的企业共同发展。在这种产业聚合发展模式下,单一产业的规制与监管方式难以奏效,一些产业平台中违法乱纪现象时有发生。对于产业平台,一方面要求平台运营商自律与自审,如苹果 App Store 严格审定应用程序,禁止涉及黄色或歧视性题材的程序进场;另一方面要强化产业平台的规制与监管,重点监控平台接口标准与实际接入情况,杜绝平台运营商与补足品或服务提供商的共谋行为,实现产业平台化的健康发展。

5. 制定促进产业平台化发展的平台政策

产业平台是半成品,是以产业生态系统的形式存在与运行的。从产业平台到产业生态系统,有自发形成的因素,更是主观努力的结果。在这一过程中,既需要平台运营商具有强劲的资源集结力,又需要政府部门制定惠及平台产业生态系统相关利益群体的平台政策,吸引潜在的平台补足品、服务提供商及用户的积极参与,共同发展。平台政策并不新鲜,如工业园区、自贸区的系统优惠政策,它是涵盖平台产业生态系统的综合政策,而非单一产业的政策。因此,政府部门要围绕特定产业平台,制定针对性强的平台政策，促进产业平台化发展。

三、平台生态系统发展精要与政策含义

平台是以生态系统的形式存在与运行的；平台生态系统是平台利益相关者及相关事物构成的整体，其发展好坏决定了平台模式的成败。平台生态系统发展可从珊瑚礁演变中获得有益的启示。平台生态系统发展起于利益相关者分析，生于利益相关者联系，成于利益相关者互动，需要平台吸引力和资源集结力共同作用。平台生态系统发展依赖于利益相关者共创价值和共同演化，需要实施多利益相关者的共同治理，而互联网平台生态系统健康发展揭示了多利益相关者共同治理的成效与机制。

（一）平台生态系统发展是平台模式的核心要务

1. 平台是以生态系统的形式存在与运行的

平台概念于1992年和2003年先后被引入管理学界与产业经济学界，分别用于描述基于模块的产品生产体系和促进交易的双边或多边市场，并由此成为管理学与经济学共同研究的热点。伴随着平台模式的盛行，平台研究成果呈指数级增长，众多作者分别从管理学和经济学角度给出了难以计数的平台界定，造成平台理解的混乱。最早以"平台"为博士论文题目的学者安娜贝拉·加威尔认为，有必要在两大类平台观点间搭桥，并提出了综合性框架（Gawer，2014）。

我们在对平台的研究过程中深有同感，在梳理管理学与经济学对平台的众多定义的基础上，提出综合性平台界定：平台是为实现关联方连接与互动的载体与媒介，是由基石、基本架构与接口三个核心要素构成，能够引发网络效应（钱平凡和温琳，2013）。我们的研究认为，平台是半成品，需要对接相关补足品或有互动可能的群体，构成平台生态系统，方可有效运行。

2. 平台生态系统是平台利益相关者及相关事物构成的整体

平台生态系统是用得多但界定少的新概念，有限的界定也不太清晰，

如 Tiwana（2014）将其定义为平台和其特定的 APP 的集合体。Evans 和 Schmalensee（2016）的界定较为抽象。① 我们认为，平台生态系统涵盖众多利益相关者，而生态系统原意包括所有物质和有机元素。② 因此，我们将平台生态系统定义为：平台利益相关者及相关事物构成的整体，包括利益相关者和其他相关环境因素，整体意味着内在联系与互动。利益相关者概念较宽泛③，导致难以准确界定平台生态系统。以煤炭交易中心平台为例，其利益相关者如图 6.5 所示。

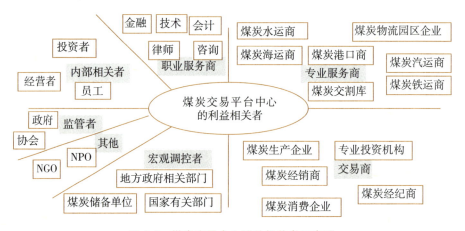

图 6.5　煤炭交易中心利益相关者示意图

注：NGO 为非政府组织（non-governmental organization）的英文缩写；NPO 为非营利组织（non-profit organization）的英文缩写。

数据来源：作者自绘。

煤炭交易中心生态系统涉及的相关环境因素，如区位、城市发展等，需要另行分类与描述。

---

①　平台生态系统是能够对平台为其参与者提供的价值产生正面或负面影响的企业、机构和其他环境因素，对零售店的价值很大。例如，一条易于通达的道路，以及远离其他竞争性的购买中心、独立大型百货商场、购物街、购物中心，等等。

②　生态系统（ecosystem）于 1935 年由英国生态学家亚瑟·坦斯利爵士（Sir Arthur Tanstey）首次提出并界定：所有物质和有机元素共存，并作为一个完整的单元共同运转。

③　利益相关者（stakeholder）是任何影响公司目标的实现或受公司目标实现影响的团体或个人（Freeman，1984）。

从煤炭交易中心生态系统构成也可看出，平台生态系统颇为复杂，需要深入理解与分析。

3. 平台生态系统发展的好坏决定了平台模式的成败

平台生态系统的性质表明，未能构建有效生态系统的平台并非平台模式，平台生态系统发展的好坏直接决定了平台模式的成败。全球上市公司中市值最高的苹果公司的巨大成功，不仅仅因为其硬件之美，关键在于其开放了 APP 接入①，构建出全球最富成效的平台生态系统。② 脸书公司于 2016 年 4 月公布了未来十年发展规划，前三年将着力构建脸书平台生态系统。这些全球领先的公司尚且如此，诸多平台企业更应把平台生态系统发展当作核心要务。

（二）平台生态系统发展可从珊瑚礁演变中获得有益启示

1. 平台生态系统宜以珊瑚礁生态系统为类比

平台生态系统是特定的商业生态系统，而商业生态系统是 Moore（1993）引入管理学的类比性概念，意指一系列随机要素的集合体而逐渐转变成结构性群落；他后来又借助利益相关者概念，给出了较严谨的界定

---

① 苹果公司创始人史蒂夫·乔布斯是一位完美主义者，不仅致力于完美硬件的开发与生产，而且高度崇尚一体化的封闭生产方式。2007 年苹果公司推出 iPhone 时，完美的硬件惊艳了全世界，但其应用程序（APP）只有十几个，没有外部人员开发的应用程序，乔布斯拒绝向外部开发人员开放，理由是担心外部人员会把 iPhone 搞得乱七八糟，让 iPhone 感染病毒，或者破坏其完整性。在 iPhone 推出前，董事会成员亚瑟·莱文森和一些人主张开放 iPhone 应用程序，但乔布斯拒绝讨论此事；iPhone 推出后，经过几次争论，乔布斯态度开放了一些。后来，乔布斯想到一个两全其美的好办法，即允许外部开发人员编写应用程序，但必须遵循严格的标准，接受苹果公司的测试和批准，并且只能通过 iTunes 商店出售 APP。该方法既能获得授权众多软件开发者所带来的优势，又能保证足够的控制力，以保护 iPhone 的完整性和用户体验的简单性。2008 年 7 月，iPhone 应用程序商店（App Store）开放（Isaacson，2011）。

② 苹果公司在 2016 年 6 月 14 日召开的全球开发者大会（WWDC2016）上公布了其生态系统相关数字：苹果 App Store 已经问世 8 年，目前里面的应用程序已经超过了 200 万个；目前 App Store 中应用程序的累计下载次数已经超过了 1 300 亿次；苹果公司向开发者累计支付超过 500 亿美元；云驱动（Cloud Drive）上已经存储了 100 亿个文件。

(Moore,1996)。① Moore 所定义的商业生态系统的中心是核心企业,这启发了 Iansiti 和 Levien(2004),他们从生态学中借用关键物种概念来分析商业生态系统,并将平台提供者当作商业生态系统中的关键企业②。

关键物种概念 1969 年首现于生态学文献,也是用得多而界定少的术语,况且关键物种是多变的(Mills et al.,1993)。另外,关键物种控制生态系统的食物链,这与平台的载体或媒介属性不符,显然,至此,商业生态系统类比尚未揭示平台生态系统的真相。

类比是有效的分析工具③,也是组织研究常用的方法④,平台及平台生态系统被看作新型组织。⑤ 因此,为了更好地理解平台生态系统及其发展方式,我们认为还应采用类比法,而且应找到相似性尽可能高的类比对象,否则可能会得出误导性结论。纵观大自然,我们认为珊瑚礁生态系统

---

① 商业生态系统是指一个由互动性组织与个体构成的经济群落(community),是为顾客生产出有价值的产品和服务的商业组织。生态系统成员包括顾客、供应商、主导型生产企业、竞争者等利益相关者。随着时间的推移,这些成员共同演化着自身的能力与角色,朝着一个或多个核心企业设定的方向而各自调整。随着时间的变迁,那些居于领导地位的公司可能会改变,但生态系统领袖的功能是由社区来评价的,因为社区可以使全体成员朝着共享的愿景校正各自的投资,发挥相互支持的作用。

② 关键企业(keystone player)是商业网络中发挥关键作用的企业,如沃尔玛和微软就在各自的商业生态系统中扮演着关键企业的角色。在生物学生态系统中,海獭就在其生态系统中扮演着关键物种角色。

③ 约翰·波拉克在《创新的本能:类比思维的力量》一书中,用大量例子说明类比的力量,他认为类比的本质是一种模型,可以以无限的形式呈现,往往超越言语的界限。为了达到类比的效果,要唤起比较、主张等同、揭示潜力并做出推论的能力,使类比成为格外强大的工具。另外,类比要满足五个条件:一要用熟悉的事物解释不熟悉的事物;二要强调相似性,隐藏差异性;三要识别有用的抽象概念;四要讲述连贯的故事;五要唤起情感共鸣(波拉克,2016)。

④ 组织研究爱用类比或隐喻法(metaphor),把组织比作机器、有机物、大脑等。类比和隐喻略有差异,前者强调类比对象更类似,Moore(1996)用隐喻提出商业生态系统概念,而 Iansiti 和 Levien(2004)用类比研究商业生态系统。

⑤ Gawer(2014)主张从组织视角研究平台和平台生态系统,认为平台是新型组织形态;Muegge(2013)把平台视为连接事物的组织(organization of things),把商业生态系统视为连接经济性行为者的组织(organization of economic actors);Moore(2006,2015)极力主张把商业生态系统视为等同于市场与企业的第三类组织形态。

是平台生态系统的理想类比物。事实上，珊瑚礁中的堡礁也被称为平台礁①，而 Johnson（2011）在论述基于平台的创新模式中也以珊瑚礁作比。②

2. 珊瑚礁是以造礁珊瑚为主构成的独特海洋生态系统

珊瑚礁是以造礁珊瑚为主的成千上万居住在祖先遗留石灰质残骸上的活生物体组成的海中礁石。全球珊瑚礁总面积约 28 万平方公里，但生活着全球 1/4 的已知生物物种，是地球上最具生物多样性的海洋生态系统，被誉为"海洋中的热带雨林"。

珊瑚礁的形成机理为达尔文所揭示。③ 不过，珊瑚礁的具体演化机理与路径是后来学者陆续厘清的。④ 简而言之，珊瑚礁起源于造礁珊瑚幼虫的漂流，当它附到某坚硬物时就停下长成内共生体的珊瑚虫⑤，通过芽生复制出大量珊瑚虫，珊瑚虫分泌石灰石形成外壳而转成珊瑚，珊瑚虫向上生长，留下的珊瑚外壳叠加成珊瑚体，珊瑚体相连，加上其他海藻造礁，

---

① 达尔文 1837 年根据礁体的起源、形成、礁体与岸线的关系，将珊瑚礁（coral reef）分成三种类型：一是裙礁（fringing reef），二是堡礁（barrier reef），三是环礁（atoll reef）；并指出，堡礁和环礁没有本质上的区别，都有向外和向上生长的特性，当礁湖内小岛还在时为堡礁，当礁湖内小岛完全下沉到海平面以下时就成为环礁（Darwin，2009）。后来，有学者在认同达尔文分类的同时，认为堡礁可向各个方向生长，具有平台属性，故称堡礁为平台礁（platform reef）（Mojetta，2006）。

② Johnson（2011）讨论了七种创新模式，其中第七种是基于平台的创新模式。为了讲清平台特性，他从达尔文所观察与研究的珊瑚礁的形成讲起，并认为一座珊瑚礁就是一个平台：沙堤、岩面、暗礁的裂缝，创造了数以百万计物种的栖息地，成为一座具有无限多样性的海底都市。

③ 达尔文 1836 年在观察珊瑚礁时，提出"珊瑚在陆地下沉时期向上生长理论"和"珊瑚礁形成的性质受地壳运动的性质支配理论"，并且揭示了珊瑚礁的形成机理（Darwin，2009）。

④ 造礁珊瑚的珊瑚虫的共生体虫黄藻在 20 世纪 40 年代被日本生物学家发现并命名；直到 50 年代末，由于许多生物学家相继成功地把虫黄藻从珊瑚虫体内分离出来，虫黄藻的发现才被正式确认；而虫黄藻作为珊瑚虫的营养源直到 70 年代才得以证实。

⑤ 虫黄藻居于造礁珊瑚虫细胞之中，被称为内共生体。虽然透过珊瑚虫母体向后代传播虫黄藻（珊瑚幼虫内含虫黄藻），存在一定的垂直传播性，但大多数证据显示，珊瑚幼虫经过浮游沉积下来后，会自行吸收共生藻。也就是说，珊瑚幼虫（将长成珊瑚群落的第一条珊瑚虫）附着固定物后不久，便会通过吞噬将周遭的虫黄藻吸进细胞，构成内共生体。

以及海绵、海胆等参与，共同建成珊瑚礁。在这一过程中吸引大量海洋生物共生与共同演化，构成了珊瑚礁生态系统（Walker and Wood，2005）。

3. 珊瑚礁的演变为平台生态系统发展提供了有益启示

第一，平台生态系统是包括平台在内的一切相关事物。在珊瑚礁生态系统中，珊瑚礁是平台，其他物种参与生态系统建设并依赖珊瑚礁，这表明平台生态系统内容广泛。

第二，平台生态系统需要适宜的条件与环境。只有1‰的特定海域才生长珊瑚礁①，这表明平台生态系统发展需要先决条件。

第三，平台生态系统生成于平台的可靠基石与精妙对接。珊瑚礁起于某固定物，该固定物能被珊瑚幼虫粘住及附着，并且决定了珊瑚礁的发展潜力②，这意味着平台基石和对接体系非常重要。

第四，平台生态系统成长依赖于具有共生关系的关键群体。珊瑚礁生态系统是多因素的产物，但造礁珊瑚内珊瑚虫与虫黄藻的共生体贡献

---

① 珊瑚生物在海洋中处处可见，但珊瑚礁的建设者只能生活在一个相当狭小的环境中。能够造礁的珊瑚虫对环境的要求非常严格，甚至可以说是苛刻了，这些条件包括海水的盐度、水温、深度、水流速度、水中的营养等。海水的平均盐度是35‰，而造礁珊瑚虫比较偏好盐度为34‰的海水。造礁珊瑚主要生活在温暖的海水中，最佳生存温度为24℃，主要分布在热带、亚热带的西大西洋和印度洋—太平洋南北回归线之间的海域。造礁珊瑚需要珊瑚虫和虫黄藻的共同努力，虫黄藻需要阳光发生光合作用，才能为珊瑚虫提供养分，并赋予珊瑚缤纷的色彩，因此珊瑚大多生长在水深30米以内的清澈的浅海。另外，珊瑚礁还需要海底持续下沉，才能生长出高大的珊瑚。

② 当造礁珊瑚幼虫（larva），又称为浮浪幼体（planula），在海底漂流时，一旦遇到合适的固定物，立即粘上并将自己的嘴转向朝上，以便捕食和接受阳光，完成从幼虫转向珊瑚虫（polyp）的转化。几乎是同时，新珊瑚虫的基细胞立即开始分泌最初层的含钙物质，将自己固定在固定物上。绝大多数浮浪幼体都落在既有珊瑚礁上并立即粘上，它们依赖现有珊瑚礁生长并参与珊瑚礁建设（Mojetta，2006）。固定物的性质决定了珊瑚礁发展的前景，粘在逐渐下沉海底的固定物上，能使其生长出几百米高、绵延几百平方公里且形状各异的珊瑚礁；粘在隆起海底的珊瑚也能成长，但随着海底隆起，珊瑚礁顶部会超出海平面，一旦超出海平面，这些珊瑚便会死亡；粘在海底沉船上，只能生长出有限高度与形状的珊瑚礁。

巨大且非常独特①，该共生体属于关键物种，但称其为"平台生态系统工程师"则更贴切②，这表明平台生态系统内依赖平台且帮助平台发展的特定共生群体尤为重要。

第五，平台生态系统的健康发展需要吸引众多相关群体的共同参与。珊瑚礁生态系统工程师是造礁珊瑚，但还需要相关藻类等的帮助才能形成珊瑚礁③，进而吸引更多海洋生物共同栖息于此④，才能发展成为充满生机的海洋生态系统，这表明平台生态系统的健康发展也需要参与群体的多样性及其共生和共同演化。

(三) 平台生态系统发展重在促进平台利益相关者的联系与互动

1. 平台生态系统发展起于利益相关者分析

平台生态系统发展源于平台构建，而平台必须为特定利益相关者创造

---

① 珊瑚礁是由众多单体珊瑚连成的群体，每个珊瑚虫都在不停地分泌着杯形骨骼，把自己安全地包围起来。在这一过程中，珊瑚虫需要的能量与氧气，一部分由自己从海洋中获取，但更大部分来源于体内共生的虫黄藻。虫黄藻居于珊瑚虫细胞内，本身不能被珊瑚虫直接吸收，但其光合作用的产物给珊瑚虫提供了大部分所需要的氧气和能量，另外，虫黄藻还会帮助珊瑚虫形成石灰质骨骼，与此同时，珊瑚虫除了为虫黄藻提供有阳光的居所，还排出二氧化碳、硝酸盐、磷酸盐等物质，帮助虫黄藻生长，两者构成紧密的共生互利关系。

② 大约二十年前，美国卡里生态系统研究所（Cary Institute of Ecosystem Studies）的科学家克莱夫·琼斯（Clive Jones）认定，生态学需要另一个术语来表述一种非常特殊的关键物种：实际创造了栖息地的物种如海狸等，这样的物种应被称为"生态系统工程师"（ecosystem engineer）（Johnson，2011）。我们认为，用"平台生态系统工程师"来称呼珊瑚礁生态系统中的特殊关键物种珊瑚虫与虫黄藻，既形象又贴切。

③ 珊瑚虫并不能独立建造珊瑚礁，最主要的帮手是藻类。藻类是珊瑚礁生长的最基本要素。珊瑚藻类生长在珊瑚礁表面，可以形成如石头一样坚硬的薄层。它们参与了相当数量碳酸钙的沉积，甚至有时比珊瑚虫还要多，对珊瑚礁成长做出了极大贡献。珊瑚藻类还作为黏合剂帮助珊瑚固定沉积物。还有一些其他生物也会形成碳酸钙沉积物帮助珊瑚礁成长，孔虫、蜗牛、蛤等软体动物的贝壳是其中重要的组成部分；海胆、苔藓动物、甲壳动物、海绵和细菌等也都有助于结合碳酸盐沉积物。所以说，珊瑚礁是众多物种群体合作的产物。

④ 珊瑚礁中生活着数千种珊瑚、海绵、多毛类、瓣鳃类、马蹄类、海龟、甲壳动物、海胆、海星、海参、珊瑚藻和鱼类等生物，共同构成生物多样性极高的顶级生物群落。珊瑚礁是数以千计生物的家园、托儿所、食物提供地、避难所，不仅有珊瑚虫与虫黄藻的内共生体关系，还有海葵与小丑鱼等多类共生关系。珊瑚礁中更多的是食物链上的共同演化关系，礁内物种生存竞争激烈，仅造礁珊瑚就有350多种，它们对空间与阳光开展着激烈的竞争。

特定价值,尤其需要与依托平台的共生关键群体或生态系统工程师共同创造特定价值①,只有如此才有生成的必要与发展的可能。这就要求在构建平台之前必须有清晰的平台用户价值主张,即明确共生关键群体的痛点所在和价值共创模式,并据此分类与绘制利益相关者图,厘清不同利益相关者诉求并制定相应的满足方案。

2. 平台生态系统发展生于利益相关者联系

平台生态系统生于平台的启动,即平台启动后若能获得众多利益相关者的认可与参与,则标志着平台生态系统生成;反之,如果利益相关者回应寥寥,意味着平台生态系统流产。因此,平台生态系统发展的首要任务是在启动平台后,迅速吸引利益相关者参与,至少是共生关键群体的彼此关注并建立联系,如煤炭交易平台的煤炭买卖双方查看对方发布的信息并建立起简单的联系。

3. 平台生态系统发展成于利益相关者互动

利益相关者的联系是平台生态系统发展的基础,而利益相关者的互动能促进平台生态系统的快速发展,尤其是共生关键群体间的互动,从而产生平台网络效应,吸引更多的共生群体参与互动,一旦互动群体达到临界数量②,多类利益相关者将涌入平台并参与互动,由此构成良性循环与强

---

① 与顾客共同创造独特价值（co-creating unique value with customers）而不仅仅是为顾客创造价值（creating value for customers）,是"核心竞争力理论"创始人之一的 C. K. 普拉哈拉德（C. K. Prahalad）21 世纪以来大力倡导的价值创造新理念,也是未来竞争的核心理念（Prahalad and Ramaswamy, 2004）。2010 年普拉哈拉德去世后,其合作伙伴积极探索价值共创行动模式,并将共创价值上升到范式转变,认为在日益互联的时代,企业组织不能再单独设计产品和服务,必须与顾客、员工、供应商、合作伙伴和大多数居民等利益相关者结成友好关系,通过参与平台而成为共创者（co-creators）,并为共创性企业、经济和社会提供了蓝图（Ramaswamy and Ozcan, 2014）。我们认为,这种基于利益相关者的思考、与客户（用户）共创价值的理念,适合平台的价值创造定位,可作为平台生态系统发展的理论基础。

② 临界数量（critical mass）本意为临界质量,指引爆原子弹所需要裂变材料的最小质量。Evans 和 Schmalensee（2016）用临界数量强调当平台上互动群体达到某数量时,产生类似原子弹爆炸中的链式反应,平台网络效应强劲,参与群体显著增加。这个临界数量也就是制造流行的引爆点（tipping point）（Gladwell, 2000）。

劲发展的平台生态系统；反之，平台生态系统不仅难以成长，还会导致平台内爆①，即平台夭折。在煤炭交易中心，众多煤炭买卖方达成交易，吸引煤炭物流企业与金融机构等纷纷入场对接，进而吸引更多煤炭买卖方参与互动及交易，催生出充满生机的、健壮的平台生态系统；否则，交易中心会沦为煤炭信息网，了无生机，最终偃旗息鼓。

4. 平台生态系统发展需要平台吸引力与资源集结力共同作用

实现平台利益相关者的联系与互动并非易事，需要平台吸引力与资源集结力的共同作用。平台吸引力源于精妙的平台设计②，一旦启动就能够吸引相关群体自发参与。苹果公司的新款智能手机上市，"果粉"连夜排队购买，苹果公司放开 APP 接入而导致 APP 数量呈指数性增长，这些均得益于其新颖设计与完美硬件所产生的强劲的平台吸引力。提升平台吸引力重在强化平台三要素的吸引力。就煤炭交易中心而言，应在适宜地区设立，开发消除煤炭买卖痛点的交易业务③，设计多方易于对接的标准合约。

平台吸引力对于平台生态系统的发展是必要的，但也是远远不够的，而且具有被动性，平台生态系统发展更需要强大的资源集结力。平台资源集结力是平台运营商集结有利于平台发展所需要相关资源的特定能力束④，是支撑平台生态系统发展的核心能力（钱平凡和温琳，2014），也是人类与珊瑚等动物构建平台生态系统方式的区别所在。资源集结力是主动和潜

---

① Evans 和 Schmalensee（2016）强调，当平台互动群体达到临界数量时，平台将被引燃（ignition），呈现自我强化式增长或爆炸性增长（explosive growth）；否则平台会陷入困境，甚至内爆（implode）。

② Evans 和 Schmalensee（2007）把平台看作促进相关群体互动的催化剂或触媒，并提出平台成功必须发起"三大行动"和实施"六大核心要素"的平台框架，其第三核心要素是"为成功而设计平台"，并提出四大平台设计任务。

③ 煤炭交易中心设立需要坚实的支撑，如产地型煤炭交易中心不仅需要煤源丰富，而且需要煤炭物流便利。煤炭交易中心要保持业务多样，应在不同煤炭供需格局下重点推出不同的交易业务，不仅解决煤炭交易痛点，而且提升交易价值（钱平凡，2012）。

④ 资源集结力（capability of resource assemble，CRA）中的 assemble（集结）是有目的、有计划地组织相类似资源，颇有"物以类聚，人以群分"的意思。另外，生态学中的群落构建（community assembly）指，有选择地增加生态系统中的新动植物种类，实现生物群落的"自组织"。

力巨大的能力,而且表现方式多样。平台启动期常用的单边定价补贴,以及招牌(marquee)策略等①破解平台启动期"鸡与蛋难题"的举措与行动②,实际上是资源集结力及平台吸引力的具体表现。除了把重要的利益相关者拉上平台,还要过滤及清除有损于平台生态系统发展的利益相关者③,塑造出健康的平台生态系统,这也是资源集结力的核心功能之一。资源集结力与平台吸引力能够相互强化、共同发挥作用,从而促进平台生态系统又好又快地健康发展。

(四)平台生态系统发展需要多利益相关者共创价值与共同治理

1. 平台生态系统发展依赖利益相关者共创价值与共同演化

不同于珊瑚礁平台生态系统的自发生成和自然演化,绝大多数人类社会的平台及其生态系统都是人为的产物,不仅存在平台所有者,还存在平台运营商,两者既可合二为一,也可分离。在平台生态系统的生成与演化过程中,平台运营商有着举足轻重的作用,需要协调多方利益,被视为平台生态系统协调者。④

平台运营商需要倡导"价值共创、风险共担、收益共享"的合作理

---

① 招牌(marquee)用来描述那些对平台发展有着重要作用的关键客户,可以像广告牌或旗帜那样吸引其他用户跟随参与。招牌战略是指想方设法把那些关键客户邀请至平台,如煤炭交易中心邀请中国神华集团公司参与交易。

② 交易型平台又称双边或多边市场,一边用户的参与会吸引另一边用户的参与,问题是先有哪边的用户?这是平台经典的"鸡生蛋还是蛋生鸡"的问题,往往通过刺激一边参与而吸引另一边参与,从而形成良性循环。

③ 利益相关者对平台的影响有正面与负面两种,过滤(filter)与清除对平台造成负面影响的利益相关者是平台运营者的重要责任,类似于在自然生态中阻止有害物种出现和清理有害物种,促进生态体系的健康发展。苹果公司对 APP 对接实施严格的审查(censor)制度,严禁任何诋毁他人的应用程序,不论是具有政治争议性的,还是被苹果公司审查员视为含有淫秽内容的;因严格的过滤审查制度,苹果公司被称为其平台的保姆(Isaacson,2011)。Parker 等(2016)对平台运营商的过滤责任高度重视,视过滤为平台核心互动的三要素之一,即参与、价值单位与过滤三要素共同构成平台的核心互动。

④ 在平台战略中,平台运营商被称为平台建设者,其核心职能是协调平台生态系统的多方利益相关者的多重利益,又被称为协调者(Reeves et al.,2015)。

念，理解并包容利益相关者的共同利益，规划好相关者利益与潜在生态系统的协调方式、贡献模式及它们可能相互影响的途径，制定并实施价值共创行动方案，既要鼓励利益相关者的共生与竞争，维持平台生态系统的多样化及精妙的平衡，又要引发利益相关者共同演化机制①，共同促进平台生态系统的健康发展。

2. 平台生态系统发展应实施多利益相关者的共同治理

任何组织都需要治理。治理是建立秩序、消除冲突而促进组织共同利益的制度安排，不同的组织需要不同类型的治理，传统经济组织需要市场与科层这类治理（Williamson，1985，1996），而中小型共享（commons）组织需要实施自我治理（Ostrom，1990）。

平台生态系统基于利益相关者的开放式组织形态（Moore，2006），需要特定的治理模式。平台生态系统治理被视为协调生态系统的蓝图，能塑造和影响生态系统的发展，由提供自主权、创造激励和确保整体性三维度构成（Tiwana，2014）。② 不过，平台生态系统治理的特定性应体现在治理外部性上，毕竟平台网络效应主要源于平台用户产生的溢出效应，其治理对象是平台利益相关者，旨在设计一套特定制度安排，决定谁可以参与生态系统，如何分配价值，如何解决冲突（Parker et al.，2016）。

基于利益相关者的治理涉及平台生态系统中不同利益相关者的不同利益，需要利益相关者集体行动（Olson，1965），积极参与，采用多利益相关者方法③，共同治理，共同塑造健康发展的基石型平台生态系统，避免演变成不可持续的坐收其利型和支配型平台生态系统（Iansiti and Levien，

---

① 共同演化（coevolution）或共演化，或协同演化，是生物学家 Ehrlich 和 Raven 于 1964 年提出的概念，他们根据对蝴蝶与其寄主植物关系的研究，提出共同演化理论，即植物与植食性昆虫的演化过程是相互依赖、相互适应的（Ehrlich and Raven，1964）。

② 提供自主权是指如何在平台所有者和参与者之间分配决策权，明确各自的职权与责任；创造激励主要是定价政策与结构；确保整体性是平台所有者决定对参与者采用何种正式与非正式的控制机制，如过滤机制和绩效评价标准等。

③ 多利益相关者方法（multi-stakeholder approach）是指主要利益相关者行动起来的一套方法与程序，旨在促进更好的决策与更有效的执行，确保主要行动者关于特定决策的观点被听到，并通过对话和共识建设而被整合到决策的各个阶段。

2004)。① 在具体行动中，可运用网络图（net-map），绘制出不同类型和层级的行动者及其多重互动网络，识别主要行动者及其利益诉求，从而有效构建出多利益相关者治理体系（Schiffer et al., 2010）。

3. 互联网平台生态系统健康发展揭示了多利益相关者共同治理的成效与机制

互联网始于1969年美国的阿帕网（ARPAnet），是苹果公司、淘宝等平台企业开展业务的基础。到2016年年底，全球互联网用户数量约为35亿，依托互联网开展的业务包罗万象，建设与服务互联网的机构众多，演化出人类社会最庞大和最丰富多彩的平台生态系统，如图6.6所示。

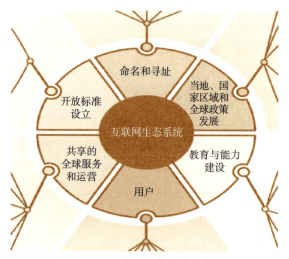

图6.6 互联网生态系统示意图

注：图中每部分都有数量不同的各类机构，共同构成复杂的互联网生态系统。另外，各组成部分是互联网生态系统的利益相关者，共同构成多利益相关者治理，故又被称为多利益相关者治理生态系统。

数据来源：http://www.isoc.org，访问时间：2019年1月。

---

① 基石型（keystone）企业在平台生态系统中扮演着优秀协调者的角色，它着力调整生态系统成员之间的各种联系，致力于增进整个生态系统的健康水平，确保其生态系统实实在在地提高功效，并同生态系统中的成员共同高效地分享这些好处，即为其生态系统创造价值并与生态系统中的其他成员共享价值；坐收其利型（landlords）企业是那些不通过纵向一体化以控制某一生态系统或其中某业务域，但又从中攫取尽可能多价值的企业，它们通过寻求和占据生态系统中的中枢位置，并利用所占有的关键位置而获利，无视甚至主动破坏所处的生态系统的健康；支配型（dominators）企业是通过纵向或横向一体化来管理和控制某一生态系统或其中某一业务域，它们在生态系统中占据很关键的位置并竭力掌控着其生态系统，基本上不给其他企业留下共同发展的机会。

1998年是互联网发展的里程碑，全球互联网用户数突破1亿，互联网生态系统雏形初现并迈入了健康发展快车道。这得益于互联网脱离美国政府管理而开启由美国政府主导、以私营公司ICANN（互联网名称与数字地址分配机构）为核心的互联网治理模式①，其核心模式是ICANN一直采用的多利益相关者治理模式。② 2016年9月30日，美国政府与ICANN签订的协议到期失效，互联网管理权移交到全球利益相关者，迎来了全球互联网多利益相关者共同治理时代。

互联网多利益相关者治理是基于共识（consensus）的互动模式③，产生了三种治理机制：互联网国际组织、国际互联网论坛和国际互联网治理倡议（鲁传颖，2016），即通过正式组织、论坛和松散的特定联盟构成共同治理机制。

---

① 互联网治理是由国际电信联盟（ITU）于1998年正式提出的概念，2005年联合国互联网治理工作组（WGIG）将其界定为"政府、私营部门和公民社会在发挥各自角色的基础上共同发展和应用一致的原则、规范、规则、共同制定政策以及发展和开展各类项目的过程，其目的是促进互联网的发展和使用"。1998年10月，美国政府把互联网的管理权授予新创立于美国洛杉矶的私营公司ICANN，ICANN开始作为一个非营利性的技术协调组织负责管理全球互联网的域名系统，并负责维护互联网运行的稳定性。

② 多利益相关者治理模式（multi-stakeholder governance model）是一种治理结构，致力于把利益相关者聚集起来并共同参与到对话、决策和解决某共同问题或实现某共同目标的行动中。ICANN明确表示，所有利益相关者都有权参与互联网治理，但前提是必须经过ICANN所建立的组织架构和选拔程序；反对政府及政府间组织在全球互联网治理中发挥主导作用。该模式强调包括国家、非政府组织、企业、公民社会共同参与的共同治理。

③ 基于共识的互动模式一般采用自下而上、公开透明的方式，需要在多个行动体之间达成共识，这种治理模式一般有固定的程序，如共识之前、理解决议、解决关切和结束选择四个过程。其中，共识之前主要指决定群体的成员资格和目的、价值观、权威，决定共识的定义和不同行为体的行为标准；理解决议包括陈述和澄清决议，陈述所有的反对和关切；解决关切要求在群体目标和价值之下表达关切、进行讨论的互动过程，随后再次寻求共识；结束选择包括延长讨论时间，或者寻求调解收回草案，或者将少数群体从群体中开除。因此，以共识为基础的决策过程费时费力，容易议而不决，一旦达成共识，则能够快速落实。这种互动模式有效性高，但参与决定的门槛高，决策时间长。

(五) 政策含义

1. 树立平台生态系统整体意识

平台是以生态系统的形成而存在与运行的,平台生态系统是其利益相关者的命运共同体,其健康与可持续发展对利益相关者意义重大且影响深远。平台生态系统的利益相关者需要树立整体意识和大局观(Iansiti and Levien,2004),运用整体方法①,积极参与平台生态系统的价值共创与共同治理,严防以一己之利而损害系统整体利益,避免坐收其利型企业行为。

2. 制定平台生态系统特定政策

平台生态系统是新事物,现行针对单个企业的诸多政策难以套用,需要根据平台生态系统特性而制定相应政策,对于平台接入监管、公平定价、数据隐私与安全、生态系统治理等都需要深入研究而制定相应政策(Parker et al., 2016)。

3. 强化平台生态系统多利益相关者治理

任何组织的健康发展都少不了有效治理,平台生态系统亦不例外。然而,平台生态系统是新出现的松散型组织,除互联网和维基等非营利平台建立了相应的生态系统治理外,商业平台均未建立生态系统治理,导致诸多平台生态系统野蛮生长或突然崩溃,严重损害多方利益。为了促进平台生态系统健康、有序发展,应要求平台企业引入多利益相关者治理模式,实现多方共同治理。

4. 针对平台不同利益相关者实施分类与精准管理

多样性是生态系统健康发展的重要指标,同样适用于平台生态系统。平台生态系统的多样性越丰富,其利益相关者及其相应业务类型就越多、越复杂,就越会涉及诸多行业管理方和政府等不同管理部门。相关机构在

---

① 整体方法(holistic approach)是把相关事物看作不可分割的整体,明晰个体间联系与互动关系,在关系中确定个体的价值,个体的变动会导致整体的变动(钱平凡,1999)。

管理平台生态系统时,不能以简御繁,而应针对平台不同利益相关者和不同业务,实施分类与精准管理。

执笔人:钱平凡　陈光华　钱鹏展

参考文献

Armstrong, M., 2006, "Competition in Two-sided Markets", *The RAND Journal of Economic*, 37 (3): 668-691.

Baldwin, C. Y. and Woodard, C. J., 2009, "The Architecture of Platforms: A Unified View, in Annabelle Gawer", *Platforms, Markets and Innovation*, cheltenham, UK: Edward Elgar Publishing Limited.

Boudreau, K. J. and Hagiu, A., 2009, *Platform Rules: Multi-sided Platforms as Regulators*, Cheltenham, UK: Edward Elgar Publishing Limited.

Casey, T. R. and Töyli, J., 2012, "Dynamics of Two-sided Platform Success and Failure: An Analysis of Public Wireless Local Area Access", *Technovation*, 12: 703-716.

Cennamo, C. and Santalo, J., 2013, "Platform Competition: Strategic Trade-offs in Platform Markets", *Strategic Management Journal*, 11: 1331-1350

Chao, Y., and Derdenger, T., 2013, "Mixed Bundling in Two-sided Markets in the Presence of Installed Base Effects", *Management Science*, 59 (8): 1904-1926.

Darwin, V., 2009, *The Origin of Species and The Voyage of the Beagle*, London: Vintage Books.

Ehrlich, R. P. and Raven, P. H., 1964, "Butterflies and Plants: A Study in Coevolution", *Evolution*, 18 (12): 586-608.

Eisenmann, T., 2007, *Platform-mediated Networks: Definitions and Core Concepts*. Cambridge, MA: Harvard Business School Press.

Eisenmann, T., Parker, G. and Van Alstyne, M., 2011, "Platform Envelopment", *Strategic Management Journal*, 32 (12): 1270-1285.

Eisenmann, T., Parker, G. and Van Alstyne, M. W., 2006, "Strategies for Two-sided Markets", *Harvard Business Review*, 84 (10): 92-101.

Eisenmann, T. R., Parker, G. and Van Alstyne, M. W., 2011, "Opening Platforms: How, When and Why?", *Platforms, Markets and Innovation*, 6: 131-162.

Evans, S.D. (ed.), 2011, *Platform Economics: Essays on Multi-sided Businesses*, Competition Policy International.

Evans, S. D. and Schmalensee, R., 2007, *Catalyst Code*, Cambridge, Boston: Harvard Business School Press.

Evans, S. D. and Schmalensee, R., 2016, *Matchmakers: The New Economics of Multisided Platforms*, Cambridge, Boston: Harvard Business Review Press.

Fiedler, I. C., 2010, "Antitrust in Two-sided Markets: Is Competition Always Desirable?", Berkeley Olin Program in Law & Economics.

Freeman, E. R., 1984, *Strategic Management: A Stakehokder Approach*, Camebridge, UK: Camebridge University Press.

Gawer, A., 2014, "Bridging Differing Perspectives on Technological Platforms: Toward an Integrative Framework", *Research Policy*, 43: 1239-1249.

Gawer, A., 2009, "Platform Dynamics and Strategies: From Products to Services", *Platforms, Markets and Innovation*, Cheltenham, UK: Edward Elgar Publishing Limited.

Gawer, A. and Cusumano A. M., 2008, "How companies become platform leaders", *MIT Sloan Management Review*, 49 (2): 28-35.

Gawer, A. and Cusumano, M. A., 2002, *Platform Leadership: How Inter, Microsoft and Cisco Drive Industry Innovation*, Cambridge, MA: Havard Business School Press.

Gladwell, M., 2000, *The Tipping Point: How Littlt Things Can Make a Big Difference*, New York: Back Bay Books.

Grobart, S., 2013, "One Direction", *Bloomberg Businessweek*, September 23-September29.

Iansiti, M. and Levien, R., 2004, *The Keystone Advantage: What the New Dynamics of Businessecosystems Mean for Stategy, Innovation, and Sustainability*, Boston: Havard Business School Press.

Isaacson, W., 2011, *Steve Jobs*, New York: Simon & Schuster.

Johnson, S., 2011, *Where Good Ideas Come From: The Natural History of Innovation*, New York: Riverhead Books.

Meyer, M. H. and Utterback, J. M., 1993, "The Product Family and the Dynamics of Core Capability", *Sloan Management Review*, 34.

Meyer, M. H., 1997, *The Power of Product Platforms*, Simon and Schuster.

Meyer, M. H. and Lehnerd, A. P., 1997, *The Power of Product Platforms: Building Value and Cost Leadership*, New York: Free Press.

Mills, S., and Soule M. E. and Doak, D. F., 1993, "The Keyston-Species Concept in Ecology and Conservation", *BioScience*, 42 (4): 219-224.

Mojetta, A., 2006, *The Coral Reef*, Novara: White Star.

Moore, J. F., 1993, "Predators and Prey: A New Ecology of Competition", *Harvard business review*, 71 (3): 75-86.

Moore, J. F., 1996, *The Death of Competition: Leadership & Strategy in the Age of Business Ecosystems*, New York: Harper Collins Publishers.

Moore, J. F., 2015, *Shared Purpose: A Thousand Business Ecosystems, a Worldwide Connected Community, and the Future*, Scotts Valley: Create Space Independent Pulishing Platform.

Moore, J. F., 2006, "Business Ecosystems and the View from the Firm", *The Antitrust Bulletin*, 51 (1): 31-75.

Muegge, S., 2013, "Plateform, Communities, and Business Ecosystems: Lessons Learned about Technology Entrepreneurship in an Interconnected Word", *Technology Innovation Management Review*, 3 (2): 5-15.

Olson, M., 1965, *The Logic of Collective Action: Public Goods and The Theory of Groups*, Boston: Harvard University Press.

Ostrom, E., 1990, *Governing the Commons: The Evolution of Institutions for Collective Action*, Cambridge, UK: Cambridge University Press.

Parker, G. G., Alstyne M. W. V. and Choudary, S. P., 2016, *Platform Revolution*, New York: W. W. Norton & Company, Inc.

Prahalad, C. K. and Ramaswamy, V., 2004, *The Future of Competition: Co-Creating Unique Value with Customers*, Boston: Harvard Business School Press.

Ramaswamy, V. and Ozcan, K., 2014, *The Co-Creation Paradigm*, Standford: Standford Business Books.

Reeves, N., Haanaesand, K. and Sinha, J., 2015, *Your Strategy Needs A Strategy: How to Choose and Execute the Right Approach*, Boston: Harvard Business Review Press.

Rochet, J. C. and Tirole, J., 2003, "Platform Competition in Two-sided Markets", *Journal of the European Economic Association*, 1 (4): 990–1029.

Schiffer, E., Hartwich F. and Monge, M., 2010, "Who has Influence in Multistakeholder Governance Systems? Using the Net-Map Method to Analyze Social Networking in Watershed Management in Norther Ghana", Washington, D. C.: International Food Policy Research Institute (IFPRI) Discussion Paper 00964.

Schmalensee, R., 2002, "Payment Systems and Interchange Tees", *The Journal of Industrial Economics*, 50 (2): 103-122.

Simon, P., 2011, *The Age of the Plateform*, Las Legas：Motion Publishing.

Sun, M., 2006, *Dynamic Network Platform Competition in Two-sided Markets*. PoloAlto：Standford University.

Tiwana. A., 2014, *Platform Ecosystems：Aligning Architecture, Governance, and Strategy*, Waltham：Elsevier.

Walker, P. and Wood, E., 2005, *The Coral Reef*, New York：Facts On File, Inc.

Weyl, E. G., 2010, "A Price Theory of Multi-sided Platforms", *American Economic Review*, 100（4）：1642-1672.

Wheelwright, S. C. and Clark, K. B., 1992, "Creating Project Plans to Focus Product Development", *Harvard Business Review*, 70（2）：70-82.

Williamson, E. O., 1985, *The Economic Institutions of Capitalism*, New York：The Free Press.

Williamson, E. O., 1996, *The Mechanisms of Governance*, New York：Oxford University Press.

Zhu, F. and Iansiti, M., 2012, "Entry into Platform-based Markets", *Strategic Management Journal*, 33（1）：88-106.

鲁传颖，2016，《网络空间治理与多种益攸关方理论》，北京：时事出版社。

［美］安娜贝拉·加威尔和迈克尔·库苏麦诺，2007，《平台领导：英特尔、微软和思科如何推动行业创新》，袁申国、刘兰凤译，广州：广东经济出版社。

［美］戴维·S.埃文斯和理查德·施马兰西，2011，《触媒密码：世界最具活力公司的战略》，陈英毅译，北京：商务印书馆。

［美］马尔科·扬西蒂和罗伊·莱维恩，2006，《共赢：商业生态系统对企业战略、创新和可持续性的影响》，王凤彬、王保伦等译，北京：商务印书馆。

［美］迈克尔·A.库斯玛诺，2013，《耐力制胜：管理战略与创新的六大永恒法则》，万江平和万丹译，北京：科学出版社。

［美］约翰·波拉克，2016，《创新的本能：类比思维的力量》，青立花、胡红玲和陆小虹译，北京：中信出版社。

彭友，2013，"杭州免费逻辑：算大账"，《经济观察报》，2013年9月27。

钱平凡，1999，《组织转型》，杭州：浙江人民出版社。

钱平凡，2012，"煤炭交易中心属性界定与政策建议"，国务院发展研究中心《调查研究报告》（第236号）。

钱平凡和钱鹏展，2016，"分享经济：助推经济发展的新的老模式"，国务院发展研究中心《调查研究报告》（第157号）。

钱平凡和温琳，2013，"产业平台化发展精要及其政策含义"，国务院发展研究中心《调查研究报告》（第238号）。

钱平凡和温琳，2014，"资源集结力：支撑平台持续发展的核心能力"，国务院发展研究中心《调查研究报告》（第67号）。

杨兴云，2013，"凤凰门票劫"，《经济观察报》，2013年9月27日。

第七章

分享经济：助推经济发展新的老模式

    分享经济通过基于共享的朋辈生产方式和基于产消者的经济发展模式等多种创新模式，成为助推全球经济发展的新经济。

    分享经济可视为经济发展的第三种模式，但其政策套利行为易引发矛盾与对抗，应与其他平台经济分道而行，并探索基于社区货币的创新发展模式。

    为了分享经济的健康与可持续发展，建议：第一，区别分享经济和其他平台经济，实施分类管理；第二，强化分享经济研究，为政策制定提供理论支撑；第三，倡导生产消费者理念，监管生产消费者资质转变；第四，迎接区块链革命，创建基于区块链的分享经济新图景；第五，要求平台企业自我规制，强化平台的规范与监管。

第七章 分享经济：助推经济发展新的老模式

一、分享经济是基于平台的朋辈协作经济体系

（一）分享经济是争议颇多的新概念

分享经济（the sharing economy）概念最早出现在 2004 年出版的《分享经济》（*The Sharing Economy*）一书中，其含义为多方参与的合作经济。① 劳伦斯·莱斯格（Lawrence Lessig）在 2008 年用"sharing economy"倡导文化共享理念，将分享经济定义为"不涉及金钱的交换与互惠的经济模式"（Lessig，2008）。2013 年 3 月 9 日出版的《经济学人》（*The Economist*）以"the sharing economy"为封面主题，介绍了自 2008 年以来崛起的基于互联网的朋辈租赁新模式，并将分享经济指定为"协作消费"。2015 年 2 月牛津词典在线将"sharing economy"作为新词收入，将其定义为：主要借助互联网以实现资产或服务在私人之间有偿或免费分享的经济体系。

分享经济在 2013 年 3 月之前还不是常用词，而此后则飙升为热词，时下更成为火爆词。② 与此同时，在 2013 年前后描述优步和爱彼迎等商业模式的诸多术语③纷纷与分享经济混用，而这些术语本身有着不同的界定，

---

① 洛娜·戈尔德（Lorna Gold）博士以此概念分析了 1991 年在巴西圣保罗诞生的、由宗教组织发起并获得当地政府支持的利润分享的共享经济（the economy of communion，EOC），EOC 衍生于 Focolare Movement（普世博爱运动），后者是有着宗教体验的卢嘉勒（Chiara Lubich）女士于 1943 年在意大利特伦托创办的旨在团结一致、相互帮助的宗教运动。卢嘉勒于 1991 年在巴西的旅行中发起了"The Economy of Communion in Freedom"计划，旨在借助教徒力量创办利润分享的商业以消除社区贫困，是把宗教与世俗资源汇集在一起合作发展的新经济模式，而"Communion"含有"共享、共有、宗教团体"等意思，EOC 意味着"宗教参与的共享经济"。洛娜·戈尔德博士在 2000 年 7 月提交的博士论文中，用"economy of sharing"指代"economy of communion"，并于 2004 年以"分享经济"（*The Sharing Economy*）为名出版了该博士论文。

② 据谷歌趋势（Google Trend）查询，2013 年 3 月之前，"分享经济"一词的热度均在 10%以下，2013 年 3 月快速升到 23%，2014 年 6 月达到 82%，2016 年 4 月达到 96%，后降至 85%左右。

③ 如协作消费（collaborative consumption）、协作经济（collaborative economy）、使用经济（access economy）、朋辈经济（peer economy）、按需经济（on-demand economy）、平台经济（the platform economy）、零工经济（gig economy）、租赁经济（rental economy）、循环经济（circular economy）、礼物经济（gift economy）、应用程序经济（app economy）等。

致使分享经济定义混乱，引发了很多争议，且愈演愈烈，以至于关于分享经济的研究报告及论文都得从定义着手，如美国商务部于 2016 年发布的第一份分享经济报告①就是关于其定义的。此外，优步等典型"分享经济"企业日益接近传统商业模式数字化的行为与分享经济所宣扬的美德之间差距越来越大，质疑分享经济真实性的声音也越来越多，甚至直接称分享经济为骗局（Chadwick，2016），而汤姆·斯利（Tom Slee）的著作更是针尖对麦芒地反对分享经济②。

（二）分享经济的歧义源于对分享和经济的不同理解

分享经济的争议主要源于对分享与经济的不同理解。根据韦氏词典（Webster's Dictionaries）界定，"分享"具有分享与分担等含义③，"经济"是指产品与服务的生产、消费和流通过程及体系。在 EOC 的分享经济中，"分享"意指捐资分担投资成本及分享部分利润给社区，"经济"意指创办营利性企业；在基于共享的分享经济中④，"分享"意指免费的互惠与礼物交换（Benkler，2004），"经济"意指产品和服务的生产、消费与交换方

---

① 美国商务部经济与统计管理首席经济学家办公室于 2016 年 6 月 3 日发布了《数字撮合企业："分享经济"空间中的一个新定义》（Digital Matching Firms: A New Definition in the "Sharing Economy" Space），其中将分享经济定义为"数字撮合企业"。

② 汤姆·斯利的《你的什么是我的：反对分享经济》（What's Yours Is Mine: Against the Sharing Economy）于 2015 年推出，中文版由江西人民出版社于 2017 年推出，书名为《共享经济没有告诉你的事》。该书的名字是针对雷切尔·博茨曼（Rachel Botsman）和路·罗杰斯（Roo Rogers）于 2010 年出版的《我的也是你的：协作消费的兴起》（What's Mine is Yours: The Rise of Collaborative Consumption）的。博茨曼在 2013 年 3 月 9 日发表于《经济学人》上的题为"大家都盯着分享经济"（All eyes on the sharing economy）一文中，用协作消费指代分享经济。

③ 如股东（shareholder）就意味着分享投资机会与收益，但也分担（摊）了投资成本与可能的风险。

④ 基于共享的分享经济是基于共享的经济（commons-based economy）的特例，后者是共享中心（on the commons，OTC）大力倡导的经济发展模式。OTC 是 2001 年创立的，旨在：一是构建并为共享运动带来可见性；二是发动并催化共享事业；三是培育并鼓励共享领袖。OTC 于 2014 年 3 月出版了电子书《分享革命：共享经济的要点》（Sharing Revolution: The Essential Economics of The Commons）。OTC 着重于共享的发展，而社区是共享的重要形式，强调共享在分享经济发展中发挥着必不可少的放大器作用，没有共享就没有分享经济，甚至没有市场。

式，强调"基于共享的朋辈生产"新模式（Benkler and Nissenbaum，2006）；上述分享经济含义清晰。

2013年流行起来的分享经济概念争议最大①，主要集中在以下几个方面：一是免费与有偿分享②，二是分享对象③，三是分享主体④，四是分享的回报物⑤，五是概念的侧重点⑥，等等。总体来说，对分享经济的理解见仁见智，争议乃至质疑也就不足为奇。

（三）分享经济是以平台与朋辈协作为特征的经济体系

综观分享经济的多种界定，有三个高频率词：协作（collaborative）、平台（platform）、朋辈（peer）。

在分享经济概念中，协作以协作消费与协作经济概念出现，而协作消费的本意是协调相关者消费的集体行动（Felson and Spaeth，1978），自2010年被用来描述个体之间有偿使用闲置资产等行为后，被美国《时代周刊》（Times）列为2011年"十大改变世界的创意"之一，并于2013年被指代为分享经济。与此同时，协作经济越来越盛行，欧盟直接称分享经济

---

① "分享经济"这个词于2008年前后开始在旧金山及硅谷的记者和公众人物中流行起来，主要描述促进人们协作消费的技术平台。

② 部分学者认为分享经济应像沙发客（Couchsurfing）那样免费，大部分学者认为分享经济既可免费也可有偿，极少数学者认为分享经济必须有偿。

③ 多数学者认为分享的是个人的闲置资产与服务，但也有部分人把单位的闲置资产也纳入分享的范围，甚至把2000年在美国波士顿设立的基于互联网的分时租赁公司Zipcar的出租车也当作可分享资产，进而把该公司当作分享经济的先驱乃至"鼻祖"。

④ 大多数学者认为分享经济的主体是个体，而且是朋辈，视分享经济为朋辈经济者更是强调朋辈间分享；部分学者认为分享主体可以是企业或其他组织；部分学者认为可兼顾。

⑤ 多数学者认为分享的回报物是货币，通过分享闲置资产获得额外收入以补贴家用，甚至以此方式谋生；少部分作者认为分享应获得回报，但回报物非法定货币，倡导使用社区货币。

⑥ 不同学者为了突出分享经济的不同特点进行不同的界定，如平台经济强调分享经济利用平台特性，朋辈经济强调分享经济的朋辈间分享特性，而使用经济强调分享经济的使用重于拥有特性。

为协作经济。①

平台是实现关联方连接与互动的载体及媒介（钱平凡和温琳，2014）。分享经济的概念界定者们都强调平台是分享经济的基础，只是不同作者所言的平台类型并不完全相同，EOC 所依托的商业园区实际上是实体型平台（Gold，2004），共享也是平台，至于撮合朋辈协作消费的互联网更是平台。

朋辈是描述分享经济的特色词，朋辈生产与朋辈消费共同构成朋辈协作，进而被称为朋辈经济（peer-to-peer/peer economy）。② 朋辈也是区别分享经济与否的关键词，我们认为朋辈③，至少作为供给方的朋辈，应是生产消费者（prosumer）④，而非以此为生的专业人士。

这三个高频词体现了分享经济的共性，由此我们认为，分享经济是基于平台的朋辈协作经济体系，而朋辈协作是个体以闲置资源为同仁免费或有偿使用的合作行为。这与 Chase（2015）对分享经济的新认识颇为相近。⑤

（四）分享经济可分为社会的与商业的两大类型

根据不同的分类标准，可将分享经济分成不同类型。我们根据营利与

---

① 协作经济（collaborative economy）绕过了传统中介和分销渠道，通过撮合"需求者"与"拥有者"而发掘未充分使用的资产的价值。

② 朋辈经济是连接买卖双方而促进个人之间直接交换资产的系统。使用该术语时，应考虑所举例子是否真正适用个体对个体的朋辈机制。

③ 根据《韦氏词典》界定，Peer 是属于相同社会群体（如年龄、性别和社会地位等相同）的个人。朋辈意指志同道合者或同仁，同等的人或圈子里的人。

④ 生产消费者或产消者是美国未来学家阿尔温·托夫勒（Alvin Toffler）在《第三次浪潮》（*The Thircl Wave*）中创造的新概念，意指生产者与消费者合二为一，其本意是消费者承担了生产者的部分职能。美国的比尔·奎恩（Bill Quain）博士在《生产消费者力量》（*Pro Sumer Power*）一书中，以产消者概念倡导推荐营销行为，即在消费某产品或服务的同时推销给其他人而获益，从单纯消费者转变为产消者。2013 年，美国马里兰大学乔治·瑞泽尔（George Ritzer）教授在分析互联网时代生产与消费混在一起的现象时，赋予其消费者转向为生产者角色的新意。2014 年，美国趋势学家杰里米·里夫金在《零边际成本社会》中提出，产消者意指消费者在消费的同时进行生产。

⑤ Chase（2015）认为分享经济实际上是协作经济，余闲能力、平台和朋辈是朋辈公司的核心。这里的"Peers"既包括个人也包括小公司，但以个人为主。

否将分享经济分为两大类型，如图 7.1 所示。

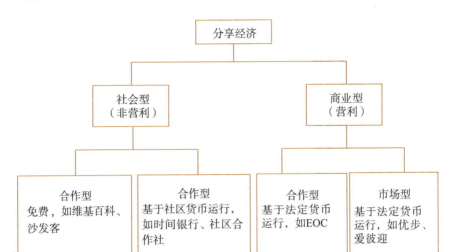

图 7.1　分享经济类型

数据来源：作者自绘。

其中，基于合作的商业型分享经济实际上是合作社及平台合作化，严格来讲已不属于我们所界定的分享经济，但其自称为真的分享经济或新分享经济①，这里姑且作为一种分享经济。

二、分享经济是古老的朋辈协作经济模式的智能化复兴

（一）朋辈协作经济是人类最早的经济发展模式

人类最早的历史可追溯到约 25 万年前的采集狩猎时代，采集狩猎者采集自然资源，满足饮食、居住、衣物、仪式活动和其他目的，这种形式一直持续到公元前 1 万年（大卫·克里斯蒂安，2016）。采集狩猎成为人类

---

① 佐伊·奥贾·塔克（Zoe Oja Tucker）于 2015 年以"真的分享经济"（The True Sharing Economy）为题介绍了美国旧金山湾区的几家合作社，其中，面包店 Arizmendi 的负责人认为他们是团结经济（solidarity economy），而非分享经济；但 Loconomics 公司创建人则认为他们是基于平台的真正的分享经济，是解决分享经济所面临问题的重要解决方案。平台合作化网则称其自身为新分享经济。

最早的生产方式，女采男猎构成了人类最早的分工与合作模式，而采集狩猎者群居在部落中，部落之间交换礼物，建立起互惠合作关系，形成基于部落的朋辈协作发展模式。

此后，人类进入了定居于村庄的农耕时代。由于农耕的季节性与复杂性，基于村庄（邻里）的朋辈协作生产成为主导的经济发展模式。与此同时，随着社会分工的深化和城镇的出现，基于市场协作的经济发展模式破土而出。1750年左右，人类进入了以商业经济和工业革命为特征的近现代，基于厂商与市场分工协作的经济发展模式成为主流，而基于村庄或社区的朋辈协作经济发展模式则退为其次，之后逐渐走向边缘，淡出了人们的视野。

（二）分享运动唤醒了古老的朋辈协作经济模式

作为社会性物种，分享是人类生活的基本构成，合作分享是人类的天性之一（Buczynski，2013）。随着市场的出现，人们交换礼物的分享行为大幅度减少，而基于价值的交换与交易成为主流。随着资本主义的发展，分享投资机会与分担投资风险的股份制成为主流，而劳动参与投资分享及风险共担的合作社也大量涌现，不过，这些都是商业行为。

20世纪90年代以来，随着互联网的发展，分享源代码的Linux、分享知识的维基百科相继出现，诞生了互联网时代基于共享的朋辈生产方式。其后，分享创意的TED、分享生活的脸书和分享内容的优兔（YouTube）相继问世及流行，引发了基于互联网的分享运动，创造出线上线下互动的资产与服务分享新模式，掀起朋辈协作的新浪潮。

（三）智能平台成就了基于朋辈协作的分享经济新模式

分享运动唤醒了朋辈协作的经济发展模式，但分享经济引起人们广泛关注的时间则是在2008年前后，作为分享经济典范的"三大家"——借贷俱乐部（Lending Club）、爱彼迎、优步——先后在美国旧金山创立，进而演变成具有世界影响的基于朋辈协作的分享经济新模式。

分享经济于2008年左右在世界创新中心硅谷的核心点之一——旧金山

市诞生，看似偶然也属必然。2007 年 1 月横空出世的苹果 iPhone 智能手机成为全球首个移动服务平台；同年 5 月脸书推出 API，构成开放式社交平台；加之正在兴起的大数据和算法与已有的网上支付和网上评论，共同构成智能平台，从而更能够灵活、便利、及时、安全、经济地连接不同需求的陌生人，由此成就了分享经济新模式。

（四）新分享经济概念凸显了分享经济的复兴特性

分享经济是个新概念，但其内在模式是古老的，只是智能平台为其提供了强劲支撑，可谓"新的老模式"。这在分享经济业内和理论界均得到了多数人的认可，而一些行家为了强调分享经济的复兴特性，特意选择使用新分享经济（the new sharing economy）一词（Stephany，2015）①。

三、分享经济通过多种新模式助推经济发展

（一）分享经济成为助推全球经济发展的新经济

分享经济在短时间内崛起并成为全球现象，且其规模与影响力都呈指数性增长。由于界定分享经济不易，精确衡量其市场规模也就勉为其难。不过，国际四大会计师事务所之一——普华永道发布了估算与预测报告②，预计全球分享经济规模会从 2015 年的 150 亿美元增长到 2025 年的 3 350 亿美元。

时下全球经济复苏乏力，分享经济模式的新颖性和巨大发展潜力立即

---

① 欧洲最大的分享企业 Just Park 的创始人亚历克斯·斯特凡尼（Alex Stephany）在 2015 年出版了业内颇有影响的著作《共享经济商业模式：重新定义商业的未来》（*The Business of Sharing*：*Making it in the New Sharing Economy*），其副标题就强调了新分享经济概念，他在书中说道"我们曾经忘记了如何分享，现在又想起来。我将复兴的分享模式称为'分享 2.0'"（Stephany，2015：23）。

② 2014 年 12 月，普华永道发布了业内颇有影响的报告《分享经济：消费者才智系列》（*The Sharing Economy*：*Consumer Intelligence Series*），将分享经济界定为"允许个体和群体从使用不足的资产中赚钱，在这种模式中，有形资产被分享成服务"。这个界定并不准确，因此，所做估算也不精确，其数据仅能说明全球分享经济具有一定规模并将快速增长。

吸引了广泛关注，多国政府纷纷将其列为助推本国经济发展的新经济，而中国也迅速将其上升到国家战略的高度。①

（二）分享经济探索出闲置资源再利用的新模式

人类定居以后开始出现剩余物质，农业革命和工业革命以后，发达国家进入物质高度丰富的时代，资源闲置成为重要的社会现象。仅以家用汽车为例，平均使用时间仅为10%，世界家用汽车闲置水平极为惊人。②由于闲置资源具有碎片化特征，零散地存在于社会各个领域，利用起来不易且成本高昂，有限的再利用多发生在社区与村庄中，而且是在熟人之间。

随着分享经济的兴起，通过智能平台，陌生的闲置资源拥有者能够与潜在使用者高效、低成本地匹配起来，而且在全社会范围内撮合、探索出可规模化的闲置资源再利用的新模式，在大大提高闲置资源价值的同时降低了社会成本，成为经济发展新方式。

（三）分享经济颠覆及优化了诸多传统产业发展方式

现代产业发展的基本特征是分工专业化，生产者通过投资去满足消费者的需求，彼此是基于金钱交易的陌生人。这种模式要求投资规模化与标准化，但需求具有不确定性，致使投资风险较大、投资有限，只能有限地满足消费者需求。

分享经济倡导的是基于朋辈协作的分享，通过智能平台，撮合多样化

---

① "分享经济"一词于2015年2月被收进牛津在线词典，在2015年10月召开的党的十八届五中全会中就首次提出"发展分享经济"，2016年国务院《政府工作报告》中提到"以体制机制创新促进分享经济发展"与"支持分享经济发展，提高资源利用效率，让更多人参与进来、富裕起来"，党中央和国务院迅速将发展分享经济上升到国家战略层面，作为新经济的重要组成部分而予以大力支持。

② 2014年全世界汽车保有量为12.36亿辆，其中，乘用车保有量为9.01亿辆，若其中80%为家用汽车，全世界汽车的闲置能力就高达6.3亿辆。2014年美国与中国的汽车保有量分别为2.58亿辆与1.42亿辆，高居世界第一与第二，其闲置能力分别为0.91亿辆与0.79亿辆。

的闲置资源与多样化的需求,使供需方成为既陌生又"熟悉"的朋辈。①这种"积沙成塔"的"业余"模式,不仅颠覆了诸多传统产业的专业化模式,而且能比后者提供更高的附加值,优化了后者效率,这在出行与住宿业最为显著。②

(四)分享经济创造出基于共享的朋辈生产新方式

在现代分工产业体系中,生产是生产者谋生的手段,生产者的激励与约束是生产管理的重要内容与难点之一。

分享经济创造出基于共享的朋辈生产方式,激发专业人员自我价值展示与实现的内在动力,参与生产不为谋生,而是为了完善产品。这种基于共享的朋辈生产方式,通过自我激励与约束,不仅效率高、质量好,而且成本接近零,其典范是维基百科,这是传统百科全书出版业不可想象的新模式。

(五)分享经济创造出基于产消者的经济发展模式

分享经济有效利用闲置资源的核心在于借助智能平台,把相关消费者转化为生产消费者,即在消费某物的同时还能以此获得收益。通过这种转化,既分摊了消费者的消费成本,又可以为其他消费者创造价值,成为基于

---

① 分享经济的供需方是陌生人,但通过社交网站的丰富信息了解彼此,尤其通过评级与评论了解彼此的信誉,在交易确定前双方都有一定的了解,成为"熟悉"的陌生人。

② 作为分享经济出行业颇有争议的典范,优步于2010年6月在美国旧金山正式上线,到2016年8月底,已在全世界72个国家的425个城市开展业务,每月有3 000万个用户,这不是任何一家传统出租车公司可以想象的发展速度与业绩。乘车用户通过优步打车软件随时随地叫车,而驾驶员来自那些通过优步认证的私家车车主。与此同时,优步通过人工智能与地图定位,缩短了人车对接的时间,实现了可视化管理,提高了用户体验,也提升了车主效率与效益。2015年年底,分享经济住宿行业的典范爱彼迎已在世界190多个国家和地区的34 000多个城市上线,对接了超过100万间客房,累计房客总数超过4 000万人。相比之下,全球最大的连锁酒店洲际酒店集团目前也仅在100多个国家和地区拥有66万间客房和4 400家酒店,这个酒店帝国运营迄今已超过65年,爱彼迎除了在极短的时间内在规模上超过世界最大的酒店集团,还提供了许多后者难以提供的服务,尤其是极为丰富的个性化,以及"回家"的感觉和了解当地文化及生活的真实体验。

产消者的经济发展新模式，其典范是法国长途拼车服务公司 BlablaCar。①

四、分享经济需要探索基于社区货币的创新发展模式

（一）分享经济可视为经济发展的第三种模式

分工出效率，分工需要协作。按照 Williamson（1973）的分析，经济协作有基于科层与基于市场的两种模式②，而作为一种合作社的朋辈组织是介于两者之间的半市场组织。③ 科层与市场通过不同的机制，协调生产者与消费者，构成经济发展的两种基本模式。

相比之下，分享经济有着不同的协作模式：一是基于社区属性的平台，常被视为共享；二是协作朋辈，而朋辈并非泾渭分明的生产者与消费者。共享不仅能够促进市场模式下的直接合作，更能激发溢出效应强劲的间接合作，基于共享的朋辈生产属于典型的间接合作（钱平凡，2016），而基于共享的朋辈协作被共享者视为经济治理的第三种模式（Ostrom，2012；Bollier，2014）。④ 这意味着，分享经济可视为经济发展的

---

① BlablaCar 是 2006 年创立在法国巴黎的一家长途拼车服务公司，帮助旅行者寻找与自己出行路线相同的汽车并预订座位，通过这种方式，车主将获得部分额外收入，而旅行者也可节约更多费用。BlablaCar 的车是私车旅行，车主本是消费者，通过拼车载客变成消费的生产者，既分摊掉自身的消费成本，又基于其资产和专长提供服务而获得额外收益，还降低了其他旅行者的旅行成本。

② 奥利弗·E. 威廉姆森（Oliver E. Williamson）界定的科层（hierarchy）是相对于市场的企业，基于科层的协作属于组织内协作。由于政府也是科层组织，政府协作经济活动也属于基于科层的协作。

③ 威廉姆森所说的朋辈组织全称是"朋辈群体联合体"（peer group associations），是员工简单的无科层联合体。这涉及集体的、经常合作的活动，主要提供给那些分享收益但又没有隶属关系的人。威廉姆森所说的朋辈组织是一种合作社，员工分享股权投资，朋辈意味着彼此平等、没有隶属关系，但实际运作中还是有隶属关系，可能这种隶属关系是根据工作的需要而变动的。这种朋辈组织在现实中较为罕见。

④ 因研究共享治理而获得 2009 年度诺贝尔经济学奖的埃莉诺·奥斯特罗姆（Elinor Ostrom）生前最后一次演讲的题目是"共享的未来"（The future of the Commons），奥斯特罗姆把共享作为市场与政府之外的第三种治理模式。大卫·博利埃（David Bollier）在《像共享者一样思考》（*Think Like a Commoner*）中提及，部分共享者认为应把共享当作国家、市场外的第三种治理机构，形成市场/国家/共享的治理格局。

第三种模式。

(二) 分享经济的政策套利行为引发矛盾与对抗

分享经济崛起时间很短，在赢得多方称赞与期许的同时，质疑的声音与反对的行动越来越多，如被视为分享经济典范的优步和爱彼迎不仅在世界多地被禁用①，而且被人称为"没有执照的骗子"②，或"政策的套利者"③。

分享经济的初衷是朋辈之间分享闲置资源，然而，分享经济平台公司却放开朋辈限制，连接诸多专业用户④，径自跨入受到严格规制的城市交通出租与住宿行业，产生严重的政策套利行为，使这些行业现有从业者感到不公平、不合理，进而奋起反击，彼此的矛盾与冲突也就不可避免。

(三) 分享经济应与其他平台经济分道而行

分享经济的平台公司在放开朋辈限制之后，分享经济就失去了特色，而回归到普通平台经济上了。⑤ 平台经济的重要特点在于撮合与网络效应，而分享经济是撮合朋辈且具有一定社会属性的平台经济，只占平台经济很小的份额。当美国商务部把分享经济界定为"数字撮合企业"时，立即

---

① 《经济学人》于 2014 年 4 月 26 日刊出《分享经济：兴旺与反击》（The sharing economy: Boom and backlash）一文，介绍了优步和爱彼迎在世界一些城市快速发展的同时，在另一些城市受到强烈抵制与反击的现象。

② 越来越多的学者认为，优步和爱彼迎分别对接私车与乘客、房主与旅客，以此谋利，而私车与民宅既没有营业执照也不用纳税还不受行业监管，以此谋利当属"黑车"与"黑店"。2007 年创建的私车搭乘服务公司 Lyft 为了规避有关法规，将收费改称"接受捐款"（accept donations），但仍然被称为"黑车"。

③ Kenney 和 Zysman（2016）把优步等模式称为"在玩政策套利游戏"（play a game of policy arbitrage），即优步违反了行业内用于保护用户、员工、社区与市场的监管法律。

④ 据 2014 年 4 月 26 日《经济学人》的《分享经济：兴旺与反击》一文介绍，在纽约爱彼迎网上挂牌的房主中有 1 849 人拥有多于 1 套房产，占总量的 30%，其中 102 户房主拥有超过 7 套以上房产，是专业出租户。

⑤ Kenney 和 Zysman（2016）认为平台经济是以平台且多是数字平台或智能平台为支撑的商业模式及经济体系，如脸书、谷歌和易趣等都属于平台经济。

引起了反感。①

分享经济的分享意味着其追求的回报主要是感谢而非利润,其智能平台撮合的是朋辈而非专业的生产者与消费者,这两点是分享经济构成经济发展第三模式的核心所在,这要求分享经济必须在特定的规制体系和社会环境内运行,至少应与其他平台经济分道而行,否则必然会引起冲突。

(四) 分享经济的可持续发展需要引入社区货币

分享经济源于古老的邻里分享及互助,其回报多是社区温情和感谢,甚至是无须感谢的自我成就和助人为乐的感觉。至于感谢,可以是"谢谢"两字,或是礼尚往来,或是投桃报李,但最好不是明码标价的金钱,否则就会变味成商业交易。

分享经济是邻里分享的智能化,只是社区一旦更大更复杂,感谢方式便需要更好的设计。从分享经济的发展来看,那些没有货币中介的分享经济依然生机勃勃,而货币介入的分享经济则变成了整治对象。即使Lyft以"接受捐款"名义获得金钱也会引起反对,"去货币"成为分享经济发展的重要条件。

分享经济既要去货币,又要实现可持续发展,因而,引入社区货币(community currency)成为创造性的选择。② 具体来说,在区域限制性较强

---

① 美国商务部于2016年6月3日发布题为"数字撮合企业"(Digital matching firms)的报告,3天后,艾莉森·格里斯沃尔德(Alison Griswold)就在网上发布《美国政府赋予分享经济的新定义是最差的》(The US governments new name for the sharing economy is the worst one yet)一文。

② 社区货币是由社区中的一群人达成的协议,接受非传统的货币作为交易媒介,具有内在的互利性;社区货币类型很多,其中,时间美元最具影响力。时间美元是埃德加·卡恩(Edgar Cahn)在20世纪90年代早期创立的以服务小时数为记账单位的一种互助信贷体系,美国税收机构对以时间美元进行的交易免税(贝尔纳德·列特尔,2003)。杰里米·里夫金在《零边际成本社会》中也倡导使用共享货币,以便区分共享制度与市场制度下经营方式的差异。

的行业如交通和住宿的分享经济交换中使用社区货币①,社区货币可用货币买入和提供分享服务来获取②,但需要在本地指定商店与机构消费,而且社区货币值须定期贬值③,既可实现分享经济可持续发展又可促进本地其他经济的发展。当然,社区货币需要精心设计与谨慎实施,这里仅提出倡议与初步的设想。

五、政策建议

(一)区别分享经济和其他平台经济,实施分类管理

分享经济是平台经济的特例,在平台经济中占比不高,但影响深远,成为助推经济发展的新模式。分享经济平台连接的是朋辈的闲置资源,与匹配专业供给者的其他平台有着显著差异,需要予以区别对待和分类管理。虽然目前中央和国务院文件中没有明确提出发展平台经济,但大力支持的"互联网+"经济就是平台经济,没必要把其他平台经济纳入分享经

---

① 为了鼓励朋辈分享闲置资产,可引入社区货币或区域货币,规定这类交换中只能使用社区货币。以北京的交通行业与住宿行业来说,由于这两类行业不仅受政府管制较严,而且使用了丰富的社会资源,所以其市场价格较高。考虑到北京的私车与民宅的闲置量大,适合也应该大力发展分享经济,车主和房主能够以闲置资源为他人提供服务而获得一定的回报,但收取的是北京社区货币,价格不能超过同类市场服务价格的 70%—80%,而北京社区货币只能在北京本地指定的商场与服务场所消费,不能直接兑换成人民币。这样既鼓励车主和房主以闲置资源与朋辈分享而获得适当补贴,又不至于变成专业服务商。同时,在京人士或来京差旅人士也能够以较低价格获得体验北京文化及分享北京闲置资源的机会,降低北京商务与生活成本,促进北京本地经济发展。之所以把价格限制在正常市场价格的七成至八成,一方面是遏制车主和房主过多服务的动机;另一方面,由于私车和民宅的分享没有执照费与税费等,成本较低,这部分节省下来的费用应回馈给乘客和旅客,进而促进本地其他经济的发展。

② 社区货币可用货币买入,消费剩余的社区货币可兑换货币,以便外地人临时便利地使用本地社区货币;本地车主与房主通过提供服务而获得的社区货币只能在本地指定商店与服务机构消费,或转赠亲朋,或私下兑换,不能直接兑换成人民币。

③ 德国地区货币 Chiemgauer 每三个月就得在纸币上贴上"纸条",这相当于抵消了 2% 的纸币票面价值,目的是鼓励货币的流通。在设计分享经济的社区货币时,可借鉴该经验,刺激社区货币持有者消费。

济名下，否则会影响彼此发展。

（二）强化分享经济研究，为政策制定提供理论支撑

分享经济迅猛崛起，其诸多新模式和新理念对人们的生活与生产带来重大冲击。然而，国内外理论界对分享经济的研究明显滞后①，导致分享经济界定混乱、争议不断、想法多而理论分析不足，政策制定者无所适从的局面。这种局面应尽快扭转，学界需要强化分享经济研究，为相关政策制定提供坚实的理论支撑。

（三）倡导生产消费者理念，监管生产消费者资质转变

分享经济依赖生产消费者理念，通过生产消费者的身份转换，实现朋辈间闲置资源的分享。生产消费者是个新理念，值得倡导。然而，消费者与生产者之间差异较大，当消费者以闲置资源开展相关服务而成为生产者时，必须遵守相应行业规则与资质要求，其资质不仅需要满足相关平台的规范认证，还应受到政府相关部门的严格监管，以免发生行业事故。

（四）迎接区块链革命，创建基于区块链的分享经济新图景

分享经济依托社交媒体和用户评级、评论等方式，提高交易的透明度，增强彼此的信任，降低交易费用，促进陌生朋辈分享闲置资源。但是这种方式涉及人为因素较多，效果也会受限。因此，随着"信任机器"区块链技术的出现②，以及"区块链革命"的发生（Tapscott and Tapscott，2016），天生具有"对等③、去中心、去信任机构、完全透明"特性的区块

---

① 国内外有关分享经济的著作目前多出自商业界而非学术界，近两年国际上有关分享经济的理论研究成果才开始增多，而国内尚未出现系统研究成果。

② 《经济学人》于2015年5月刊发题为"区块链：下一个大事情"（Blockchain: The next big thing）一文，首次介绍区块链；2015年10月31日赞誉其为"信任机器"（the trust machine），即"创造信任的机器"。

③ 对等是指网上各台计算机有相同的功能，无主从之分，每台计算机都是既可以作为服务器，设定共享资源供网络中其他计算机使用，又可以作为工作站，没有专用的服务器，也没有专用的工作站。

链技术被迅速引入分享经济，产生了基于区块链的分享经济模式（Sundararajan，2016）①，被誉为"分享经济 2.0"②。中国分享经济发展深受信誉不足的困扰，亟待引入区块链技术与理念，从而创建基于区块链的分享经济新图景。

（五）要求平台企业自我规制，强化平台的规范与监管

分享经济是基于智能平台的新经济，而平台是以接口为特征的新业态（钱平凡和温琳，2013），允许接口接入用户的差异直接影响分享经济的性质。因此，一方面要求平台企业自我规制，严格按规定对接朋辈的闲置资源，审核生产消费者的资质，维护利益相关者的共同利益；另一方面要求平台企业开放平台并与政府相关平台对接，接受政府相关部门的监管。

执笔人：钱平凡　钱鹏展

参考文献

Benkler，2004，"Sharing Nicely：On Sharable Goods and the Emergence of Sharing as Modality of Economic Production"，*Yale Law Journal*，114：273-358.

Benkler，Y. and Nissenbaum，H.，2006，"Commons-based Peer Production and Virtue"，*The Journal of Political Philosophy*，14（4）：394-419.

Bollier，D.，2014，*Think Like A Commoner：A Short Introduction to the Life of the Commons*，Gabriola Island：New Society Publishers.

---

① La'Zooz 是 2013 年在以色列成立的全球首家基于区块链的乘车分享公司，通过"去中心化"管理模式，让人们能以优步 1/10 的价格享受到顺风车服务，同时在不通过第三方认证的情况下给司机支付类似比特币的 Zooz 虚拟币奖励。受该公司的启发，优步的原司机克里斯托弗·戴维（Christopher David）于 2016 年 3 月建立总部位于美国得克萨斯州奥斯汀的 Arcade City 拼车公司，利用区块链技术，让乘客可以在叫车前先浏览获知司机的信息资料；允许司机们自行决定打车价格，并在资料里标注自己的要价；对司机用户"发行股票"，拟让司机们在 2020 年前最多可以获得 Arcade City 公司的全部股份。

② 劳伦斯·伦迪（Lawrence Lundy）于 2016 年 5 月 12 日发布《区块链与分享经济 2.0》（Blockchain and the sharing economy 2.0）一文，把建立在区块链上的分享经济称为"分享经济 2.0"。

Botsman, R. and Rogers, R., 2010, *What's Mine is Yours: The Rise of Collaborative Consumption*, New York: HarperCollins Publishers.

Buczynski, B., 2013, *Sharing is Good: How to Save Money, Time and Resources through Collaborative Consumption*, Gabrionla Island: New Society Publishers.

Chadwick, L., 2016, "The 'Sharing Economy' is a Hoax", http://ianchadwick.com/blog/the-sharing-economy-is-a-hoax, 访问时间：2019年1月

Chase, R., 2015, *PEERS ING: How People and Platforms are Inventing the Collaborative Economy and Reinventing Capitalism*, New York: PublicAffairs.

Felson, M. and Spaeth, J., 1978, "Community Structure and Collaborative Consumption: A Routine Activity Approach", *American Behavioral Scientist*, 21（4）: 614-624.

Gold, L., 2004, "The 'Economy of Communion': A Case Study of Business and Civil Society in Partnership of Change", *Development in Practice*, 14（5）: 633-644.

Kenney, M. and Zysman, J., 2016, "The Rise of the Platform Economy", *Issues in Science and Technology*, 3: 61-69.

Lessig, L., 2008, *Remix*, New York: The Penguin Press.

Ostrom, E., 2012, *The Future of the Commons: Beyond Market Failture and Government Regulation*, London: The Institute of Economic Affairs.

Rifkin, J., 2014, *The Zero Marginal Cost Society: The Internet of Things, The collaborative Commons, and The Eclipse of Capitalism*, New York: Palgrave Macmillan.

Ritzer, G., 2013, "Prosumption: Evolution, revolution, or eternal return of the same?" *Journal of Consumer Culture*, November 6, 1-22.

Stephany, A., 2015, *The Business of Sharing: Making it in the New Sharing Economy*, New York: Palgrave Macmillan.

Sundararajan, A., 2016, *The Sharing Economy: The End of Employment and the Rise of Crowd-based Capitalism*, Cambridge: The MIT Press.

Tapscott, D. and Tapscott, A., 2016, *Blockchain Revolution: How The Technology Behind Bitcoin is Changing Money, Business, and The World*, New York: Penguin Random HOUSE LLC.

Williamson, E. O., 1973, "Markets and Hierarchies: Some Elementary Considerations", *American Economic Association*, 63（2）: 316-325.

［美］阿尔温·托夫勒，1983，《第三次浪潮》，朱志焱、潘琪和张焱译，上海：三联书店。

［美］贝尔纳德·列特尔，2003，《货币的未来》，林罡、刘姝颖译，北京：新华出版社。

［美］比尔·奎恩，2004，《生产消费者力量》，赖伟雄译，成都：四川大学出版社。

［美］大卫·克里斯蒂安，2016，《极简人类史：从宇宙大爆炸到21世纪》，王睿译，北京：中信出版社。

［美］杰里米·里夫金，2014，《零边际成本社会：一个物联网、合作共赢的新经济时代》，赛迪研究院专家组译，北京：中信出版社。

钱平凡，2016，"产业共享：塑造产业群体竞争优势的新利器"，《发展研究》，第2期，第52—56页。

钱平凡和温琳，2013，"产业平台化发展精要及其政策含义"，国务院发展研究中心《调查研究报告》（第238号）。

钱平凡和温琳，2014，"资源集结力：支撑平台持续发展的核心能力"，《中国经济时报》，2014年6月9日。

第八章

中国产业发展中的金融作用机制：经验与不足

改革开放以来，中国产业发展在规模扩大、多样化和转型升级等方面取得了巨大成就。这是诸多因素共同作用的结果，其中金融因素不可或缺。由于采取了金融约束政策和在线修复策略，中国金融体系快速发展且长期保持稳定，这为金融有效支持产业发展提供了基本前提。

对于制造业而言，主要作用机制是，抵押物价值上升对风险的覆盖，使银行业可以高效、低成本、大规模地提供贷款。对于互联网行业而言，主要作用机制是为进口海外股权市场提供了便利。

不过，中国金融体系在支持产业发展方面已经并仍在暴露出越来越多的问题。主要体现为：金融发展过度，金融攫取性特征明显；金融运行过度依赖房地产，金融有效供给能力退化、金融风险累积；国内股权融资市场对创新支持能力不足。

第八章　中国产业发展中的金融作用机制：经验与不足

一、引　言

改革开放四十年来，中国产业发展在规模扩大、多样化和转型升级等方面取得了巨大成就。这是诸多因素共同作用的结果，其中金融因素不可或缺。本章的目的就是寻找这一过程中的金融因素及其作用机制。本章所讨论的金融作用机制是狭义的金融。从金融功能看，本章主要关注融资功能，即金融体系如何为产业发展和转型升级提供融资支持，不涉及公司治理、风险保障等功能。从融资层面看，本章主要关注外源融资，即外部提供的股权和债权融资，不考虑留存收益等内源融资机制。①

与仅着眼于讨论具体金融工具和金融政策的文献不同，本章将基于中国与其他发展中经济体的比较，尝试从一个较为系统和宏观的视角，对中国产业发展中的金融作用机制做一个粗线条式的扫描。

与大部分发展中经济体乃至发达经济体相比，在金融和产业发展方面，中国具有以下典型特征。金融发展方面，金融体系规模庞大，储蓄动员能力强，金融长期保持稳定；产业发展方面，制造业快速发展成为世界工厂，互联网行业仅次于美国。基于这些特征，本章将金融如何支持产业发展这一主题分解为两个具体问题。第一个问题是：中国的金融体系是如何发展起来并保持金融稳定的，从而使其获得了配置庞大资金的前提条件。第二个问题是：什么样的机制使得国内外金融体系可以将资金大量配置到中国的制造业和互联网行业。大部分研究都忽略了对这一问题的考察，将中国规模庞大且基本稳定的金融体系作为讨论的起点。对照新兴经济体通常金融规模较小且多发金融危机的特征性事实，可以发现如果忽视了第一个问题，对中国产业发展中的金融作用机制的分析将是很不完整的。

本章余下内容的结构是这样安排的。第一部分讨论中国金融发展模式的两大支柱，即"金融约束"和"在线修复"；第二部分讨论抵押物价值

---

① 在出口导向型发展模式、全球贸易大扩张、发挥比较优势等因素综合作用下的出口快速增长，为中国产业发展和转型升级提供了大量的内源融资支持。

持续上升对制造业融资的影响;第三部分讨论进口股权融资市场对互联网行业发展的影响;第四部分讨论新时代中国金融在支持产业转型升级中存在的不足,并提出建议。

二、中国金融发展模式:金融约束与"在线修复"

(一)中国金融的特征性事实:规模快速膨胀并保持基本稳定

"问渠那得清如许?为有源头活水来。"要对产业发展提供有效支撑,一个基本前提是:具有总体稳定,储蓄动员能力强,能够调动和配置较大规模资金的金融体系。① 与大多数发展中经济体相比,金融规模快速膨胀并长期保持基本稳定是中国金融体系的特征性事实。这也是中国金融体系持续有力支撑产业发展的基础。

从绝对规模看,2016年年末,银行业金融机构资产规模已达232万亿元,较1978年增长了1 000倍以上;社会融资规模存量达155.99万亿元,较1978年增长了800倍以上(见图8.1)。

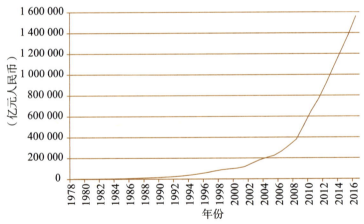

图 8.1 1978 年以来中国社会融资规模存量

注:由于缺乏2002年之前的社会融资规模存量数据,我们以"贷款余额+企业债券余额+股市累积融资额"为替代。

数据来源:中国人民银行,Wind数据库(访问时间:2017年2月17日)。

---

① 2017年4月25日,习近平总书记在主持第十八届中央政治局第四十次集体学习时指出,金融安全是经济平稳健康发展的重要基础。

第八章 中国产业发展中的金融作用机制：经验与不足

从相对规模或金融深化指标看，国内金融部门为非金融部门提供的国内信贷与 GDP 之比大幅增加，金融深化的幅度和速度均远远超过新兴经济体。1978 年，中国的这一数值为 37.9%，与印度、南非、土耳其、巴西等发展中经济体差别不大。但是，2008 年，中国的这一数值已达到 118.7%，与主要发展中经济体的差异越来越大，分别超出印度、巴西、土耳其和印度尼西亚 48.9 个百分点、32.8 个百分点、64.1 个百分点和 81.9 个百分点（见表 8.1）。①

表 8.1 主要发展中经济体金融规模：国内金融部门为非金融部门提供的信贷与 GDP 之比

年份	中国	印度	巴西	俄罗斯	尼日利亚	土耳其	印度尼西亚
1978	37.9	33.1	45.5	n/a	21.6	35.7	19.9
1985	65.2	46.7	50.9	n/a	43.4	39.9	16.6
1990	88.4	50.0	87.6	n/a	21.9	19.5	50.3
1995	86.9	42.9	54.9	25.5	23.6	27.8	51.8
2000	118.4	51.2	70.7	24.9	10.0	37.9	60.7
2008	118.7	69.8	85.9	24.4	26.6	54.6	36.8
2015	194.4	76.7	108.7	54.5	23.1	92.9	46.7

数据来源：世界银行网站（访问时间：2017 年 2 月 17 日）。

在金融稳定方面，即使在最艰难的时期，中国的金融体系仍保持了基本稳定和正常的融资功能。受亚洲金融危机、国企经营困难等因素的冲击，20 世纪末和 21 世纪初中国银行业不良贷款率曾一度达到 30% 左右的水平，银行业甚至被认为到了技术性破产的边缘。不过，1998—2002 年间，银行业贷款余额持续增长，由 1997 年年末的 7.49 万亿元增加至 2002 年年末的 13.13 万亿元，年均增速达到 11.9%（见图 8.2）。

---

① 2008 年之后，中国的非金融部门信贷与 GDP 之比快速上升，但这已经不宜再理解为金融深化，而是过度金融化或金融规模的过度膨胀。

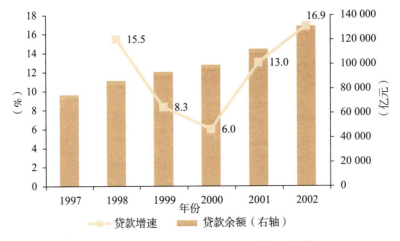

图 8.2　1997—2002 年中国贷款余额及增速

数据来源：Wind 数据库。

（二）金融规模快速膨胀的原因：金融约束而非金融抑制

金融约束制度（financial restraint）（Hellmann et al., 1995）是中国金融规模持续快速膨胀的主要原因（赵昌文和朱鸿鸣，2015），这也是创造"东亚奇迹"的经济体曾普遍采用的金融制度。

关于改革开放以来中国的金融制度安排，不少人将其概括为金融压抑（白重恩和钱震杰，2009；孔泾源，2011；何东和王红林，2011；Feyzioglu，2009；Johansson，2012），这实际上是一个普遍的误解。因为，无论是从政策目标、政策工具、干预程度和政策效果看，中国的金融制度与典型的金融压抑制度（Shaw，1973；McKinnon，1973）存在显著差异（见表 8.2）。

表 8.2　金融约束制度与金融压抑制度的差异比较

	金融约束制度	金融压抑制度
政策目标	通过为生产部门和金融部门尤其是金融中介机构（银行）创造"租金机会"，减少银行道德风险行为，诱导金融中介增加在纯粹竞争的市场中可能供给不足的商品和服务，例如，对贷款进行监督，吸收更多的存款等	从民间部门攫取租金

（续表）

	金融约束制度	金融压抑制度
政策工具	控制存款利率使其低于竞争性均衡水平，通过制造存贷利差来创造"租金机会"；限制准入乃至直接限制竞争，以维持"租金"；限制资产替代以维持"租金"	控制利率，把名义利率保持在远低于通货膨胀率的水平；抑制汇率，高估本币价值
干预程度	选择性干预	全面干预
实施条件	宏观经济环境稳定，通货膨胀率较低且是可预测的，不能对金融部门稽征高税收（不管是直接税还是间接税），更重要的是，实际利率必须是正值（以减少储蓄流失）	—
政策效果	促进金融深化和信贷配置效率提高	金融发展水平低，机构组织薄弱，储蓄动员能力差，金融资产收益为负值

数据来源：赵昌文和朱鸿鸣（2015）。

根据 Hellmann 等（1995），金融约束制度的核心在于创造租金机会，对银行动员储蓄和发放贷款形成激励。金融约束制度有三大支柱性政策工具：利差保护、准入限制和资产替代限制。其中，利差保护是主要的政策工具，准入限制和资产替代限制是辅助性政策，是为了维持保护性利差而采取的配套政策。

利差保护，即控制存款利率使其低于竞争性均衡水平，制造存贷利差创造租金机会，从而对银行体系产生激励。在 2015 年 10 月存款基准利率上限完全放开之前，中国对存款利率上限一直有严格管制，虽然整体上保持存款实际利率为正，但仍维持了一定的利差水平，构成了利差保护。这也是 2003 年以来中国银行体系逐步摆脱高不良贷款率负担后，利润快速增加并激励其进一步扩张的主要原因。

准入限制，即限制金融机构准入，以便维持利差保护政策所带来的租金水平。基于维护金融稳定的考虑，以及受退出机制缺失的约束，中国银行业存在严格的准入限制。若不考虑村镇银行[①]、（在城市信用社基础上组建的）城市商业银行、（在农村信用社基础上组建的）农村商业银行和农村合作银行，从1996年到2013年[②]，仅新设了民生银行这一家面向公众的存款类金融机构。

资产替代限制，即限制对存款资产存在替代效应的金融产品的发展，使存款免受其他金融产品的竞争，从而使存款利率长期低于竞争性均衡水平。尽管发展多层次资本市场，丰富金融产品一直是中国金融政策的目标，但由于风险低、收益类相对较高的固定收益类金融产品发展滞后，中国虽无资产替代限制政策但却在客观上存在资产替代限制。直到2010年之后银行理财产品、货币市场基金的快速发展才对银行存款产生了明显冲击。从居民部门金融资产分布看，虽然受股票市场波动的影响，银行存款占居民金融资产比重一直很高（见表8.3）。

（三）金融稳定策略："在线修复"

发展中经济体在金融发展中常常面临金融风险的冲击。中国金融体系之所以能够持续扩张并为产业发展提供支持，原因就在于面对大规模金融风险冲击，中国采取了"在线修复"策略（周小川，2013），维护了金融体系的基本稳定。

"在线修复"的政策内涵包含"在线"和"修复"两个要素。其中，"修复"是指修复受大规模金融风险冲击的金融机构资产负债表；"在线"是指修复的同时不影响经济正常运转，不影响基本的资金媒介功能或融资功能的发挥，即"经济运行没法中断，机器要继续运转，同时更换问题部件"（周小川，2013：10）。

[①] 村镇银行是由原有银行发起设立的，由于规模小且与发起行存在千丝万缕的联系，可将其视为发起行的分支机构。

[②] 这期间，可以在企业集团内吸收存款的企业财务公司大量设立，但由于仅吸收企业集团内部的存款，且总体规模较小，并不会对利差保护构成冲击。

表 8.3 居民部门金融资产分布

	2005年 金额(万亿元)	2005年 比重(%)	2006年 金额(万亿元)	2006年 比重(%)	2007年 金额(万亿元)	2007年 比重(%)	2008年 金额(万亿元)	2008年 比重(%)	2009年 金额(万亿元)	2009年 比重(%)	2010年 金额(万亿元)	2010年 比重(%)
金融资产	20.91	100.00	25.16	100.00	33.55	100.00	34.29	100.00	41.09	100.00	49.48	100.00
本币通货	1.99	9.54	2.25	8.93	2.52	7.51	2.86	8.35	3.20	7.78	3.77	7.62
存款	15.06	72.01	17.17	68.26	18.18	54.20	22.85	66.64	26.87	65.39	31.56	63.79
证券	1.44	6.89	2.39	9.52	5.83	17.38	2.51	7.33	5.00	12.17	5.92	11.96
债券	0.65	3.13	0.69	2.76	0.67	2.00	0.50	1.45	0.26	0.64	0.27	0.54
股票	0.79	3.76	1.70	6.76	5.16	15.38	2.02	5.88	4.74	11.53	5.65	11.41
基金	0.24	1.17	0.56	2.23	2.97	8.86	1.70	4.96	0.84	2.04	0.73	1.48
证券客户保证金	0.16	0.75	0.31	1.24	0.99	2.95	0.48	1.39	0.57	1.39	0.44	0.90
保险准备金	1.83	8.76	2.27	9.01	2.71	8.08	3.78	11.03	4.62	11.25	5.27	10.64
代客理财资金											1.50	3.03
信托计划收益											0.31	0.62

数据来源：中国人民银行金融稳定分析小组，2012：《中国金融稳定报告（2012）》，北京：中国金融出版社。

中国的"在线修复"有三大政策支柱。一是利差保护，这与金融约束制度相一致。利差保护或管理利差对于修复银行资产负债表并维持其融资功能至关重要。正如周小川（2012：4）所言，"在2000年年初，中国的大型银行面临重组，正在修复资产负债表并寻求更多资本，有可能影响其积极发挥资金媒介的作用，而且银行还过于担忧自身的资产质量。那时人们认识到管理利差的重要性，因为一定的利差可以激励银行在清理自身的同时也能将资金贷出"。

二是剥离不良资产并注资。在大规模金融风险冲击下，银行普遍存在着对资产质量的担忧，这种情况下，为实现"在线修复"，剥离不良资产有助于减少这种担忧，剥离比大量提供流动性更为有效（周小川，2013）。为此，中国于1999年成立了四大资产管理公司，专门用于接收银行剥离的不良资产。1999年以来，中国银行业累计剥离接近3万亿元的不良资产，其中四大资产管理公司承接2万亿元以上。不良资产剥离后，中国政府通过发行特别国债、使用外汇储备等方式向大型银行注资，以充实银行资本金。其中，1998年发行2 700亿元的特别国债，2003年之后又用外汇储备陆续向中国银行、建设银行、工商银行和农业银行注资1 000亿美元左右。值得说明的是，创造性地使用外汇储备注资，很大程度上解决了当时财政能力紧张对大规模注资的约束问题。

三是推进银行业改革。国有独资商业银行方面，进行了包括股份制改造、引进战略投资者和公开发行上市在内的系统性改革。2003年，中国成立中央汇金公司，代表国家对重点金融企业行使出资人义务和权利，国有独资银行的股份制改造实质性启动。随后，中国银行、建设银行、工商银行和农业银行等改制为股份制，引入了外国商业银行作为战略投资者并在海内外股票市场上市。农村信用社改革方面，则采取了撤并机构，成立省联社、使用专项中央银行票据置换不良资产等举措，提升了农村金融机构的管理水平。

三、抵押物价值与制造业发展

与发展中经济体甚至发达经济体相比，中国制造业发展取得了举世瞩目的成绩,成为"世界工厂"和世界第一制造大国(见图8.3)。2016年,500余种主要工业产品中有220余种中国产量位居世界第一。

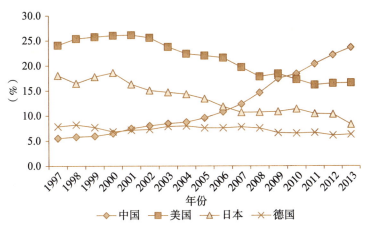

图 8.3 主要经济体制造业产出占全球制造业总产出比重

数据来源:联合国工业与发展组织数据库。

中国金融结构具有典型的银行主导特征,所以我们主要讨论银行业对制造业的支持机制。在制造业快速发展过程中,中国银行业向制造业提供了大量贷款。2015年,商业银行制造业贷款余额达到12.8万亿元,2006—2012年间年均增速达到16.4%(见图8.4)。

图 8.4 商业银行制造业贷款余额

数据来源:银监会网站。

虽然利差保护激励和银行业竞争压力，使得中国银行业具有发放贷款的天然冲动。但是，银行作为经营公众存款的机构，风险偏好程度低。加之20世纪末21世纪初中国银行业不良贷款率曾高达30%左右，监管部门对于贷款的安全性要求高，对不良贷款率的容忍度低，中国银行业也建立了严格的贷款终身责任制，中国银行业的风险厌恶程度很高。那么，是什么原因导致风险厌恶程度高的中国银行业向制造业发放贷款呢？原因并不是政府通过产业政策或信贷政策，强制银行向制造业发放贷款。商业银行的股份制改革以及金融监管取向，都是为了避免政府干预银行的微观经营行为。实际上，秘诀在于抵押物价值的持续快速上升。抵押物机制本来就是信息不对称下解决委托代理问题、控制信用风险的主要机制，在社会信用环境较差的情况下更是如此。借款人拥有多少抵押物及抵押物价值的高低，很大程度上影响了其信贷的可获得性。

从全球范围来看，不动产（土地和房产）是备受银行青睐的优质抵押物。伴随着经济持续快速发展和城镇化快速推进，中国的地价和房价也快速上涨。以北京为例，2014年年初公布的一级住宅基准地价为28 720元/平方米，较2002年年初增加3.89倍，年均增长12.0%，其他等级的住宅基准地价上涨幅度更高（见表8.4）。

表 8.4 北京市住宅基准地价

（单位：元/平方米）

	一级	二级	三级	四级	五级	六级	七级	八级	九级	十级
2002年年初	5 870	4 780	3 660	2 845	2 145	1 440	855	490	275	200
2014年年初	28 720	24 520	20 390	16 330	12 810	10 010	7 300	5 050	3 400	2 200
增幅(%)	389.3	413.0	457.1	474.0	497.2	595.1	753.8	930.6	1 136.4	1 000.0
年均增速(%)	12.0	12.5	13.5	13.8	14.3	16.0	18.3	20.4	22.5	21.2

数据来源：北京市国土资源局。

地价和房价的大幅上涨意味着抵押物价值的大幅提升。在房地产价格上升周期中，从控制风险的角度出发，银行的放贷决策实际上无须关注企业的第一还款来源，无须判断企业未来的经营前景或现金流情况，只需要确定企业是否拥有足够的优质抵押物。只要贷款本身具有优质抵押物作为支撑，抵押物本身价值便可超额覆盖贷款可能承受的风险。即便出现违约，银行也可通过处置抵押物避免损失。也就是说，只要拥有土地、房产等优质抵押物，银行就可以发放贷款。这极大释放了中国银行业的信贷创造能力。不过，正是由于过于依赖抵押物，银行在中国也被戏称为"当铺"。

对于缺乏优质抵押物的小微企业，中国也采取了不少融资促进政策，虽取得了一定成效，但也有不少教训。比如，在专业性担保机构发展方面，中国虽然成立了不少政策性担保公司且发挥了一定作用，但长期以来主导思路还是大规模发展民营担保公司。① 由于监管不足、缺乏可持续的商业模式，民营担保公司要么成为实际控制人的融资平台，要么违规经营或收取高额担保费用，不但没有为小微企业融资提供多大帮助，反而扰乱了金融市场秩序，加重了小微企业负担。又如，互联互保模式曾被作为小微企业融资的金融创新进行推广，但由于企业未预期到互联互保所隐藏的巨大风险，便相对草率地进行具有代偿义务的互联互保，当经济进入下行期后，在浙江、江苏、山东等地也带来了一场不小的担保圈、担保链风险，一些地区甚至引发地区金融风波，如温州金融风波。

当然，除了银行贷款融资外，股权融资也对制造业提供了支持。一方面，中国股票市场的上市标准看重盈利及其稳定性，这与制造业的特征相对匹配，为制造业企业上市提供了便利。2017年年末，A股上市公司中，制造业类上市公司超过2 200家，占全部A股上市公司数量的60%以上。另一方面，中国也成立了股权性的产业投资引导基金，支持制造业特别是一些具有战略重要性行业的发展。比如，为推动集成电路产业发展，中国在2014年成立了国家集成电路产业投资基金。截至2017年年末，该基金已投资超过700亿元，其中约60%的资金投向半导体制造领域。

---

① 这一思路直到2015年8月《国务院关于促进融资担保行业加快发展的意见》（国发〔2015〕43号）发布后才有了根本性调整。

四、股权融资市场进口与互联网行业发展

互联网行业发展迅速是中国产业发展的另一大亮点。2016年，网络零售额占社会消费品零售总额的比重已达12.6%，居主要经济体之首，4家企业进入全球互联网企业市值前10名，仅次于美国。

互联网行业是轻资产行业，抵押物相对较少，银行体系对其支持较少。互联网行业的快速发展，主要得益于股权融资市场的支持。不过，并非主要得益于境内股权融资市场。中国在20世纪90年代初就建立了股票市场，但很长一段时间以来，股票市场主要是支持国有企业改革和制造业发展，且上市门槛高。即便后来建立了中小板、创业板，但由于设定了较高的盈利标准，未盈利的创新型、成长性企业无法上市，境内股票市场鲜有具有代表性的互联网企业。大量互联网行业的"独角兽"公司[①]也将上市目的地锁定在境外股票市场。中国也较早成立了股权性的政府引导基金并出台了鼓励创业投资（VC）发展的诸多政策，但较长一段时间内，在互联网行业起主导作用的仍是外资VC。

互联网行业的发展主要依赖于境外股权融资市场。换言之，依赖于对境外股权融资服务的进口，包括对外资创投资金的进口和对境外股票市场的进口。这在一定程度上得益于中国并未对进口股权融资资金设置实质性障碍。在相当长的一段时间内，外资投资互联网行业受到较多限制。为规避这些限制，企业和外资普遍采取了VIE（variable interest entity，可变利益实体）架构。对此，中国相关部门总体上采取了默认的态度，这打通了外资VC投资中国互联网企业的渠道。

中国比较有代表性的互联网公司，如百度、阿里巴巴、腾讯、京东、新浪等均在境外特别是美国股票市场上市（表8.5）。这有两方面的原因：一是不少互联网企业的财务及公司治理架构并不符合境内上市标准，二是在境外特别是美国股票市场上市更有利于提升公司知名度。于是，大量互

---

① 指市值超过10亿美元的非上市企业。

联网企业赴美上市为 VC 及 PE（私募股权投资）提供了高收益率的退出渠道，其财富效应又鼓励了互联网创业和大量 VC 及 PE 进一步投资互联网行业，从而形成了良性循环。

表 8.5　中国代表性互联网公司上市情况

	百度	阿里巴巴	阿里巴巴	腾讯	京东	新浪	网易	搜狐
上市时间	2005年	2007年	2014年	2004年	2014年	2000年	2000年	2000年
上市地点	纳斯达克	港交所	纽交所	港交所	纳斯达克	纳斯达克	纳斯达克	纳斯达克

五、中国产业发展中的金融作用机制：存在的问题及治理建议

总体而言，中国在过去三十多年的产业发展中，较好地利用了金融体系的支持，积累了不少值得重视的经验。一是在金融发展不足的情况下，通过金融约束制度激励金融机构进行金融深化，从而驱动金融体系发展。二是面对金融风险冲击，以"在线修复"策略维护金融基本稳定，确保金融体系融资功能的持续、正常发挥。三是充分利用抵押物机制，为制造业发展提供融资支持。四是在股权融资市场发展滞后的背景下，大量进口境外股权融资资金，推动轻资产型新兴产业发展。不过，中国金融体系在支持产业发展方面已经并仍在暴露越来越多的问题。

首先，金融发展过度，金融攫取性特征明显（赵昌文和朱鸿鸣，2015）。2008 年之后，中国金融体系已基本摆脱总量不足状态，呈现出发展过度或过度繁荣的状态，对产业发展或实体经济的负外部性越来越强。一方面，金融过度繁荣导致金融和实体经济之间报酬结构严重失衡，带来包括资金、人才和企业家才能在内的创新要素"脱实向虚"，侵蚀了产业转型升级、经济转向创新驱动的根基。比如，2016 年有超过 1/4 的北京大学应届毕业生和超过 1/5 的清华大学应届毕业生就职金融业。另一方面，金融过度繁荣给实体经济带来成本负担。2016 年，中国金融业增加值占 GDP 比重达 8.2%，既显著高于以金融强国著称的英国和美国的同期水平，

更大幅高于以制造业强国著称的日本和德国的同期水平。[①] 金融业增加值实际上就是实体经济支付的成本，高金融业增加值比重意味着实体经济承受了高的金融成本。为此，需要推动经济去杠杆，抑制金融规模过快增长，着力推动金融和实体经济报酬结构再平衡，建设实体经济、科技创新、现代金融、人力资源协同发展的产业体系，促进形成金融和实体经济的良性循环。

其次，金融运行过度依赖于房地产，导致金融有效供给能力退化，金融风险累积。一方面，过度依赖不动产抵押物的"当铺"信贷模式，形成了只重视抵押物，不重视第一还款来源的信贷文化，导致银行体系的风险控制技术和能力不断退化，使得银行体系在服务小微企业或缺乏抵押物的企业方面，长期面临有效供给能力不足的问题。另一方面，过度依赖房地产还导致金融和房地产之间的关系由良性互动转化为相互叠加风险，既导致房地产泡沫化，抬升实体经济成本，又进一步增加金融体系的房地产风险敞口，累积金融脆弱性。为此，需要大力发展金融科技，推动金融智能化转型，提升金融业的有效供给能力。同时，完善房地产金融宏观审慎政策、加强对房地产金融的监管，促进形成金融和房地产的良性循环。

最后，境内股权融资市场对创新支持能力不足。尽管进口股权融资在一定程度上弥补了境内股权融资市场发展滞后所带来的缺口，但并非所有行业的企业均适合在境外上市。同时，境内股票市场支持境内上市公司的转型升级和创新方面也存在明显短板。为此，需要加快建设融资功能完备、基础制度扎实、市场监管有效和投资者合法权益得到有效保护的股票市场。值得强调的是，需要尽快研究建立未盈利的成长性企业上市制度。

执笔人：赵昌文　朱鸿鸣

[①] 根据OECD的数据，2016年，英国和德国金融业增加值占GDP比重分别为6.7%和3.9%。2015年美国和日本金融业增加值占GDP比重分别为7.2%和4.5%。

参考文献

Feyzioglu, T., 2009, Does Good Financial Performance Mean Good Financial Intermediation in China? IMF Working Paper, WP/09/170.

Hellmann, T., Murdock, K. and Stiglitz, J., 1995, *Financial restraint: Towards a New Paradigm*, In Masahiko Aoki, Hyung-Ki Kim, and Masahiro Okuno-Fujiwara (eds), The Role of Government in East Asian Economic Development: Comparative Institutional Analysis, New York: Oxford University Press.

Johansson, A. C., 2012, Financial Repression and China's Economic Imbalances, CERC Working Paper, 22.

McKinnon, R. I., 1973, *Money and Capital in Economic Development*, Washington D. C.: Brookings Institute.

Shaw, E. S., 1973, *Financial Deepening in Economic Development*, New York: Oxford University Press.

白重恩和钱震杰,2009,"谁在挤占居民的收入—中国国民收入分配格局分析",《中国社会科学》,第5期,第99—115页。

何东和王红林,2011,"利率双轨制与中国货币政策实施",《金融研究》,第12期,第1—17页。

孔泾源,2011,"'中等收入陷阱'的国际背景、成因举证与中国对策",《改革》,第10期,第5—13页。

赵昌文和朱鸿鸣,2015,《从攫取到共容:金融改革的逻辑》,北京:中信出版社。

周小川,2012,"走出危机僵局需要设计新的激励机制",《中国金融》,第18期,第4—6页。

周小川,2013,"新世纪以来中国货币政策的主要特点",《中国金融》,第2期,第9—14页。